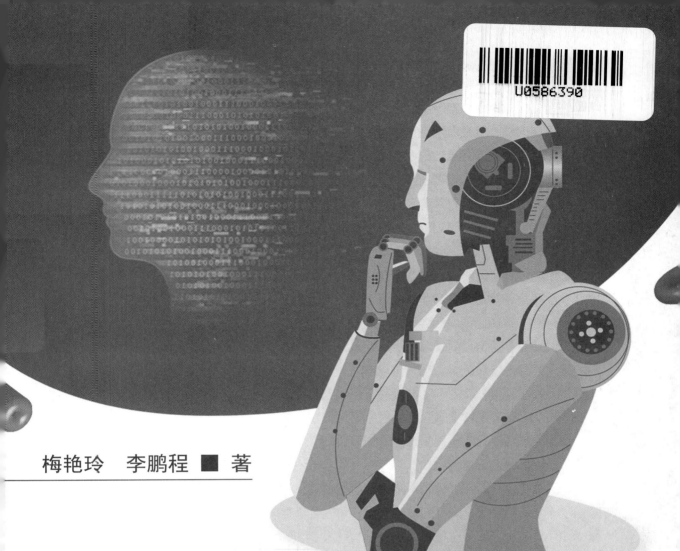

梅艳玲　李鹏程 ■ 著

# 具身工程原理
# 与体育具身工程实践

中国原子能出版社
China Atomic Energy Press

图书在版编目（CIP）数据

具身工程原理与体育具身工程实践 / 梅艳玲，李鹏
程著 . —— 北京 : 中国原子能出版社 , 2022.12
　　ISBN 978-7-5221-2426-1

　　Ⅰ . ①具… Ⅱ . ①梅… ②李… Ⅲ . ①体育－认知过
程 Ⅳ . ① G80 ② B842.1

　　中国版本图书馆 CIP 数据核字 (2022) 第 228686 号

**具身工程原理与体育具身工程实践**

| | |
|---|---|
| 出版发行 | 中国原子能出版社（北京市海淀区阜成路 43 号 100048） |
| 责任编辑 | 潘玉玲 |
| 责任印制 | 赵　明 |
| 印　　刷 | 北京天恒嘉业印刷有限公司 |
| 经　　销 | 全国新华书店 |
| 开　　本 | 787mm×1092mm　1/16 |
| 印　　张 | 11.125 |
| 字　　数 | 220 千字 |
| 版　　次 | 2022 年 12 月第 1 版　　2022 年 12 月第 1 次印刷 |
| 书　　号 | ISBN 978-7-5221-2426-1　　　　定　价　76.00 元 |

# 前　言

　　具身认知理论的学术旨在批判传统认知理论"离身"特征的二元叙事，并基于身心合一的一元论调，构建了认知的具身性、情境性以及生成性，强调认知是身体、情境及其交互活动生成的结果。通过采用现象学的研究方法，基于具身认知理论的视域审视体育教学中的具身意蕴，探寻具身性体育教学的优化策略。认为身体作为具身认知理论的核心范畴，在体育教学情境中以主体、客体互融的角色生成认知，体育教学中的身体具有主体性、互动性、体验性的具身内涵。基于现实体育教学实践的问题导向，通过树立"身体主体"的具身性教学理念；体悟"身体思维"的具身性教学方式；倡导"身体间性"的具身性教学方法；营造"身体生成"的具身性教学情境等优化策略，以期具身认知理论能够为解决体育教学实践中的身体认知困惑提供理论支撑。

　　产生于第二代认知科学的具身认知理论突破了传统认知理论的桎梏，成为现代教育领域中全新的认知策略。在体育主动适应健康中国建设背景下，深入探究教学中身体、情境及其交互作用，聚焦于身体感受、体验和情境的关系，有利于提高我国学校体育教学质量，改善学生体质健康状况。正如程文广教授所说，我们既要学习西方先进教育思想，又要进行理性批判地接受；我们既要注意发挥积极的主体意识，又要在实践中贯彻哲学"形而精神"。

　　在新的理论范式下，如何克服体育教学身心二元所造成的身体认知误读，重拾被遗忘的身体关注，倡导身体活跃的生成性教学情境，成为学者们强力关注的焦点。通过身体练习、技能学习、体能消耗达到育人要旨的过程是体育教学实践独特的学理存在，从"身体、情境、生成"的认知路上，深入挖掘体育教学的具身意蕴，探寻体育教学的具身优化策略，有助于开启崭新的理论视域，拓展体育教学具身认知和实践的学术研究。当前，体育教学的具身研究刚刚兴起，对于体系化的认知思维、教育理念、教育方法及教育手段多呈现零碎化的片言只语。这是当前体育教学身体认知的不足，全面与系统的具身认知理论实践有待于下一步深入探究，以期为"具身"教学理论的全景添砖加瓦。本书主要围绕具身概念、具身认知理论，探究体育具身工程实践问题。

# 目　录

# 第一章　具身认知原理

## 1.1　"具身"的含义

"具身"的本质含义究竟是什么？具身是一种直觉？也是一种身体经验？还是一种新的建构、认知世界的方式？在经历了经典认知科学上的"非具身"，即心智在本质上不依赖于承载它的身体这样一种观点之后，心理学、神经科学和认知科学的学者们就心智以怎样的方式和在多大程度上依赖于身体展开了讨论。

### 一、"非具身""弱具身"与"强具身"

在认知心理学领域，以如何看待身体在认知过程中的作用为划界标准，可将各种理论观点粗略地划分为"非具身""弱具身"和"强具身"。"非具身"或称"离身"或"无身"是经典认知科学的典型特征。20 世纪 60 年代初期，早期的认知科学家在拒绝了行为主义 S-R 机制之后，以新兴的人工智能研究为模板，视认知和心智为计算机的信息加工过程。这一时期认知科学的方法论特色第一是计算主义，即认为认知在本质上是一种计算过程；第二是表征主义，外部信息通过感觉器官转换成抽象语义符号，这些符号表征了客观世界，认知计算是依据一定规则对这些符号性表征的加工和操纵；第三是机能主义，认知机制可以根据它的功能进行描述，重要的是功能的组织和功能的实现，而功能所依赖的结构则相对可以忽略。从这样一种角度看认知，则认知作为大脑的功能从本质上与身体构造无关。同时，身体的感觉和运动系统仅仅起到一种传入和输出的作用。例如在认知的语义加工中，语义信息是符号性的，语义符号的表征格式同它所指涉的对象之间是一种离散的、任意的关系。这些符号同身体的性质没有本质的联系。身体的作用仅在于承载这些符号。在这一过程中，身体不能给认知加工带来任何本质影响。

认知表征的符号性质决定了认知过程的"非具身"性质。符号之所以是符号，不是因为符号本身的意义，而是因为符号所表征的内容。符号本身没有意义，它的意义是它所代表或表征的对象决定的。符号的这种表征功能使得认知过程可以脱离具体事物，在抽象水平上高效率地加工和操纵。这些抽象、脱离了具身事物的符号可以相互结合，如同单词的结合可以组成句子，相互结合的抽象符号可以表征事态。这一点对认知科学尤为重要，因为作为高级认知过程的思维正是利用了这些相互结合的抽象符号。这些抽象符号构成了"思维的语言"。符号表征同它所表征的内容之间并非一一对应关系，其关系是或然的，而不是必然的。英文中"lamb"代表或表征了"羊"这种动物，但是"lamb"和动物"羊"之间既没有形状的相似，也没有颜色的相同，其关系完全是人为的。这样一种关系的意义在于表征和加工过程可以在任何载体上进行。认知表征和对表征的加工既然没有对身体构造的特殊要求，那么认知过程既可以运行在人脑中，也可以运行在电脑、硅片甚至木头上，只要这种物质具有表征和计算功能。这就导致所谓"多重可实现原则"。依据这一原则，任何心理事件、心理状态或属性都可以在不同的物理实体（包括物理事件、状态和属性）上得以实现，即心理状态和心理事件及其属性是多重可实现的。例如在描述的水平上没有任何共同特征的物理实体都可以实现"疼痛"的心理属性。多重可实现原则的提出是基于防止把心理属性还原为物理属性，以确保心理学、认知科学等这类学科独立于物理学的特殊地位。但是心理事件、状态和属性既然可以在不同性质的物理实体上得以实现，那么就意味着心理过程独立于承载它的身体。这样一来，心理和身体的关系就成为可分离关系。非具身观点的产生就不可避免了。

早期认知科学正是建立在这种"可分离原则"的基础上。可分离原则主张，尽管心智和身体具有因果交感关系，但是心智在某种意义上是自主的，独立于身体；心智的性质不依赖于承载它的生物实体的生理性质。在这里，身体是中性的，身体仅仅是个载体和容器，容纳和承载了心智，但是却对心智鲜有影响。同一种类的心智可以存在于有着不同性质的身体中，同一种身体可以容纳不同性质的心智，两者分属不同范畴，从根本上讲是可以分离的。

"弱具身"和"强具身"反对的就是这种身心可分离主张。1991年瓦雷拉、汤普森和罗施在《体化认知》一书中，首次以系统的方式，对身心可分离原则提出了挑战，倡导了一种全新的认知科学范式。在这里认知不再被视为一种抽象符号的加工和操纵，而是有机体适应环境的一种活动。作为一种活动，认知、行动、知觉是紧密的联合体。心智和身体并没有一个明确的界限。认知科学哲学家克拉克继承了瓦雷拉等人的观点，主张心智与身体不可分，即心智是具身的，而具身的含义如下。第一，在问题解决过程中，身体可以以机器人学的同态计算方式完成计算工作，并非一定需要大脑来执行这一任务。第二，在问题解决过程中，身体的作用是结构化信息流，创建和诱发问题解决所需要的数据和资料。第三，身体可以利用环境支持物并且与之相配合，从而扩展和放大认知的效果，如盲人的手杖扩展了盲人的认知范围，手杖、身体和认知构成了紧密的联合体。以这样一种观点看待具身，则身体的作用是参与到计算过程中，信息加工依然存在，变换的只是所加工的内容"支配着认知心理学的信息加工模型只需要扩展，去包括身体与环境之间的互动，而这种身体与环境的互动限制了信息加工的方式"。所以克拉克认为"在认知科学中，近来有许多对计算和表征作用的怀疑，而我认为是言过其实了……内部表征概念本身可能会产生微妙的改变，特别是会减少那些经典的色彩……但是如果没有重塑复杂信息加工的观念，就很难发现一种有关对人类为什么能成功适应的干脆、一般性和精辟的解释……。"

克拉克的这种具身观被称为"弱具身"。因为虽然强调了身体的作用，但是经典认知科学的计算和表征依旧保留了下来。区别只在于计算和表征的内容有了身体特色，感觉和运动系统的信息具有了表征作用，高级认知过程所加工的内容接纳了身体感觉和运动信息。身体作用得到承认。认知加工与身体确立了一种前所未有的紧密联系。

但是"强具身"观认为这种改变仅仅是对经典认知科学修修补补的改革。与这种治标不治本的改良相反的是强具身观需要的是一种范式的改变。"强具身观之所以'强'是因为它赋予身体在心智特征的塑造中以重要地位。"强具身观完全拒绝传统认知科学的计算和表征理论，认为认知和心智是身体与环境互动的产物，有什么样的身体，就有什么样的心智，不能期望一个有着鱼一样身体的动物会有人一般的心智。心智的特殊性是身体的特殊构造形成的。

依照克拉克的观点，弱具身接受宏大机制假设，而强具身接受的是特殊贡献假设。宏大机制假设认为身体和环境的方面可以，而且时常形成了一个更大的认知机制的有机组成部分。认知并不限于头颅中，既扩展到身体，也扩展到环境。因此，宏大机制假设主张认知超越了皮肤的界限，与环境形成一体。这一扩展的机制决定了心智的内容和性质。所以他提出了"扩展认知"，以区别"具身认知"的概念。

强具身观所接受的是特殊贡献假设。这一假设认为人类身体特殊的神经生理特征决定了人类特定的心智形式和内容。例如人类有"前""后"的观念，这种观念是人类眼睛只能观察到前面，不能看到后方这种特殊的身体构造形成的。以"前""后"观念为基础，人类又衍生出"进步""后退"的抽象概念。不能期望一个能观察到360度视野的生物有着人类一样的"进步""后退"的抽象观念。身体构造的特殊性决定了心智的特殊性。身体构造给了心智的内容和形式以特殊的贡献。

但是克拉克认为特殊贡献假设违背了多重可实现原则。如果身体的特殊构造决定了心智的特殊形式，那么就意味着心智与特定的身体结构是"绑定"的，在一种身体结构上实现的心智性质就不可能在另一种身体结构上实现。

多重实现原则就变得没有可能。而事实上，通过内部心理加工和外部环境支持的补偿作用，他认为心智的性质和功能可以在多重物质载体上实现。这也是保留计算和表征作为心智特征的根本原因。

强具身观拒斥以扩展的认知机制保留计算和表征功能的观点。强具身本身就意味着身体是心智实现的唯一途径。"由于身体以弥漫的方式渗透在经验之中，那些被赋予明显差别身体形式的生物事实上是不可能有着从性质上没有区别的现象体验"。因此，强具身保障了身体和心智的一致性，从根本上论证了多重可实现原则的不可能性。

## 二、有关"具身"的几种理解

"弱具身"和"强具身"之争彰显出具身认知研究阵营虽然在反对经典认知科学的"非具身"方面有着共同主张,但是在究竟怎样看待身体的作用方面仍然缺乏一致的看法,缺少一个统一的"范式"。"具身认知的影响越来越大,但是如果把它描述为一个有着严格定义和统一的理论,那就大错特错了。具身认知来自于许多领域,因此在基本问题上,它仍然经受着内部分裂的痛苦"。实际上就像任何新兴思潮所表现的那样,具身认知的研究者们在反对什么方面有着明确的主张,但是在具体的行动纲领上却难以达成一致。心理学家威尔逊曾清晰地意识到具身认知研究的兴起,意识到"尽管这一研究取向正在赢得越来越广泛的支持,但是这一取向存在着多样化的主张,并且引起了众多的争论"。在其《具身认知的六个观点》中总结了各种对具身的理解,并将这些观点总结为六个方面:①认知根植于环境;②认知活动有着时间的压力,即认知是身体在实时压力下与环境的互动;③利用环境减轻认知的负担,由于注意和工作记忆能力的限制,卸载一些信息于环境,只保留认知加工所必需的;④环境是认知系统的组成部分;⑤认知是为了行动;⑥离线认知是以身体为基础的。这六个方面实际上是对"具身"的框架性表述。但是十余年过去了,对于具身的理解又有了新的内容。把这些理解概括为以下四个方面。

### (一)作为身体学习的"具身"

"具身、具身学习和身体学习是三个紧密联系的概念,并且经常被交替使用。人们逐渐意识到,身体经验是建构知识的一种源泉,而这种建构是通过活动的、鲜活的生理性体验而进行的……"作为身体学习的具身视身体为学习发生的部位,把身体视为知识的渊源,通过身体活动获取对各种"活"的生活体验。传统的"非具身"观重视的是语言学习和视觉学习,认知过程是对语言、数字等抽象符号的加工。这种观点视学习为一种中枢过程,发生在"头颅"中。身体的作用只是提供刺激,为头颅中的知识加工提供素材,或者执行头颅中加工过程所发出的指令。但是身体学习的主张者认为,我们不是"拥有"一个身体,我们"就是"我们的身体。"我们的意识体验在很大程度上被刻写在我们的肌肉里",而且"我们的身体有它自己的记忆,储藏着各种故事和潜在的创伤经验。这种身体智慧的获得需要我们学习向身体聆听……这种知识是存在的,只是经常隐藏于直接意识觉察之后。若要得到这种无意识的知识,就需要给予我们的身体以更多的关注"。

斯特拉迪介绍了一个建筑工人怎样利用身体的感觉—运动经验进行工作学习的案例。这些工人可以熟练地在房顶行走,但是这一技能的获得利用不是命题性的知识,而是脚部同屋顶的触觉体验、他人行走的视觉经验和脚部行走发出声音的听觉经验。屋顶熟练行走的技能是通过身体经验来获得的。斯诺巴在《作为认知方式的舞蹈》一文中也介绍了怎样用舞蹈进行知识教学的实践。他不是把舞蹈当作一种身体锻炼的方式,而是把舞蹈作为一种知识表达和知识探索方式。舞蹈是一种身体学习。在舞蹈中，通过身体的动作揭示了一种身体语言。这种语言是一种与生俱来的体验。在这种学习中，心智、大脑、身体、环境组成紧密的一体，没有那种主体和客体的对立。他指出"我们怎么知道我们已经拥有了知识？为什么我们总是认为只有心智才能揭示和发现知识？实际上，经常的情况是我们的感官——丁香花的淡淡香味让我们回想起童年生活……身体不断向我们诉说，不管这种诉说是肠胃内的一种骚动，或者是膀臂的伸展、肌肉的收缩。身体所提供的是实时的信息，我们通过身体而体验各种信息"。因此斯诺巴提倡了一种通过舞蹈而进行的身体学习。教师通过舞蹈提出问题，学生通过舞蹈展现他们的理解。这种学习是基于身体的，是一种具身的学习。而"具身学习"同"身体学习"是同一概念的不同表述，强调的都是身体对思维、记忆和学习的作用，也是对"具身"含义的一种理解。

### （二）作为身体经验的"具身"

正如在身体学习中所强调的那样，通过身体而进行的学习首先是一种身体经验。这种身体经验是人的一种存在方式，是人作为人独特体验。在现象学中，胡塞尔以意向性作为意识结构的特征，以"意识体验"作为现象学的根本出发点。法国哲学家梅洛－庞蒂改造了胡塞尔的现象学；以身体体验取代意识体验，提出了一个"具身的主体性"概念。这一概念所强调的是人既不是一个可以脱离身体的心智，也不是一架没有心智的机器，而是一个活的创造物，其主体性是通过物理性的身体与世界的互动而形成的。在这里身体就是主体，即所谓的"身体主体"。不是"我"在知觉，而是身体在知觉。人以"体认"的方式认识世界、他人和自己。而这种体认就其本质来说是一种"身体经验"，是源自于身体的结构和身体感觉运动系统的独特体验。梅洛－庞蒂指出"心理学家谈论的对象就是他自己，原则上就是他所研究的事实。他超脱地研究这种身体表象，这种不可思议的体验就是他自己。他在思考它的同时，也在体验它"。因此，所谓具身就是一种人对身体的独特体验。具身的主体性就是通过这种独特的身体经验而实现的。科学哲学家早就指出，可以对蝙蝠有一个客观、彻底、深入的研究，了解蝙蝠的每一个细胞甚至基因，但是永远无法了解蝙蝠作为蝙蝠的体验。因为蝙蝠的身体结构与人类完全不同，它通过声呐系统了解世界，而人类通过眼睛观察世界。身体结构的不同导致不同的活动方式，不同的活动方式造就了不同的身体体验。

作为身体经验的"具身"造就了认知在内容和方式上的差异。不同的身体导致不同的身体体验，而不同的身体体验又造成认知上的差异。从这种观点来看，"非具身"和"弱具身"所主张的多重实现原则是缺乏依据的。既然认知和心智的内容是一种身体经验，由于身体结构和活动方式的不同，对身体的体验也具有明显的差异，那么在一种物理构造上实现的认知功能必然无法在另一种物理构造上实现。

## （三）作为认知方式的"具身"

概念和范畴的形成是基于身体的。因此，具身就作为一种认知方式，成为建构、理解和认知世界的途径和方法。

莱可夫等人早就指出，心智在本质上是基于身体的，人类的抽象思维并不是凭借抽象符号进行的信息加工。抽象思维主要是隐喻的。

隐喻是人们借助具体、有形、简单的源域概念来表达抽象、复杂的靶域概念。例如"感情是火热的"，"道德是纯洁的"。在这里，对于"感情""道德"这样一些复杂和抽象概念的理解借助了身体的感觉器官。通过源域概念与靶域概念的匹配，这些复杂的概念得以理解，抽象思维主要是依据这种方式进行的。但是那些最初的最直接的隐喻往往是基于身体的。因为人们最熟悉的莫过于自己的身体和身体的活动。例如中文的"忍"字。忍是一种复杂的情绪感受。怎么理解这种情绪感受？我们的祖先创造了象形文字。文字和文字指涉的对象之间具有一种形象上的类似关系。但是"忍"像什么？"忍字心头一把刀"。刀插在肉里是什么滋味我们是知道的，那么刀插在心头上是什么滋味就可想而知了。用刀插在肉里的身体体验来隐喻忍的情绪感受，这种复杂的情绪体验就易于为人们所理解了。

莱可夫认为那些基本的隐喻都是一种具身的体验。这些具身的体验经常、反复地出现，就构成了我们的思维方式。所谓的"意象图式"就是由具身体验而形成的认知结构。例如空间图式、容器图式、运动图式、平衡图式、力量图式、多样性图式、一致性图式和存在图式等。这些意象图式都是通过身体作用于世界的经验而形成的，是一种身体体验。它规定了我们的思维和推理方式。我们的认知能力受到了身体的限制，我们看到的是身体允许我们看到的，我们听到的是身体允许我们听到的。同样，我们思考的是身体允许我们思考的。认识的逻辑就是身体作用于世界的方式。

## （四）作为与环境融为一体的"具身"

贯穿于具身认知思潮中的有两个相互联系的主题：一是心智是具身的，身体的结构和功能规定了心智的内容和属性；二是心智是根植于环境的，心智、身体、环境融合为有机的整体。某些研究者更倾向于以海德格尔的"在世存在"主张为原型看待具身，认为心智或认知超越了皮肤的界限而与环境形成紧密联系的整体。所谓"扩展认知"和"嵌入式认知"体现的就是这种观念。

认知是基于身体的，也是根植于环境的。在这里"身体"并不仅仅指涉人的肉体，也包括了环境的"体"。具身意味着超越了那种通常意义的身体而考虑大脑的近邻（身体）和远亲（环境）对认知的贡献。罗兰兹对这种具身观作了这样的概括：第一，世界是诸如知觉、记忆、推理等过程的信息外部储存地；认知加工过程中经常卸载一些信息在环境的支持物上，以减轻认知的负担；第二，认知过程是一个混血儿，横跨了内部和外部的操作；第三，外部操作采纳了动作的方式，如操纵、利用工具，改变环境结构等。这些动作都承载着与完成特定任务相关的信息；第四，至少某些内部过程的作用是赋予个体以一定的行动能力。只有具备了这种能力，个体才可以对环境需要做出适当回应。从这种观点来看，"具身心智除了包含物理性身体外，也包括了环境和工具。就像许多研究揭示的那样，自然发生的环境事件和物理工具都是能动性的认知资源"认知这种具身观不仅考虑身体和身体动作的影响，而且也接纳环境的贡献。环境因素对认知的影响不仅仅是因果性的，而且是构成性的。环境条件不仅影响了认知，而且成为认知功能的构成成分。

## 三、"具身"的性质与特征

尽管在"具身"的理解方面存在着分歧，但是具身认知研究者们大多认为认知并非计算机软件那样的抽象符号运算，"认知过程根植于身体，是知觉和行动过程中身体与世界互动塑造出来的"。具身的性质和特征因而可以从以下几个方面进行论证。

### （一）身体参与认知

"非具身"的认知观视大脑为心智发生的场所，身体仅仅是一个"载体"或"容器"。从非具身的观点来看，心智是物质性大脑的一种功能，认知是大脑的一种功能状态，类似于计算机的软件，而大脑则类似于计算机的硬件。

硬件虽然承载着软件的运行，但是无法从根本上改变软件的性质。包含着大脑在内的身体虽然承载了知觉、记忆和思维等认知过程，但是身体和大脑并不能影响和改变认知。认知作为一种机能属性是大脑内部的一种状态，与承载它的身体无关。

近年来有大量的心理学实验证明身体本质性地介入了认知过程，影响了我们的思维、判断、记忆、分类和概念的形成。罗泰拉和里奇森的社会心理学实验证实，当被试在典型的内疚、后悔的身体姿态下，比在傲慢、自负的身体姿态下，更愿意承认自己或群体内成员的过失行为，更愿意对过失行为采取补救措施。其他具身研究也证实，身体的触觉刺激影响着我们的社会判断，身体动作影响回忆的速度。在凯萨撒托和迪杰斯特拉的实验中，实验者发现身体的运动控制系统同自传式记忆之间存在着互动关系。在实验中，被试者在回忆的同时，要把弹球在两个盒子之间上下来回推动。实验者发现，被试回忆内容的效价（积极或消极）与弹球的运动方向（向上或向下）之间存在明显相关。当被试回忆的是积极的记忆内容时，被试推动弹球向上的动作更快，而当被试回忆的内容属于消极方面时，向下的动作更快。反过来，被试推动弹球向上运动时，回忆的内容更多是积极的，而促进弹球向下运动时，消极的记忆内容更多涌现出来。记忆内容的效价与运动方向有着惊人的一致性。人类在长期的进化中，通过身体与环境的互动，形成了一种"上"是积极的，正面的；"下"是消极的，甚至是反面的一种观念。这种观念同身体适应环境的动作联系在一起，影响了我们的认知和情绪体验。

这类实验说明，身体和认知之间并没有一个明确的界限。所谓"具身认知"并不仅仅是"认知"。它既包含了思维、学习、记忆、情绪等心智过程，也包括了身体结构和身体的感觉—运动经验。

## （二）知觉是为了行动

具身的含义并非仅仅是"身体影响了认知"。传统认知科学并没有否认身体的作用，只是把身体仅仅视为认知的"底座"，是认知的生理基础。但是具身认知主张的是思维和判断等认知过程本身与身体的感觉—运动系统构成耦合关系。认知的作用并非中枢的符号加工，而是为了使有机体更好地适应环境。身体是认知的身体，认知是身体的认知。知觉、思维、判断等认知过程与身体紧密交织在一起，在与环境互动的过程中，组成了心智、大脑、身体和环境的有机整体。

事实上，对于客观世界的知觉依赖于身体作用于世界的活动。身体活动影响着关于客观世界表象的形成。客观世界在我们心目中的"映像"是身体的活动造成的，形成什么样的"映像"依赖于身体的活动能力。具身认知的早期倡导者吉布森曾经提出一个"功能可示性"概念。功能可示性指的是客体展示给个体的一种功能属性，它给个体提供了行动的机会和可能性，而这种机会和可能性又影响了个体对这个客体的知觉。他指出"功能可示性既不是客观属性，也不是主观属性，或者你喜欢的话，它既是客观属性，又是主观属性……它跨越了主体—客体的界限。它既是一个环境事实，也是一个行为事实；既是物理的，又是心理的，同时，它既不是物理的，又不是心理的；功能可示性既指向环境，也指向观察者"。依据这一概念，知觉是直接的，是为了有效地行动。知觉表象的形成依赖的不是感觉刺激的符号加工，而依赖于被观察对象提供的行动可能性和观察者的行动能力。客观世界不是先在的和给定的，"个人的世界是被个体的行为和感觉运动能力决定的……人们能知觉到什么依赖于他能做什么，他能做什么最终又改变了他知觉到的世界"。这样一来，知觉和行动是耦合的，并不存在一个感觉信息的输入和随后运动信息的输出。知觉是为了行动，行动造就了知觉。两者是互动的整体。

功能可示性概念指出了知觉中的行动成分。知觉的形成受到知觉主体与被知觉对象之间空间关系的制约，知觉主体的行动能力和被知觉对象提供的行动可能都影响了知觉表象的形成。在这里，环境作为被感知的对象并不是一个静止上的客体，其性质是被主体作用于世界的动作决定的。以这种观点来看，一把椅子和一张桌子的本质区别不在于它们本身的物理形状，而在于给知觉主体提供什么样的行动机会。在高尔等人的虚拟现实实验中，被试面临不同的虚拟环境。不同的环境提供了不同的行动机会，因而影响了被试对工作的满意程度和继续参与实验的愿望，并对最终的学习产生影响。艾布拉姆斯等人的实验也证实了手的位置影响视觉信息的加工，这些实验结论都说明了知觉和行动的一体特征，同时也说明思想和行动、身体与心智、理性思维与运动能力是互动耦合的一体关系。

# 1.2 心智的具身特征

心智具身性是近年来哲学、认知科学、心理学、机器人学和人工智能等领域所讨论的热点。在哲学领域，学者们经常使用"具身心智"来表达所讨论的内容；在认知科学和心理学领域，这一话题则经常在"具身认知"的标签下进行。无论如何，这类讨论都围绕着一个主题，即身体在心理或精神过程中究竟扮演了什么角色？在经历了西方文化思想对身体的贬抑和对心智的褒扬之后，学者们现在感兴趣的是身体在认识世界和适应环境的过程中究竟发挥了怎样的作用？身体仅仅是心智的"容器"，为大脑提供感觉刺激和执行大脑发出的指令？身体的物理属性（温度、颜色和重量等）、肢体的感觉——运动系统对认知过程具有塑造作用吗？如果有，是否意味着人是"非理性"的？它将改变我们对人性的看法吗？

## 一、从梅洛－庞蒂的身体现象学到心智具身性

身体在西方传统文化思想中一直处于受压抑或被遗忘的地位。古希腊哲人柏拉图以理念世界和可感世界的划分为依据，在灵魂和身体之间做出明确区分，认为灵魂和身体的关系是灵魂内部理性和欲望的关系。只有理性驾驭欲望之时，灵魂才能摆脱身体的控制，最大限度地接近真理。对于柏拉图来说，身体玷污认识过程，是灵魂通向知识、真理和智慧的障碍。所以柏拉图主张："我们除非万不得已，尽量不和肉体交往，不沾染肉体的情欲，保持自身的纯洁，直等到上天解脱我们。这样呢，我们脱离了肉体的愚昧，自身是纯洁的了，就能和纯洁的东西在一起，体会一切纯洁的东西——也许，这就是求得真实了"。

如果说，身体在古希腊时期以一种不洁的形象受到压抑和打击，那么从笛卡儿开始的近代西方哲学则开创了另外一种传统，即对身体的漠视。身体在与心智的对立中逐渐销声匿迹，被遗忘在精神对知识的不懈追求之中。对于笛卡儿来说，理性思维与物质化的身体之间存在着不可逾越的鸿沟。正是因为理性思维的存在，物质化的身体才有了存在的依据。"我思故我在"就是这一思想的体现。神学的、皇权的、现存的一切都是可疑的，都必须置于理性思维的天平上加以衡量。但是唯独作为怀疑过程的"我思"是不可怀疑的。而怀疑是一思想，这种思想必然为一个主体所拥有，所以作为怀疑主体的"我"必然存在。在"我"之外，明明白白地存在着一个包括我身体在内的、非我的客观世界。"心物""心身"二元论因此得以确立。在笛卡儿那里，身体没有受到诸如柏拉图式的打击。但却受到了"漠视"。因为身体是理性思维的副产品，不仅在知识获得过程中鲜有影响，其存在本身也依赖于理性思维的论证。身体从认识论的范畴中消失殆尽。

法国现象学家梅洛－庞蒂通过对身体与心智关系的重新思考，以"肉身化的主体"取

代了胡塞尔作为主体的"纯粹意识"。肉身化的主体是经验中的身体。它既非作为认识对象的客观化身体，也非主观的意识体验，而是"现象的身体"。"由于客观身体的起源只不过是物体的构成中的一个因素，所以身体在退出客观世界时，拉动了把身体和它的周围环境联系在一起的意向之线，并最终将向我们揭示有感觉能力的主体和被感知的世界"。

在胡塞尔那里，体验是纯粹意识的体验，但是在梅洛－庞蒂那里，体验是身体的体验。身体是知觉的中心。知觉借助于身体使我们面临世界中形形色色的物体。所以，知觉是身体的知觉，而非"纯粹意识"的工具。我们之所以能观察和思考，是因为我们是一个有感觉运动能力的、活生生的身体。身体是经验的主体，是经验者，而不是被经验的客体。这是梅洛－庞蒂的身体现象学同笛卡儿二元论的根本区别。在笛卡儿那里，人是一个思维的主体，是一个可以脱离身体的"精灵"，但是在梅洛－庞蒂那里，人就是他的身体。人之所以能思维，是因为他有着一个能看、听、触、嗅和移动的身体。"笛卡儿之所以能产生这些思想，恰恰是因为他是一个活生生的身体，有着与身体紧密交织的大脑。就我们所了解的而言，1650 年 2 月 11 日清晨，当笛卡儿去世之时，他也就停止了思维。尸检表明，严重的呼吸系统感染导致了他的死亡"。

身体现象学的本质在于用身体的表达来替代意识的表达。意识不是一种可脱离身体的"纯粹意识"。意识最初源起于对意向物体的觉察，即知觉。而知觉是身体的知觉，是身体与环境相互作用的产物。身体、知觉和环境是一个氤氲聚合的整体。身体对于世界的知觉不是一种"映像"，而是被身体"塑造"出来的，身体的特殊结构构造了我们对世界的经验。身体并非是"我"和世界之间的一个存在物，相反，身体塑造了"我"的存在，让我们以一种具体的、特殊的方式与整个世界联系在一起。我们无法像传统认识论那样，首先考察身体，其次考察身体与世界的关系。因为我们就是我们的身体，身体是认识的主体，存在于每一个知觉和行动之中。它是了解和认识世界的起点和视角。

借助梅洛－庞蒂等人的身体现象学思想，认知科学哲学家、语言学家莱可夫和约翰逊在《肉身哲学：具身心智及其对西方思想的挑战》一书中，以神经科学、哲学、心理学和语言学的研究成果为基础，论述了心智的具身特征。人从本质上讲，并非是可以摆脱身体束缚的精灵。相反，人是某种神经存在物。人的心智，包括所有的认知和心理过程，都必须依赖和利用身体最原始的、最基本的感觉和运动系统。大脑不仅从感官接受各种刺激，也接受感觉—运动系统的塑造。抽象思维从本质上讲，不是一种抽象的、与身体无关的符号加工，而是利用着身体的感觉—运动系统提供的内容和范畴，在身体和身体体验允许的范畴内形成各种复杂的概念系统。依据具身认知理论模型倡导者的观点，认知过程并非定位于大脑本身的皮层区域。而是反映或体现在广义的身体上。的确具身认知的许多理论模型都假定，高级认知过程涉及感觉运动状态的部分激活，而且这些感觉运动状态构成了这些过程的基本成分。

莱可夫和约翰逊提出三个著名的命题。第一，心智从本质上讲是基于身体的，即心智从根本上讲是具身的。第二，思维大都是无意识的。就像弗洛伊德所主张的那样，意识层面的思维仅仅是冰山一角。第三，抽象概念主要是隐喻的。抽象概念并非产生于数字符号的加工，而是利用了形象比喻。利用这些隐喻，抽象的概念变得具体化、形象化，复杂的情感体验为他人所理解。而最初的、最基本的隐喻源于身体，源于身体与世界的互动。在这一方面，中文的成语有最好的佐证。隐喻的这种作用并非止于语言表达方式上的丰富多彩，它实际上反映了我们认识世界的方式。人以"体认"的方式认识世界。身体隐喻只不过反映了大脑的活动方式而已。

相对于哲学、语言学中对笛卡儿以来二元论思想的质疑和反馈，主流认知科学，特别是符号加工的认知心理学却一直执着于无身认知的思维模式。从历史上讲，科学心理学的独立本身就是笛卡儿二元论思想的产物。世界既然由心、物二元构成，而物的研究已经有了物理学、化学、生物学等自然科学，那么与之相匹配，就需要一门以"心"为研究对象的科学。所以德国心理学家冯特在19世纪中叶着力于实验心理学的建设，用物理学和生理学的实验方法探讨"心"的有关问题，科学心理学由此成为独立的学科。

在经历了行为主义对"心"的拒斥与否定之后，20世纪60年代迎来了"认知革命"。与行为主义对内部认知过程的排斥相比，认知革命的追随者在计算机科学、人工智能、信息论和控制论等学科的激励下，日益把关注的焦点指向了知觉、记忆、思维等内部心理过程。认知的符号加工模式成为心理学乃至认知科学的主流。依照符号加工的观点，认知是介于知觉和行为反应之间的内部心理过程。知觉类似于计算机的信息输入，行为反应类似于信息的输出，处于其中的认知具有计算的性质，是对信息符号的加工和操纵。这一类似三明治的模型假定了三元加工单位的存在，即输入信息的知觉加工、信息的中枢加工和作为加工结果的行为反应。这三个单元从功能上相互独立，原则上讲，各个单元自成系统，相互之间只有信息的传输，没有因果的互动。输入的知觉信息是符号性的，即表征了世界，但是却并非世界本身，中枢加工单元依照某种理性的规则对这些符号进行运算和加工，其本质类似于计算机的CPU对抽象符号的操纵。所以认知在本质上是计算性质的，推理、判断、分类等过程实质上都是一种计算。这种计算过程发生于中枢神经系统内部，同身体的感知和运动系统没有本质的联系。虽然"这一活动的核心需要一个身体去执行心智的指令，也没有任何人暗示心智可以脱离大脑而存在，然而这场笛卡儿式的剧情里，事实就是身体在所展示的智慧活动中仅仅做出了极其贫乏的贡献"。

在这种认知主义的观点中，认知从根本的意义上仅仅是一种内部的心理操作，是孤立于中枢神经系统的心智活动。这一观点并不否认外部客观世界的存在，但是外部客观世界仅仅是感觉刺激的起源地和行为反应的表现地。身体的作用只是接受刺激和执行反应。"由于认知操作始于符号输入的接受，结束于符号性编码的输出，认知科学的研究对象就被嵌套在感觉器官和运动系统的边缘外壳之间。这样一来，认知的研究既不需要理解认知者的环境，也不需要考察二者之间的互动。"认知活动"发生于中枢"，独立于外部世界。身体只是它同外部世界打交道的工具。"内部"对"外部""精神"对"物理""心智"对"身体"可谓泾渭分明，笛卡儿二元论在这里得以清楚地体现。

从 20 世纪 80 年代开始，笛卡儿式的无身认知观日益受到质疑和挑战。"具身认知正在横扫我们这个星球……认知是基于身体的这样一种观点在认知科学中迅速占据了显赫地位，并有望支配这一领域"。"这一'身体转向'在不同的学科领域采取的形式不同，但是在哲学、心理学、神经科学、机器人学、教育学、认知人类学和语言学领域，这一转向已经表现得非常明显"。

具身心智的中心主张就是认知、思维、情绪、判断、推理、知觉、态度等心智活动是基于身体和源于身体的。身体与世界的互动决定了心智的性质和内容。具身心智这一概念的最早倡导者约翰·哈格兰德指出："如果我们准备把心智理解为智慧的中心，那么我们就不能像笛卡儿那样，视心智同身体和世界原则上是可以分开的……为了摆脱这种偏见性的信念，我们需要一种更为广阔的视角。这一宽广的视角再次把目光投向知觉和行动，关注公共事物和社会组织的参与程度。从这一视角来看，心智同身体和世界原则上是不可分的，而是一种紧密的耦合，形成一个功能上的统一体……人的智慧……并非仅限于各种表征，而是延伸至整个人文世界。因此，心智并非偶然地有了具身特征，而是紧密地与身体和世界交织在一起"。

安迪·克拉克，在《按压肉体：具身研究中的张力，嵌入的心灵？》一文中，提出心智具身性的研究中存在着两种倾向：一种是身体中心论，这种观点认为一个特殊的、具体的身体及其细节决定了心智的性质和特征；另一种观点则主张身体仅仅是大脑、身体和世界相互作用中的一个平等因素，心智的属性取决于这三者之间的平衡。这两种观点在反对笛卡儿式的二元论方面有着共同的主张，但是在关于身体究竟在多大程度上影响心智存在着一定的分歧。在实验的认知科学中，学者们更侧重身体对认知的影响和塑造作用，其基本研究围绕着"具身认知"展开。但是在认知科学的理论分支中，如在哲学和社会学中，学者们更重视环境的作用，身体仅仅是环境的一个部分，因此这类研究经常在"扩展的认知"旗帜下进行。无论如何，两者都强调了心智不是一种纯精神性的"计算"，抽象符号加工并非心智的根本属性。相反，心智是被身体及其环境决定的，如果没有身体的物理结构和属性，如果没有身体性质的知觉与环境的相互作用，就不存在意识。从根本意义上讲，心智是基于身体和源于身体的。

## 二、身体物理属性与感觉运动系统的作用：心智具身性的心理学证据

从心理学的角度来看，心智具身性可以从三个方面加以考虑：第一，冷热、轻重的身体物理体验对认知判断是否存在影响；第二，肢体运动和动作反应在认知过程中发挥了什

么作用；第三，感觉—运动系统的心理模拟在概念形成中扮演了什么角色。大量心理学实验证实这三个方面的确对心智过程产生实质性影响。

在日常语言中，不论是中文还是英文，对于人格的描述，为人是否"热"情都是一个重要的人格特征。我们用"热情""亲热""温暖"等术语描绘人与人之间的和谐、友善和关怀，用"冷酷""冷眼""寒心"来形容人与人之间的不和甚至尴尬和障碍。那么这种人与人之间的冷热同物理的冷热体验有必然的联系吗？抑或它们仅仅反映了一种语言习惯？美国耶鲁大学心理学家威廉姆斯和巴格的实验证明两者之间存在着必然联系。

在该实验中，实验者随机把 41 名大学生分成两组，一组大学生手拿一杯热咖啡，另一组大学生手拿一杯冰咖啡，然后实验者让这些学生对一个想象中的人物进行人格评估。评估参考于一系列有关这一人物的信息，而这些信息提供的特征都是中性的，如聪明的、勤恳的、果断的、熟练的等，从这些信息中并不能判断出这个人在接人待物上是否热情或冷淡。统计结果显示出两组被试的反应有显著意义的差别：手拿热咖啡的被试更倾向于认为该人物热情、和善，让人感到温暖；而手拿冰咖啡的被试更倾向于评价该人物为冷漠、不友好、难以接近等。皮肤上冷热的物理体验给认知判断带来显著影响。

此外在许多语言中，意义判断都使用"重""轻"的身体体验。重和轻成为意义判断中的一个隐喻。一个事件或人物究竟是"重于泰山"还是"轻于鸿毛"？许多语言中的描绘都与重与轻的物理体验有关，如英语中的 Weightiness 既有沉重的意思，也有重要性的含义。是否物理上的重与轻与意义上的重要与不重要有必然的联系？心理学家琼斯曼等人一项重量体验与意义和价值判断的实验证实了这一猜测。在实验中，实验者以巧妙的实验设计让被试手持一个沉重的写字板回答问题，或者手持一个轻巧的写字板回答问题，结果发现那些手持沉重写字板的被试在评估外币的价值时，估值更高；在评价一个中性的决断时，认为其意义更重要。同时，那些手持沉重写字板的被试在思维方面也更投入，付出的努力更多。"与认知上的具身观点相同的是，这些发现启示我们，就像在处理一个沉重的物体时，重量使得人们付出更多身体努力那样，在思考抽象问题时，重量也使得我们付出更多认知上的努力"。

这些实验证明："人的思维可以基于身体的物理感觉和动作。的确道德、时间、人际温暖等抽象概念可以建筑在根植于身体经验的隐喻之上"。这说明，认知不是脱离身体的纯粹精神活动，而是与身体经验有着直接的联系。在某种程度上，身体的物理体验直接影响了认知过程。人类可能并不像自己认为的那么理性，许多时候所谓的"理性判断"在很大程度上受到身体物理经验的左右。

传统认知主义把认知类比为运算性质的信息加工过程。在这种隐喻中，心智的"软件"独立于身体和大脑的"硬件"。推理、分类、判断和记忆等认知过程被视为是对抽象语言符号的加工，与身体没有内在联系。但是具身心智的支持者认为认知操作实际上发生于身体的物理背景中，与身体的运动状态和动作姿势都有紧密的联系。为了证明这一猜想，心理学家以"自我概念"为例进行了实验验证。

"自我"是心理学的一个重要概念。人们怎样看待自我，即形成怎样的自我概念对成就动机、接人待物、人际关系、心理健康等都会产生重要影响。依照符号加工的观点，个体自我概念是由抽象的、语义符号性的自我知识构成。自我概念基本上是一个抽象的语言描述，独立于个人的身体，也独立于身体运动和动作姿态。但是心理学家舒伯特等人的实验证明，自我概念的形成受到了动作姿态的影响。

舒伯特等人考察了握紧拳头对男性自我概念的影响。实验者以 71 名学生为被试，随机分为两组，一组被试在回答问卷时握紧拳头，另一组被试在回答问卷时做一个中性姿势，问卷考察果断性和社会自尊方面的自我评价。从社会文化的角度来看，做事果断和追求他人的崇拜被认为是男性的典型特征。实验者假设，握紧拳头将提高男性在这两个方面的自我评价，对女性则不起作用，实验结果完全证实了这一假设。

这一实验的意义在于，人类的自我概念并非一种抽象的语言表现，而是受到身体动作反馈的影响，而身体动作具有文化的蕴义，动作和身体姿态的适当与否与环境和社会文化息息相关，在这个意义上，认知不仅是具身的，也是嵌入环境的。社会文化通过身体而与心智紧密交织在一起。

情绪的形成也与身体的动作姿势有密切关系。美国实用主义哲学家和心理学家威廉·詹姆斯曾经认为情绪并非由认知唤起。实际上，情绪是大脑对身体反应的知觉。外界刺激并不能通过认知直接导致情绪。相反，外界刺激首先导致一种身体反应，这种身体反应传输至大脑，对这种身体反应的知觉就是情绪。在荒山野岭看见蛇，不是因为有了恐惧情绪而逃跑，而是因为逃跑的身体动作而导致恐惧的情绪体验。这一学说的关键之处在于将身体反应置于情绪体验之前，否定了认知的作用，因而受到了情绪认知学说的激烈批评。情绪认知学说主张的是认知唤醒情绪，情绪导致身体反应。这与符号加工的观点是一致的。根据这种观点，身体只是执行指令，对情绪本身没有直接的影响。但是心理学思柏等人的实验证明身体的动作姿态对情绪体验有直接的影响。在这一实验中，实验者安排两组被试完成同一项任务：测试不同姿态对耳机使用效果的影响。一组被试在完成这一工作时，昂首挺胸，上身处于直立的状态，另一组被试低头垂背，表现出一种瘫坐状态。任务完成后，实验者告知被试他们出色完成了任务。实验者表示为被试出色的工作感到骄傲。然后实验者以问卷的方式询问被试是否有骄傲的情感体验。测试结果表明，处于挺胸、上身直立的那些被试有较多的骄傲情感体验，而那些处于瘫坐状态的被试鲜有这种体验。上身直立或瘫坐的身体状态导致被试产生不同的情绪体验。另外一项点头或摇头的心理学实验也从另一个角度清楚地表明了身体动作与情绪反应之间的紧密联系。在那个实验中，一组被试在测试的过程中，被要求做头部的垂直运动（点头），另一组被试被要求做头部的平行运动（摇头）。测试时要求被试注视面前放着的一支笔。测试完成后，被试得知可以选择面前这种颜色的笔或另外一种颜色的笔作为礼物。结果显示出，做点头运动的被试更倾向于选择摆在面前的那种颜色的笔，而做摇头运动的被试更倾向于选择另一种颜色的笔。点头或摇头的身体动作无意识地影响了被试对笔的选择，改变了被试的情绪体验。这个实验也表明身体状态在知觉和认知判断中发挥着积极的作用，影响着人们的认知过程。

感知—运动系统的动作甚至可以改变道德思想的情感体验。刊登在《科学》杂志上的一篇文章告诉我们，洗手带来的身体清洁感可以导致道德上的纯洁感。在那个行为实验中，实验者要求两组被试分别回忆一段自己亲身经历的事件，一组被试回忆的事件是帮助他人、符合伦理道德的，另一组被试回忆的事件是伤害他人，不符合伦理道德的，然后请被试在两种价值相等的礼品中进行选择：一种礼品与清洁身体有关，如湿纸巾、洗手液等，另一种礼品与清洁身体无关，如铅笔、电池和光盘等。实验结果表明，那些回忆了不符合伦理事件的被试更倾向于选择与清洁身体有关的礼品，好似身体上的清洁可以减少道德上的负罪感。西方文化中，早就存在"洗礼"或"受洗"的宗教仪式。通过这种清洁身体的仪式，受洗者可以摆脱尘世的罪恶。在莎士比亚的经典作品《麦克白》中，麦克白夫人由于怂恿丈夫麦克白杀死国王邓肯，因而感觉手上沾染了肮脏的血，所以她不停地洗手，患了洗手的强迫症。这种以净化身体减轻内心道德压力的行为方式被一些心理学家称为"麦克白效应"。从这些传统作品中，也可以看出身体的感觉运动系统与道德情感体验的紧密联系。

人类的概念系统包含的知识支撑了包括知觉、记忆、语言、思维和想象等认知活动。认知过程的进行依赖于这些概念知识。但是这些概念是怎样形成的？概念知识是以脱离视觉、听觉、嗅觉、皮肤觉等具体感觉通道的抽象符号系统表征的？还是以特殊感觉通道系统中复现的那些片段的与原来类似的状态来表征的？如果概念知识的表象以抽象符号为基本单位，那么意味着认知过程的进行可以脱离身体，在抽象的水平上独立进行。但是如果知识的表征以特殊感觉通道中复现的内容为基础，那么意味着认知并不能脱离身体。

概念知识表征中的这两种观点可以概括为两个原则。第一个是转换原则。转换原则假定，当视觉、听觉、运动状态的情境被体验到后，感觉系统将这些感觉经验转换成一种心理表征。这些心理表征是"非模态化的"，即都是一些类似于数字、字母、字词之类的抽象符号。这些符号本身不带有任何感觉的、身体的、情感方面的信息，它们只是一些符号。非模态化的符号系统把一系列原本通过身体获得的知觉状态转换成一种全新的表征语言，把原本属于身体的、知觉的状态改变为本质上与身体无关的东西。一旦转换过程完成，储存在记忆中的就只剩下感觉经验的符号描绘。概念形成依赖的就是这些抽象的符号。

第二个是模拟原则。依据这一原则，知识表征以特殊感觉通道获得的心理表象为基础。如同转换原则主张的那样，模拟原则同样认为在体验一个情境时，视觉、听觉、触觉以及情感和动机状态会被激活，但是模拟原则并不认为这些状态转换为抽象的符号，而认为这些原初的状态被部分地保留下来表征原来的情境。当表征一个对象时，人们在视觉上复现着与原初类似的形象，在听觉上出现着与原初类似的声音，在动觉上复演着与原初类似的动作，在情绪上复现着与原初相似的体验。这些复现物似乎都是一些心理表象，类似于在知觉和行动中获得的那些真实的印象和体验。因此，概念的形成、知识的表征依赖的就是储存在记忆中的这些身体体验和身体状态的副本，与特殊的感觉通道紧密联系。当它们在记忆中呈现时，就产生了原来那种状态或体验的模拟。这种心理上的模拟构成了知识表象的基础。

心理学家威特等人的实验验证了运动模拟在概念加工中所发挥的作用。在这个实验中，实验者在投影仪上投射出两组物品：一组物品是工具类的，如铁锤，汤勺、电话机，这些工具的使用需要抓握的动作；另一组物品是动物头像。当物品投射到屏幕上后，实验者要求被试尽可能快地指出物品的名称。物品在屏幕上持续显示，直到被试叫出物品名称为止。记录下被试命名所需要的时间。被试在给物品命名时，需要用手挤压一个泡沫球。实验者假设，人们在看到一个能用手抓的工具时，会自动产生一种用手抓的运动模拟，这对于工具概念的形成是必要的。运动模拟参与了工具概念的加工，如果这一预测是正确的，则挤压泡沫球的动作干扰了运动模拟，被试在给工具命名时就需要花费更多的时间。实验结果证实，当工具的手柄与挤压泡沫球的手不在同一方向时，被试给工具命名的反应时明显提高，但是当屏幕上呈现的是动物的头像时，无论哪一个手在挤压泡沫球，被试的反应时均没有明显的差异。这说明被试在观察到一个可抓握的工具前，会无意识地产生一种抓握的运动模拟。这一运动模拟是概念理解的一个组成成分，对于理解那些含有动作成分的概念是必要的。

# 1.3　认知与身体的互动和交融

认知，或者从更广泛的意义上讲心智，与物理属性的身体之间究竟是什么性质的关系？这个问题困扰了人类几千年。认知、心智、意识或灵魂可以脱离肉身而存在吗？认知与身体究竟是性质截然不同的两种实在？还是生命进程的两个不同侧面？或者仅仅是我们看待生命的两个视角？如果认知并非一种实在，而仅仅属于指挥身体运动的大脑的一种功能，那么这种认知功能是否可以像计算机的运算功能那样，可以脱离大脑物理结构的"硬件"，成为一种离身的"软件"？近年来，有关这一问题的讨论演变成认知具身性研究的热潮。在此，我们从具身的维度，探讨认知与身体的互动与交融。

## 一、心智与身体的分离：离身认知及其困境

科学心理学是西方文化思想的产物。但是自古希腊以来的西方文化中，二元论思想一直占据主导地位。实际上，科学心理学本身就是二元论思想的表现。二元论的基本特征是主张心物、身心、主客的二元对立。心理、意识、主体构成了二元对立的一方，物质、身体、客体构成了对立的另一方。物质、身体等的研究有了物理学、化学、和生理学，那么心理、

意识的研究也需要一门独立的学科，这构成了心理学独立的科学文化基础。

在二元对立的西方传统文化中，身体在真理的追求和知识的获得中一直处于被贬斥和受压抑的地位。或许这一贬低身体的倾向在柏拉图那里表现得最为明显。柏拉图在其对话录《斐多》篇中指出"身体给了我们爱、欲望、恐惧等各种不真实的东西，其结果是我们几乎从来没有机会对各种事物进行思考……但事实似乎是，只要我们活着，就要尽可能地避免同身体的接触与联系，除非绝对的必要。这样我们才能不断地、最大限度地接近知识"。

柏拉图把身体和灵魂对立起来，且认为身体充满了肉欲、情色等使人分心的东西，因此成为思维和认识的障碍。在哲学实践中，为了摆脱肉欲的干扰，就要远离肉体，甚至要"消灭肉体"，以解放灵魂。因此，哲学家的任务就是"练习死亡"。只有肉体灭亡了，灵魂才能解脱，才会变得纯洁，也才能通达真理。这一对身体和灵魂的区分，以及对身体的排斥和鞭挞对西方文化思想产生了持续冲击。亚里士多德、奥古斯丁、笛卡儿、洛克和康德等人哲学思想都受到这种二元论思想的影响。教会势力猖獗的欧洲中世纪，身体被视为罪恶的根源。这也与柏拉图对身体的排斥有关。

17世纪的法国哲学家笛卡儿从认识论的角度对身体和心智的关系进行了深入思考。他视身体仅仅为心智的一个观念。身体是物质的，但是身体的物质属性却是通过心智中的观念实现的：当我们的意识指向身体时，身体就变成了一个物质实体，成为认识的对象。当意识转向其他事物或者意识自身时，身体就从意识视野中消失了。由于身体是通过心智实现的，因而身体对于认识并不重要，可有可无。

笛卡儿区分了两种实在，即物质实在和思维实在。心智、意识、认知等思维实在在数量化的物理世界中没有位置，其功能完全是自主的。物质占有空间，可以无限分割；思维则不占空间，是不可分割的。包括大脑和神经系统在内的身体属于物质实在，而各种思想、欲望、意志和情感等属于思维实在。由于思维的自主特性，因而不需要任何物质空间，也不需要依赖于任何物质形式。身体的作用在心智追求真理和知识的过程中不再是一个障碍，但是却从认识论的视野中消失了。

从认识论的角度出发，笛卡儿认为人们可以怀疑包括身体在内的一切物质存在，但是却不能怀疑作为过程的思维存在。"我思故我在"体现了思维第一性和身体次要性的原则。这样一来，笛卡儿就从认识论上确立了二元论的传统，区分出作为理性的、思维的、非物质性的、隐秘的心智和作为非理性的、次要的、物质性的和公开的身体。自笛卡儿以来的西方文化思想家大多接受了这种二元论，视身体为一个物质对象，而自我或心智则是一个非物质性的、虚无缥缈地渗透在身体之中。二者的关系有如船夫和渔船的关系，船夫寓居于渔船之中，驾驭着渔船。心智驾驭着身体，指挥着身体的运作，但是身体对心智则没有实质性的影响。不同时代的思想家们接受了这种二元论观点，关注心智的性质，对于身体的认识则留给研究物质世界的物理和生理学家了。

在经历了水压自动机、钟表机械、电话接线板之类的隐喻之后，20世纪50年代迎来了计算机革命。一个新的隐喻出现在认知科学家面前。这就是"心智有如计算机"。认知科学家假定，认知是表征和计算的过程，而计算是依据一定的规则进行的。在《神经活动内在观念的逻辑演算》中，沃伦·麦卡洛克等提出：第一，逻辑规则是理解大脑和心理活动的科学方法；第二，大脑是不同神经元根据一定规则组合起来的装置，神经元的兴奋和抑制发挥着逻辑操作的功能，因而人脑及其心理活动如同一部推理机器。

符号加工认知心理学的基本思想是认知过程是基于符号性表征的计算。由这一基本思想可推导出三个基本假设：第一，大脑的思维过程类似于计算机的信息处理。计算机的信息流程包括信息的输入、编码、存储和提取、信息的输出等子功能系统，相应地，人脑对信息的处理也包括感觉输入、编码、储存、提取和输出的全过程，其流程与计算机的信息处理是一致的；第二，外界信息转换为符号性表征，认知过程加工的是抽象的符号。符号表征了外界信息，但并非外在世界本身，这种安排的优点是保证了认知过程的简洁和效率；第三，认知过程与大脑生理结构的关系有如计算机的软件同硬件的关系。软件虽然运行在硬件上，但是功能是独立的，可以与硬件分离，运行在不同的硬件上。这一假设的直接结果是，认知被视为可以脱离具体的大脑，运行在任何有计算功能的物质上。另外，认知虽然运行在大脑中，但是大脑的生理结构对认知没有影响，认知可运行在人脑中，也可以运行在电脑中。笛卡儿的二元论在这里以科学的面目复活了。身体和认知成为两种性质不同的实在。

20世纪80年代，由于神经科学的发展，认知科学家开始借鉴神经网络模型来替代心智的计算机隐喻，联结主义取代符号加工模式成为认知科学的主流。联结主义的信息处理系统由许多简单单元的并行联结构成，其信息的处理方式是并行的和分布式的。这种认知模型更接近大脑的生理结构，因而在一定程度上克服了符号加工模型的机械主义倾向。但是，联结主义同符号加工模式在核心观念上是一致的，即"认知是一种计算。计算是对符号的操纵。符号始于对大脑的输入，结束于来自大脑的输出。因此，认知发生的地方是大脑，而且仅仅在大脑。认知科学关心的也只有大脑"。这就是说，无论符号加工还是联结主义都视认知与身体无关，对于身体的漠视明显延续了笛卡儿主义的二元论传统。

认知与身体分离的直接结果是认知科学家关注的焦点完全指向中枢神经系统，力图了解心智的内部工作机制。行为主义曾以内部心理过程缺乏适当方法为由抛弃了认知和意识的研究，内部心理过程被视为一个"黑箱"。认知心理学扭转了这一趋势，重新把心理学家的目光转向有机体的内部。但是，在转向内部机制研究的过程中，认知心理学家矫枉过正，完全抛弃了身体和身体活动的环境，似乎心智过程仅仅发生于大脑，这样一来，认知科学家关心的是感觉输入和运动输出之间的计算过程，这个计算过程发生于中枢神经系统内，与身体和环境没有太多的联系。"唯我论"就构成这种研究模式的方法论特色。

把认知与身体相分离，视认知类似于计算机的程序软件，这样一种观念支持了认知过程的符号加工模式。认知既然是一种计算，而计算是对符号的操纵，那么认知就成为一种脱离具体情境的抽象符号加工。但是计算机操纵的是一些字词和数字。这些字词和数字之所以成为符号不是因为其本身的物理特征，而是由于它们具有表征的功能，即它们代表着一些真实的事物。表征和被表征事物之间的关系经常是任意的、武断的，两者之间并非一种必然的联系。计算机处理的这些符号的含义是人为的，其处理这些符号的规则也是人设定的。如果中枢神经系统处理的也是抽象的符号，那么真实事件是怎样转换成抽象符号的呢？神经系统具备这种转换能力吗？神经科学的发展表明，没有任何证据证明神经系统具有这种神奇转换能力。这是传统认知科学无法解释的。

## 二、心智与身体的交融：认知对身体的依赖性

法国哲学家梅洛－庞蒂曾经指出，身体并非认识的对象，而是认识的主体。"我的身体是这样一种组织，所有客体通过它而组成一个整体……"。我们是通过"体认"的方式了解世界。因此，自我意识实际上是由各种身体体验构成的。在日常生活中，我们每一个人都能深切体会到自我和身体的紧密联系。当某人拧我的耳朵时，是自己，而不是其他任何人体验到疼痛。当我们享受美酒佳肴、面对刺骨寒风或者精疲力竭时，我们清楚地了解这些感觉的唯一来源是身体。身体的体验构成了认知过程的基本素材。

但是由于二元论的影响，我们经常有这样的错觉：当我们聚精会神，专注于一个复杂数学难题时，身体似乎一点也不发挥作用。好像是"我"在解题，身体只是一个把"我"带到课堂的载体。当老师讲课时，我身边那个因车祸而丧失双腿的残疾人不是同我一样倾听、思维和回答问题吗？身体真的那么重要吗？如果重要，为什么残疾人能同我们一样进行思维呢？

这样一些问题恰恰反映了二元论对我们潜移默化的影响。二元论在人类的思想意识中已经如此根深蒂固，以至于成为我们的一种思维方式。实际情况是残疾人尽管同我们的身体不同，但是从种族起源的角度来说，我们享有同样的身体。人类心目中的世界与蝙蝠心目中的世界截然不同，因为人类与蝙蝠有不同的生理构造。我们之所以永远不能理解蝙蝠的主观体验就是因为我们没有蝙蝠的身体结构。即使从个体的角度来说，不同的身体也会造就不同的思维方式。所以凯萨撒托说，"在某种程度上，心智的内容取决于身体的结构，不同身体倾向于产生不同的思维方式"。左利手和右利手的实验表明，二者倾向于视左右有不同的意义。改变了用手的习惯，思维方式也改变了。考虑到这一点，吉布斯指出："身体并不仅仅是我们拥有的东西，我们就是我们的身体……动觉和触觉的习惯模式不仅构成了自我概念的核心，而且形成了高级认知过程的基础。"人类特有的身体结构决定了人类独特的大脑和中枢神经系统。正如蝙蝠特有的生理构造决定它用声呐系统认识世界那样，人正是因为有了直立行走的身体，才有了人类认识世界的特殊风格。没有这种特殊构造的身体，就没有人类特有的感知和思维方式。

依据威尔逊和福利亚的观点，认知对身体的依赖性可以从以下三个方面进行理解。

## （一）身体的限制作用

身体限制着认知的特征与范围。有机体的身体结构、身体的活动能力限制了认知表征的性质和内容。因为某种身体特征的存在，使得有机体某些形式的认知变得更容易，也使得某些形式的认知变得更困难，甚至不可能。听觉是典型的范例。某些动物的听觉之所以比人的听觉更灵敏，就是因为它们的听觉构造与人类不同。在《我们赖以生存的隐喻》一书中，莱可夫和约翰逊指出，抽象思维主要是隐喻的，即形象的比喻。但是最初的和人们最熟悉的是自己的身体，因此最基本的隐喻是借用身体及其活动方式的隐喻。既然抽象思维主要是隐喻的，我们借用隐喻来认识世界，而隐喻最初利用的是身体，那么身体的构造和活动方式就限制了抽象思维的方式。在这个意义上，我们说身体作用于世界的方式就是认知的方式。语言学中的意象图式理论就是这一观点的最好佐证。

传统上，在二元论的影响下，西方文化倾向于把身体和外在世界分开。认知科学家假定，个体通过客观世界的表征而了解世界，心灵如镜子那样，反映外在世界，而这一反映过程是通过表征的功能。表征过程，通过感官的活动而进行。人的身体有五官的存在，但是五官只是表征客观世界的通道，仅仅发挥传递作用。在这个过程中，身体通过皮肤的疆界而与客观世界保持独立。但是具身认知科学家开始拒绝这种身体和世界分离的二元论。主张在认知过程的研究中，采纳有机体与环境互动的观点，在人与环境交互作用中理解认知。生成认知就体现了这一观念。

生成认知的提出者瓦雷拉等人认为，认知是一个生成过程，是个体在发展和成熟的过程中，通过身体活动参与到世界中去，在与世界交互作用的过程中耦合而成。认知既不是对一个先在客观世界的再发现，也不是先验思维范畴投射的结果。从生成的观点来看，认知是身体与世界互动的产物。个体的主观世界是被个体的行为和感觉运动能力决定的。人们知觉到的东西依赖于他的动作和行为，而动作和行为最终又改变了知觉到的事物。这样一来，个体和世界耦合在一起，身体和认知耦合在一起。认知是身体的认知，身体是认知的身体。在这一过程中，身体的结构和感觉运动系统都限制着认知过程的进行。

## （二）身体的分配作用

身体不仅限制着认知加工，而且可以作为认知加工的一个组成部分，在大脑和身体间分配认知任务，发挥着一种类似于分销商的作用。

传统认知科学视脑为心理的器官，而且是心理唯一的器官，认知过程的进行依赖于中枢神经系统，所以认知发生于心理内部，通过神经系统得以实现。但是具身认知的观点视身体为认知系统的组成部分，认为除了大脑之外，身体的方方面面在认知加工中扮演着因果和构成性的角色。这意味着通过神经系统实现的认知过程可能要比我们原来以为的少得多，甚至某些认知过程可能完全没有神经系统的参与，仅仅是身体的结构和感觉运动系统的作用。机器人学的研究表明，依据符号加工模式设计的机器人由于依赖信息的中央加工，每一个细微动作的执行都必须依赖中央控制器的指令，因而其行动异常缓慢和笨拙。但是依据动作反馈，直接做出反应的机器人却轻易完成了高智慧的工作，简单联结展现出了复杂智能。中央加工器的缺席并没有阻碍反而促进了任务的完成，这启示我们某些认知加工可能并非一定需要中枢神经系统的参与，身体状态、身体体验可直接参与动作的完成。伯格等人的实验表明，使用键盘和不使用键盘的两组被试在两个系列的组合字母（一个系列的字母可用不同手指打出，如 ZH；另一个系列只能用同一手指打出，如 WX）面前，使用键盘的被试更喜欢选择第一系列，而不使用键盘的被试则没有这种选择上的偏爱。这说明，手指的运动状态成为认知加工的组成成分之一，来自于同一手指的不和谐运动导致了消极的评价，而不同手指的和谐运动促成了一种更为积极的评价。这在一定程度上说明，身体动作部分承担了认知任务，运动状态构成了认知判断的组成成分。身体在认知分配中发挥作用这一特征说明认知并不限制于头颅之内。认知过程包含着身体的非神经部分，如肌肉和骨骼。这些肌肉和骨骼活动在认知加工中也扮演着积极角色。记忆研究表明，在动作记忆的过程中，如果执行了那个动作，比单纯的语义记忆更有效。动作成分成为记忆系统的有机组成部分。另一方面，由于身体与环境的耦合关系，通过身体的作用，认知也超越了皮肤的疆界而与环境紧密联系在一起。认知并非是发生于皮肤之内、大脑之中的隐秘过程，我们许多认知过程是利用环境因素完成的，数学思维经常利用纸和笔，纸笔不仅仅是思维的工具，也是思维过程的成分。记忆不仅仅储存在大脑中，除了上面所说的身体动作促进记忆外，记忆经常储存在环境事物中。当我们走到某个地点，就想起某个人。这说明对于那个人的记忆并没有储存在大脑中，而是储存在环境中。有关扩展认知探讨的就是这方面的问题。

### （三）身体的调节作用

身体调节着认知，影响着思维、判断、情绪和动机等心智过程。长期以来，由于笛卡儿二元论和理性主义的影响，人们一直视身体为一个自动机，受心智或灵魂的指挥。这一观念反映到心理学中，则认为认知指挥身体，身体动作是认知的结果，身体只是心智的载体，其对认知的作用基本可以忽略不计。但是"大量的证据表明，身体运动不仅反映着心智过程，而且可以影响心智……行为动作不仅导致了环境中的物理变化，而且可以改变我们的思维和说话方式。因此，行为动作在人类思维和言语能力的发展过程中可能扮演着关键的角色"。

许多心理学实验都证明身体状态和身体运动对认知过程有调节作用。在荷兰心理学家科赫等人的实验中，做后退动作的被试较之做前进动作的被试在色字干扰的 Stoop task 测验中得分更高。因为在长期的进化中，后退动作意味着躲避某种消极刺激，意味着面临危险，此时个体出于自我保护的目的，会调动更多的认知资源，所以此时个体更警觉、反应速度更快，这是人类适应环境能力的表现。这样一来，后退动作就与警觉的心理状态紧密联系在一起，而向前运动就意味着安全，个体是放松的。所以在 Stoop task 测验中，后退动作诱发了更多的认知努力，被试因而取得了更好的成绩。因此，"身体可以对心智产生强有力的冲击"。

身体的调节作用使得认知、身体、行动在空间和时间上形成紧密联系的整体，确保了认知与行动之间的和谐。身体的这一功能于在线认知中表现得最为明显。在在线认知中，由于认知发生于实时空间中，认知活动直接指向真实环境。因此，认知活动与身体的特殊感官紧密交织在一起。事实上，恰恰由于身体的调节作用、认知操作与环境的要求保持一致，保证了认知任务的顺利完成。

## 三、心智与身体一体化：对身心关系的启示

自笛卡儿的实体二元论提出以来，思想家们一直为物质与精神、身体与心智之间的关系争论不休。一个可思维、但不占空间的精神实在究竟怎样从占有空间、但是不能思维的物理实在中产生呢？二者是互动、平行，抑或同一的关系？围绕着这些问题，学者们绞尽脑汁，提出了各种各样的观点。实际上，身心关系问题的本质是心智或精神的性质问题，即心智的本质是什么？"既然身体性质通常假定是无异议的，因而这一问题主要针对心智的性质。事实上，身心问题就表现为怎样理解心智的性质"。

具身的认知科学从身体与环境互动的角度理解心智的性质。在此之前，有关心智的性质存在着主张心理现象就是物理现象的身心同一论、心理状态是物质的一种机能状态的机能主义，以及解构心智，认为心理状态只是一种自然现象的取消论。这些观点从本质上说，都是要取消心智的实体性质，认为真正存在的只是物质的脑及其物理化学运动。从表面上看，身体与认知关系的具身化观点与上述观点有着类似之处，但是正如李其维指出的，具身的认知科学主张的是身心一体，而不是身心一元。身体与环境的互动造就了心智和认知。心智、身体、环境是一体化的过程。

所谓身心一体指的是身体在心智中，心智在身体中。身体并非像传统上认为的那样，仅仅是心智发生的"场所""载体"或"生理机制"，身体是体验中的身体，是认知过程的主体。身体和心智是主体经验的两个不同的方面。有什么样的身体经验就有什么样的认知方式，因此，身体的性质决定了我们的思维方式和内容，决定了我们怎样形成概念和进行推理。从身心一体论的观点出发，具身心智的主张者认为心智从本质上讲并非符号表征的计算，而是由不同感觉运动通道产生的身体经验或对身体的体验构成的。认知依赖于主体的各种经验，而这些经验源自一个活生生的、有血有肉、具有各种感觉和运动能力的身体。身体及其活动方式影响着认知，塑造着思维、判断、态度和情绪；另一方面，认知和情绪等心智过程也影响着身体。身体与认知的交互影响体现了身心一体论的原则。

　　身心一体论原则的首要表现是身体对认知的制约和塑造作用。身体并非仅仅是心智发生的"生理底座"。身体对认知既有因果作用，即塑造认知，也有构成性作用，是认知过程必不可少的部分。认知是身体的认知，"身体是一个构成性的、先验的原则，恰恰因为它的存在，才使得经验成为可能。它深深地卷入到我们同世界、他人、自我的关系……身体并非仅仅是我们观察、触摸、感受等经验的对象。我们之所以能观察、触摸、感受恰恰是因为身体的存在"。这就是说，身体是认知的主体，是身体去感受、去思维、去行动，因而，身体的感知和身体的运动等各种身体经验必然对认知过程产生强有力的影响。前述有关身体对认知的限制、分配和调节作用就是这一观点的最好佐证。认知语言学的研究也表明，语言、思维和逻辑推理的方式实际上是身体作用于世界的方式。中义成语中有大量的身体及其动作隐喻，如削足适履、脚踏实地、邯郸学步、铜牙铁嘴、耳聪目明、左膀右臂等，这种表达方式并非仅仅是一种语言习惯，而是一种思维方式。"如果身体的方式实际上构成了思维的内容和方式，那么逻辑之所以有效，就因为它是身体经验的共同模式。逻辑并非从理性天国中掉下来的，而是源自于反复出现的身体活动范型"。

　　身心一体论原则的另一个表现是心智对身体的影响。既然心智是由身体体验构成的，那么不仅各种不同通道形成的身体经验会塑造认知，认知也反过来影响和制约着各种身体感受。心理学的实验表明，那些回忆在社会交往中被他人拒绝，处于尴尬处境的被试对实验室房间温度的判断明显低于那些回忆在社会交往中被他人接纳，体验到他人热情的被试。实验室房间的物理温度对于两者是同一的，但是不同内容的回忆却导致了不同的身体感受。加拿大心理学家钟晨波和莱奥纳尔代利的实验也证实，在实验者安排的游戏中，那些被他人接纳，积极参与到游戏中的被试与那些被游戏同伴冷落和拒绝的被试相比，后者更倾向于要一杯热咖啡。似乎他人的冷落导致了冷的身体感受，因而想要热咖啡来温暖自己的身体。在韦森菲尔德和贝雷斯福德等人的实验中，回忆过去的成功事件导致被试上身更直立，而回忆过去失败的事件导致被试更加低头、塌肩。眼动实验也发现，当被试倾听小鸟、摩天大楼的语言描绘时，眼球会向上翻动；而倾听有关蠕虫、大峡谷的描述时，眼球会向下翻动。思维、回忆和语言等认知过程在无意识中影响了身体的感觉和运动系统。

　　镜像神经元的发现为身心一体论提供了神经生物学的证据。"镜像神经元最初是使用单细胞记录法在恒河猴身上发现的。这些神经元在动物操作一个特定的动作时，或者在观察另一个体在操作同样的动作时都会变得活跃"。在观察和操作同一动作时都被激活的事实启示科学家，动作的执行和动作的理解是否涉及的都是同一神经生理机制？如果答案是肯定的，则意味着作为认知过程的理解与身体的运动系统存在着直接的联系，也意味着认知过程与身体运动是一体化的关系。

　　根据传统的理解，认知涉及的是中枢神经系统对感觉输入信息的加工、提取、匹配和储存等过程，身体的运动系统只是执行中枢的指令，运动系统对中枢加工过程本身没有直接的影响。符号加工认知心理学提出了一个信息加工的"三明治模型"，即感觉系统提供信息的输入，运动系统执行中枢的信息指令。这两个"面包片"中间夹着一个"肉片"，即中枢信息加工系统。中枢加工系统除了从感觉系统提取信息输入和向运动系统发出动作指令外，不会受到感觉和运动系统的任何制约。以这样一种方式理解认知过程，则作为认知过程的理解和判断与运动系统无关，在神经生理机制上两者应该受不同的大脑皮层区域控制。

但是镜像神经元的发现对信息加工的"三明治模型"提出了严峻挑战。如果一个神经细胞在执行某个指向目标的动作时可被激活，在观察其他个体执行同样的动作时也会被激活，那么可能的解释就是动作的理解和动作的执行启用的同一神经生理机制。为了验证这一点，科学家进一步进行了实验。恒河猴究竟是对动作的物理特征做出反应，还是对动作的意义做出反应？实验者安排了这样实验情境：让恒河猴观察实验者用手抓握食物，但是在抓握动作的后半段，实验者手部的动作被挡板遮蔽了。在一种条件下，猴子知道挡板后没有食物；在另一种条件下，猴子知道挡板后有食物的存在。结果发现，当猴子知道挡板后有食物时，即使没有看到实验者的手部抓握食物的动作，恒河猴的镜像神经元也被强烈地激活。这说明镜像神经元是对动作的意义做出反应，说明恒河猴理解了动作的意义。随后的一些研究证实在人的大脑皮层运动区域也存在着镜像神经系统，发挥着与动物身上镜像神经元同样的作用。

"镜像神经元重新解释了运动系统在中枢神经系统总体图式中的作用，对于超越心智与身体、思想与行动的分裂具有特别重要的意义"。镜像神经元及其表现在人身上的镜像神经系统证明大脑皮层的感觉运动区域在动作执行和动作观察、计划、理解过程中扮演着同样，甚至是同一角色。人类的概念形成、语言理解、共情、模仿等心智过程都与镜像神经系统的功能有关。这也强有力证明了心智过程与身体的感觉运动系统有着紧密联系。认知是具身的，心智与身体是一体化的过程。

# 1.4　具身认知视角下的概念隐喻研究

概念隐喻是人们借助具体、有形、简单的始源域概念（如温度、空间、动作等）来表达和理解抽象、无形、复杂的目标域概念（如心理感受、社会关系、道德等）。这种表达在大多数情况下是自动化的、不被人所意识到的，甚至很多情况下，隐喻化的表达已成为词的本义，只有通过隐喻，人们才能表达这些概念，如山"脚"（身体范畴表达地理概念）、"重"要（知觉范畴表达价值概念）、贬"低"（空间范畴表达情感概念）。语言学研究显示，隐喻在全世界各种语言中都普遍存在。西方对隐喻的研究最早可以追溯到2000多年前亚里士多德的《论修辞》，他认为隐喻是以一种事物名称替换另一种事物名称的概念形式转换，是两个不同事物之间的一种比拟，对隐喻的理解就是找出相比拟事物之间共同点的过程。传统的语义学则从修辞的手段看待隐喻，把隐喻看作是词义替代或变换的现象，认为隐喻仅仅存在于文学、修辞学和艺术领域，是正常语言使用的偏离。而后发展的语用学则提出应根据逻辑与语境对隐喻做出理解，这种观点仍然局限于仅从语言运用的角度看待隐喻。而在哲学领域，客观主义哲学家将隐喻视为一种可以省去的语言附属品，西方哲学史在很长一段时间内都拒斥隐喻在人类基本思维中的作用（费多益，2009；孙影、成晓光，2010）。然而，在第二代认知科学——具身认知兴起的背景下，研究者开始从认知机制的角度对概念隐喻现象进行分析，并从概念隐喻的本质、根源、形成过程与工作机制等多方面对隐喻现象进行阐释。近年来在社会心理学、认知心理学及发展心理学等研究领域涌现出了大量关于概念隐喻的研究，至今已有超过上百篇实验报告在诸如《科学》（Science）《自然》（Nature）、《心理科学》（Psychology Science）等西方重要的学术期刊发表。关于概念隐喻的研究成为当前具身认知研究领域的重要主题之一。

## 一、具身认知视角下概念隐喻研究的基本假设

在具身认知的研究框架下，与概念隐喻相关的研究假设可涉及多个具体的理论。如博格迪特斯基提出了隐喻结构理论，威廉姆斯、黄和巴格提出的架构机制理论，凯萨撒托和博格迪特斯基提出的整合隐喻结构理论、迦列赛和莱可夫提出的神经再开发理论等，而这些理论的根源可追溯到莱可夫和约翰逊于 20 世纪 80 年代提出的概念隐喻理论。他们最早从认知的角度对隐喻现象进行分析和解释，在对大量隐喻进行分析和研究后指出，隐喻一方面反映了人类认知演化发展的过程和思维的基本方式，它为了解人类的认知提供了一个视窗；另一方面，隐喻也具有重要的认知功效，借助隐喻人们可以把复杂、抽象的信息简单、具体、形象化。最初的概念隐喻理论只是指出说明了具体经验在构建抽象思维中的作用。它并没有指出具体经验建构抽象思维的方式，也没有涉及任何实证性研究。进入 21 世纪后，随着具身认知思潮的兴起，具身认知的思想及衍生理论为概念隐喻理论的观点假设提供了重要的补充，而具身认知的研究范式、实证研究结论也为之提供了佐证，在这种背景下，进一步探索、发展与延伸概念隐喻理论的研究逐渐增多，相关的实证研究也不断累积，这些研究从不同方面丰富了概念隐喻理论，构成了一个较为完整的概念隐喻研究框架。当前，具身认知视角下的概念隐喻研究主要包含以下几个重要的基本假设。

### （一）概念隐喻的认知意义

隐喻的认知意义是人们利用熟悉、具体的概念范畴去构造陌生、抽象的概念。从概念发展的角度来看，抽象概念是主体在具体概念与具体经验的基础上建构而成的。根据具身认知理论，概念知识的形成基于主体的身体经验，身体经验是主体认识世界的起点。人类同具体的环境或事物进行互动时会获得多重感知觉经验，并在此基础上形成对具体事物的概念化认识。人的认知却并不仅局限于针对具体事物，还需要认知、思考与表达一些抽象

的概念与思想。通过概念隐喻机制，人们可以将已知的具体概念范畴映射到抽象概念领域，以借助具体事物来理解那些相对抽象的概念与思想，把握抽象的范畴和关系。

### （二）概念隐喻的形成机制

由具体概念到抽象概念的隐喻化过程是通过概念结构"架构"而实现的。架构原本是发展心理学中的概念，指人类在进化中形成的一些基本心理结构对个体的心智发展具有长期塑造作用，文化与学习经验对心智的影响都是在基本心理结构的基础上产生的。概念隐喻的研究者借用了发展心理学中的这一概念，用来描述早期形成的基本范畴如何影响高级抽象概念的发展。根据架构理论，人类可以在丰富感知觉经验基础上形成关于具体概念范畴的身体图式或图式结构，这些图式结构主要涉及空间、温度、感知觉等概念领域，如上—下空间图式、冷—暖温度图式、光滑—粗糙触觉图式等。图式是个体凭借与生俱来的尝、触、听、看、闻等感知能力，在与环境交互中反复经历同样的情景，获得类似的经验而逐渐获得的。如根据脖颈肌肉活动、视线移动等经验重复性感知上下垂直空间关系，便形成了上下空间图式。当日后人们逐渐发展出抽象思维能力、形成抽象认知时，便会将关于具体经验的身体图式架构到抽象的范畴和关系上，从而获得对抽象范畴新的理解。

威廉姆斯、黄和巴格指出，架构机制同人类一些最基本的认知特征相符合。根据达尔文的进化论与进化心理学的观点，产生一个全新的概念结构需要漫长的经验积累周期，而将已有的概念结构映射至新的概念领域则会相对经济、便利。人类可以将较为简单的概念结构向不同认知领域进行迁移，这是一种具有重要意义的进化适应优势：利用已被证明具有良好适应力的概念结构来发展更高层次的概念，可以丰富信息加工范围、扩展思维广度。

经过构架过程而形成的抽象概念同始源概念具有紧密的联系，概念间的关联既体现在语词层面上，也存在于自然的心理表征层面。通过架构机制，人们将一个与知觉运动系统相关联的具体概念结构映射到一个无法以身体经验知觉的抽象概念领域，具体概念的图式结构成为抽象概念的内在逻辑结构，而与身体图式相关的感知觉经验则成为抽象概念表征的一部分。这同具身认知的基本假设是一致的：概念表征作为人类最基本、最主要的认知能力，与主体的感知运动系统密切相关。

### （三）概念隐喻的工作机制

通过隐喻映射机制，主体可以对抽象概念进行形象化表征，并利用具体的经验与范畴思考并理解抽象的范畴。因此，尽管诸如时间、状态、道德等复杂的抽象概念对人类来说是看不见、摸不着的，在人类感知信息模糊的情况下，却可以利用隐喻映射机制对这些抽象概念进行感知表征。莱可夫和约翰逊所指出，"无论我们的抽象概念变得如何复杂，它们也必须与我们具身形式紧密联系。我们仅能经验我们具身性允许我们经验的，并基于我们身体的经验来概念化所运用的概念体系。"

需要特别指出的是当前大部分概念隐喻的研究者都只是强调概念隐喻对于发展更高层

次概念、进行抽象思维的重要性，但并不是说人类所有的抽象概念系统都是通过具体图式来建构的。此外，一些研究者并不否认主体对抽象概念可形成与隐喻分离的独立表征，只是由于隐喻思维的介入可以使主体以更加形象化、简单的方式对抽象信息进行加工。因此，在大多数情况下，主体会无意识地运用具体概念的图式结构来思考和理解与抽象概念相关的信息。这同概念表征的具身性假设具有一定的差异，具身性假设认为，概念表征包括与感知运动系统相关的经验表征，因此，具身性模拟仿真是内在概念机制，具有必要性，如对情绪概念的表征包括面部肌肉运动等。而在隐喻表征观看来，具身性的经验对于抽象概念表征来说只是一种交互概念机制，虽然概念隐喻理论也肯定感知运动经验参与抽象概念的获得与理解，但更主要的是强调具体概念范畴与抽象概念范畴间共同关系结构在抽象概念表征中的作用，并不认为抽象信息理解与感知运动系统一定具有直接的联系。因此，具身认知视角下概念隐喻研究的观点与假设在一定程度上可以被认为是具身认知理论框架中的温和性假设。

## 二、影响隐喻映射建立的因素

具身认知理论强调，身体对心智的形成具有重要作用，身体的结构、身体的感觉运动系统和活动形式塑造了高级认知过程。受此观点影响，概念隐喻研究领域的研究者认为，概念隐喻映射并非无端形成，而是由人们与外界互动中积累的具身性经验塑造而成的。在一些具体情景中，当两种体验并存时，已经存在的、较容易理解的具体概念会与抽象、较难理解的概念产生映射和架构关系，这一过程既可能发生在进化中，也可能发生在个体发育时期，其结果则是人们会用具体的范畴去表征和理解抽象的范畴。以温度感受范畴与人际情感范畴的隐喻联结为例，人们常会使用温度感受概念表达人际情感概念，如"热情""冷淡"。伊泽曼等人认为，由于个体在婴儿期被抚育者环抱时会产生温暖的温度体验和愉快的情感体验，在这种情境经验的作用下，当幼儿逐渐习得亲密等基本的人际情感概念时，便会形成以温度体验范畴理解人际情感范畴的隐喻表征关系。具身性经验对隐喻映射的塑造作用已得到了一定的实证支持。例如安全型依恋的幼儿在与母亲的互动中会获得更多的温暖—情感共存体验，而不安全型依恋的幼儿在与母亲的互动中会获得较少的温暖—情感共存体验。因此，相较于不安全型依恋的幼儿，安全型依恋的幼儿可能会在温度体验与情感体验间建立更强的隐喻关联。伊泽曼等人研究发现，安全型依恋的个体在温暖的环境下比在寒冷的环境下会表现出更多的亲社会行为，而不安全型依恋的个体则不具有这种行为倾向。这说明，幼儿时期温度与情感的共存体验会影响到温暖—情感隐喻关联的强度。

此外，由于人类的知觉特性与身体构造决定了我们同环境互动的方式及所获得的感知觉经验，而隐喻映射正是在这些基本经验的基础上发展的，因此人类的身体构造是决定特定隐喻映射形成的重要因素。例如身体的前后非对称性决定了人类可以更好地知觉正面的刺激、对正面的刺激做出反应，因此人们会将前后空间方位与特定的褒贬概念建立隐喻关联，如"前进""退步"。再如人们左、右手臂的肌肉力量、灵活性、平衡感具有非对称性，以利手活动会获得更加积极的体验，在此基础上，人们会将右侧空间与积极概念建立联系，而将左侧空间与消极概念建立联系，形成左坏右好的隐喻映射。

除人与外界的交互经验外，有学者指出文化及语言因素对概念隐喻映射的形成也具有重要塑造作用。博格迪特斯基认为，文化环境尤其是语言因素对隐喻映射的发展具有重要作用，在语言文化中已经形成的隐喻表达方式会诱发、激活具体概念范畴向抽象概念范畴的结构映射，词汇和表达方式的重复使用是形成图式映射，导致特定的知觉通路与抽象认知产生联结的关键。凯萨撒托和博格迪特斯基在这一观点的基础上提出了整合隐喻结构观，这种观点认为基本经验关系和语言表达在概念隐喻映射的发展中都具有作用。身体运动经验为普遍的概念隐喻映射提供基础，由于图式架构的基础是人与外部环境互动过程中积累的感知和认知经验，而这些经验是先于语言文化而存在的，因此，人们最初形成的隐喻映射是相同的、具有普遍性的。而后天接触的语言文化因素则对隐喻映射具有调整作用，不同文化背景下特异的隐喻表达方式可以引导图式结构从具体概念领域到抽象概念领域的映射。在日常生活中，每一次隐喻式表达方式的使用都会在无意识层面引导人们对相关的具体范畴与抽象范畴进行思考，进而加强人们对隐喻映射关系的联结倾向。

语言经验与隐喻映射的关系可以以时空隐喻为例进行说明。通过空间概念表达时间概念是最为常见的隐喻表达方式。时空隐喻在不同的文化背景下又具有不同的形式。在英语中，时间距离是用空间长度来表示的，人们会很自然地说"很长时间"；而在希腊文中，时间距离是用空间体积来表示的，人们表达时间距离不是使用"长""短"，而是用"大""小"。因此，在英文思维框架下，时间距离可以被形象化地理解为很长的一条线段，如"long night"；而在希腊文思维框架下，同样的意思则可以被形象化地理解为一个巨大的建筑物，如"megali nychta"（表示夜晚时间长，直译为巨大的夜晚）。凯萨撒托和博格迪特斯基基于此差异进行的研究发现，在不同语言背景下人们关于时空隐喻的表达方式有所不同时，对时间概念的心理表征方式也会有所不同。在他们的实验中，研究者要求希腊被试和英国被试都完成两种时间判断任务，在一种判断任务中，被试观看一个点在不同长度线段上移动，并判断活动点在线段上移动所消耗的时间，虽然线段长度不同，但是实际上活动点移动的时间长短是一致的。在另一种判断任务中，被试观察屏幕上不同大小的容器逐渐注水，被试判断容器注满水所需消耗的时间，虽然容器大小不一致，但实际上容器注满水的时间是相同的。研究发现，被试对时间的估计会受到空间因素的干扰，同时干扰效应在被试间具有差异性。英国被试在与容器相关的时间判断任务中不会受到空间刺激的干扰，但在与线段相关的时间判断任务中会受到干扰，被试会认为活动点在长线段上移动所需的时间更多。而希腊被试则恰恰相反，他们在与线段相关的时间判断任务中判断不会受到空间刺激的干扰，但在与容器相关的时间判断任务中会受干扰，被试会认为大容器注满水所需的时间更多。更重要的是研究还发现，在实验中训练英国被试学习希腊文中的时空隐喻表达方式，英国被试在与容器相关的时间判断任务中会表现出同希腊被试一样的知觉干扰效应，而训练希精被试学习英文中的时空隐喻表达方式后，希腊被试在与线段相关的时间判断任务中也会表现出同英国被试一样的知觉干扰效应。这直接证明了语言经验对于塑造隐喻映射具有直接的作用。

尽管情境经验与语言经验都参与塑造隐喻映射，但这两种因素的作用可能是不同的，具体可体现在两个方面。一方面，从时间进程来看，无论是在进化过程中，还是个体发育过程中，基本感知能力的出现要远远早于语言能力的出现。因此与感知能力相关的情境经验要先于语言因素在隐喻塑造中发挥作用，情境经验是隐喻表征形成的起点。很多关于心智隐喻的研究发现，在婴幼儿期人们就可以形成一些隐喻心理表征，而在此时婴幼儿还未掌握语言能力，隐喻心理表征在个体生命早期就可以基于情境经验、独立于语言学习而形成。例如汤姆森等人的研究发现十个月大的婴儿已经可以将关于"大小"的感受与社会权力相联系，可能婴幼儿通过切身的观察和体验发现体积比较大的东西往往更有力量，当他们逐渐习得权力概念时，就会形成以大—小体积概念范畴理解权力范畴的心智隐喻。

另一方面，从重要性来看，情境经验是塑造隐喻映射的基础，而语言经验只有在情境经验的基础上才可以发挥作用。凯萨撒托等提出的等级心智隐喻理论特别涉及了这一问题。根据这种观点，塑造隐喻的两种因素是有等级之分的，基本的情境经验是隐喻表征的基础，语言经验只能加强已形成的隐喻表征，但不能创造新的隐喻表征，也不能改变早期情境经验塑造的隐喻映射。这一假设也得到了一些实证研究的支持，研究发现，人们对一些抽象范畴的实际表征方式可能与语言中的隐喻表达方式不符，但与情境经验相符合。例如凯萨撒托和贾斯明的实验证明，人们表达时间进程时往往使用的是"前""后"空间范畴隐喻，但实际人们却会按照从左到右或从右到左的水平空间范畴理解和表征时间进程，而这种表征方式在语言系统中是不存在的。再如凯萨撒托认为，人们关于左右空间的情感效价隐喻是基于人们利手活动经验形成的，因此，尽管"右好左坏"是惯常的语言习惯和文化习俗，但实际上左撇子与右撇子会形成不同的左右空间情感效价匹配模式。研究证明，右利手更倾向于将积极事物与右侧空间匹配在一起，更倾向于对右侧空间刺激给予积极评价，而左利手更倾向于将积极事物与左侧空间匹配在一起，更倾向于对左侧刺激给予积极评价。语言经验无法改变左利手在手臂运动经验基础上形成的"左好右坏"空间隐喻模式。综合来看，具身性经验是塑造心理层面隐喻映射模式的决定性因素。

# 第二章　具身工程图式

## 2.1　身体知的干预

认知的具身性是具身认知的本质特征之一。具身认知认为"认知并非是凌驾于身体之上的抽象活动，而是依凭于身体的生理和神经结构和活动方式。所以，人类的认知活动不是发端于机械的装置，而是来源于鲜活的身体，它必然会深受人的身体及其大脑、生理和神经结构的影响。"

认知的具身性提示大学青年教师在提升教学能力的进程中应注意以下几点。

其一，高度重视身体的始源性价值。梅洛－庞蒂指出："身体本身在世界中，就像心脏在肌体中……身体不断地使可见的景象保持活力，内在地赋予它生命并供给它养料，与之一起形成一个系统。……我当然能在思想中俯视寓所，想象寓所，或在纸上画出寓所的平面图，但如果不通过身体的体验，我就不可能理解物体的统一性。"

大学青年教师要时刻清醒地意识到，身体对于提升教学能力起着至为关键的作用，离开了身体，教学能力的提升将成为无源之水、无本之木。因此，在学习中，他们要坚决摒弃扬心抑身的不良倾向，时刻关注身体的感受，注意身体的保重，将身体视作学习的本体与目的之一。

其二，秉持"身体—主体"之理念。具身认知认为，身体并非解剖学意义上的身体，也非传统认识论中被认识的"客体"，而是一种身体—主体。这客观上要求大学青年教师在提升教学能力的过程中，彻底改变消极被动的学习状态，充分发挥主观能动性，通过大量的身体体验和经验嵌入，积极、主动地建构教学知识，生成教学能力。这是因为"人以体认的方式认识世界，心智离不开身体经验……我们的范畴、概念、推理和心智并不是外部现实客观的、镜像的反映，而是由我们的身体经验所形成，特别是与感觉运动系统密切相关的"。

其三，确立"具体个人"意识。大学青年教师的教学能力是通过大量的身体参与和躬身实践而生成的。然而，其生成并非是大学青年教师将一般的、规范的教学知识或教学理论径直运用于教学实践的简单规程，相反，它受大学青年教师的知识背景、学习风格、思维品质、任职单位和交往方式等多种因素的影响，是大学青年教师把普遍性的教学知识和教学理论内化并个性化的过程。换言之，大学青年教师的教学能力深深地镌刻着个性化的印痕，具有鲜明的异质性。具身认知理论认为"身体不是抽象的幽灵，而是一个个具体的、鲜活的存在。身体的结构决定认知的内容，不同的身体会导致不同的认知方式和结果。"

因此，大学青年教师在学习过程中，亟须确立"具体个人"意识，摒弃对教学能力普适性、抽象性的过度迷恋，认识到教学能力的独特性和差异性，通过持续努力，生成具有个人特质、适合特定教学对象、有助于解决问题的教学能力，从而为实现有效教学，促进学生完全发展服务。

## 2.2　情景知的铺设

具身认知认为认知活动并非仅是大脑中信息加工的孤立事件，相反，它是嵌入环境，发生于多姿多彩的真实情境之中的，即认知具有情境性。认知的这一特征对大学青年教师教学能力的提升具有极大的启示意义。这客观上要求大学青年教师必须清醒地意识到，学习不是发生于真空之中的抽象活动，任何有意义的学习活动都必然发生于特定的情境之中。大学青年教师通过学习所获得的教学能力会因使用情境的不同而具有迥然相异的实质意涵。倘若脱离具体的情境，教学能力很难真正生成，即便侥幸生成，也难以具有持久的生命力和运用于教学实践的场域。一般而言，大学青年教师在提升教学能力的过程中，其学习情境主要包括以下三类：一是由教学场所、教学设施和色彩、温度、光线等组成的物理环境；二是由学习资源、教学模式、教学策略和认知工具等构成的资源支持环境；三是由人际关系、情感舆论、学习氛围和文化背景等组成的社会环境。尤其需要指出的是大学青年教师的学习过程并非是游离于社会—文化背景之外的，所有的学习活动都是社会—文化形塑之产物，这是因为"认知不是先在性地存在并完全凭借抽象符号而制成的世界地图。社会—文化符号所内禀的意义构成了认知的内容。离开社会—文化所赋予的意义，认知只不过是个空壳而已"。

认知的情境性特征还意味着大学青年教师在学习中，必须对个人知识予以足够的重视。"个人知识"是"教师经由现场的经验形成的特有的见解与学识，是教师在特定的教育教学情境之中习得且为其尊崇与应用的知识的集合体"。

个人知识深深地影响着大学青年教师的教学理念与行为，是其教学能力生成与发展的重要保障。大学青年教师专业成长就其实质而言，是其经由个人的教育教学实践，对自身持续的扬弃与超越，是其积极、主动、创造性的知识活动。大学青年教师的教学知识主要是自我建构之产物，而非被动接受之结果。大学青年教师在学习中，可以通过教育叙事、个人生活史分析、经验反思和案例研究等方法形成个人知识，从而为生成教学能力，实现有效教学奠基。需要说明的是强调情境在大学青年教师教学能力提升中的价值的同时，我们必须谨防"环境决定论"的复辟。事实上，在学习中，大学青年教师并非是对环境的消极被动的适应，而是对环境积极主动的回应与建构。

换言之，大学青年教师与环境之间是一种双向建构、良性互动的关系，其主要表现为大学青年教师与学习资源、学习氛围、物理环境、教学策略、其他人之间的互涉与共生。

# 2.3 认知的形成

具身认知认为："认知是嵌入环境中的智能体的实时的适应活动，其发展是一个复杂的动力系统中的变化，它是诸多分散的和局部的交互作用涌现的产物，其过程是动力的、非线性的，展现出混沌之特征。"换言之，人类的认知活动是大脑—身体—环境三者耦合构成的一个复杂、动态的自组织系统。认知的动力学特征客观地要求我们必须挣脱离身认知所秉持的简单性思维的掣肘，用认知动力学的理论来审视大学青年教师的学习及其教学能力的提升。以认知动力学为观照，大学青年教师应形成以下认识。

其一，人就是"人"本身。与离身认知将"人"视为"机器"不同，具身认知把"人"当作"人"。它认为"人"是一种整体性的存在。在大学青年教师学习过程中，"人"的整体性体现在两个方面：一是就大学青年教师而言，主要包括专业知识、专业信念、专业能力、心理健康、身体素质等方面的全面发展；二是就大学生而言，主要包括认知和情感、道德和公民性、个性、社会性与人格、健康与安全、艺术与审美等诸方面的发展。为了促进师生的完全发展，大学青年教师应秉持"人学"立场，尊重"人"的主体性、社会性和建构性，始终将回到"人"本身当作学习的最高追求，将导"人"成"人"视为教学能力提升的目的。

其二，教学能力是一个复杂的系统。人是世界上最复杂的存在之一。作为一种属人的能力，大学青年教师的教学能力自然也具有内禀的复杂性，其突出地表现在构成要素及要素间关系的复杂性。就构成要素而言，大学青年教师的教学能力从宏观上可划分为一般教学能力、学科教学能力和特殊教学能力等三个层级。每一层级在微观上又包括若干亚类。而这些具体要素往往具有难以清晰区分和具体描述的混沌性。就构成要素之间的关系而言，它们之间并非是一种简单、线性的因果关系，而是一种复杂的、非线性关系。一个要素能同时与其他要素发生作用，并且每一个要素的微小变化都可能对其他要素产生巨大的"蝴蝶效应"。

其三，教学能力处于不断地发展之中。瓦雷拉指出："认知不是一个预先给予的心智对预先给予的世界的表征，认知毋宁是在'在世存在'施行的多样性作用的历史的基础上的世界和心智的生成。"

同样，大学青年教师的教学能力也处于不断地生成与发展之中。这是因为一方面，大学青年教师的教学能力受身体、环境、认知、个性品质、制度安排等多种因素的影响，而上述影响因子一直处于流变之中，因此，大学青年教师的教学能力相应地处于动态发展之中；另一方面，随着岁月的更迭与社会的转型，教学变革始终是高等教育中永恒的主题与基调，应因教学变革的吁求，大学青年教师的教学能力也必须不断地进行调适与变化。

# 第三章 课程中的"祛身"形态

恩格斯认为哲学最基本的问题在于解释"思维和存在的关系",我们认为心理学亦然。思维之在,必然为身体之在。课程理论以哲学、心理学为基础,对课程理解的诸多取向,都可以找到其身体的谱系。"祛身"是相对于"具身"而言的概念。"祛身"并不意味着没有身体,"祛身"是离开人的整全性而论身体。"祛身"也代表着一种身体哲学观,最本质上说,就是一种"扬心抑身"主义,笛卡儿的身心二元论便是其中最杰出的代表。现代性,基本上也是沿着笛卡儿主义的道路前行。现代化带来了人类社会巨大的发展,这毋庸置疑;但正如西方的一句名言:"Every coin has two sides."现代性也使得人类社会的发展遇到巨大的问题。人们常说,现代社会"技术理性至上",人性受到了压制,或者说人的发展变得越来越"片面化""工具化"。现代课程是在现代化的过程中发展起来的,由于课程的哲学、心理学、社会学的理论基础都深受"二元论"的影响,因此,现代性中的"祛身化"倾向,也影响到了课程的理论与实践。我们将以现代课程中的两个代表——行为主义课程和认知主义课程为例来分析。

## 3.1 行为主义课程的"祛身化"表现

行为主义的研究离不开"身体",其核心原理"刺激—反应",实际上强调的是身体与外界的互动。照理而言,行为主义非常重视身体,但为什么将其视为一种"祛身"主义?这看起来似乎有些匪夷所思。但实际上,把行为主义归为"祛身主义"并不冤枉。行为主义秉承西方哲学客观主义的传统,认为心理学的研究对象不应该是意识(或人内部的心理过程),而是(外显的)行为。在行为主义看来,人的行为和动物的行为,在发生机理上没有本质差异。心理学的研究应该以刺激—反应作为研究出发点,以行为作为研究对象。这样,"行为事实"就是可以预测的和可以控制的,也是完全"客观实在"的。在行为的"身体"上,动物与人没有差异。为此,认知主义提出了尖锐的批评:行为主义者眼中的身体是"空洞的有机体"。换而言之,行为主义的"身体"是没有意识的,只有行为的身体,也就是没有"心理"的身体。行为主义不承认意识,却又期望通过"行为"来解释心理现象,这在批评者看来,确实是奇特的、没有心理的心理学。

行为主义研究把心理的现象、身体的活动降级为反射。并且,反射在行为主义者看来

"它不是一个现象，而是一个心理事实"。这个心理事实是什么？行为主义者向我们指出：是刺激—反应之间的联结，即反射弧的集合。这种解释具有明显的还原论色彩。行为主义者的研究把"行为"独立出来，去除了"意识"的因素，并将它们视为有机体肌肉收缩运动和腺体分泌作用的结果，这是一种实实在在的还原论。行为主义也被批判者认为是"肌跳心理学"。在行为主义者看来，"心理事实"发生于动物的身体或发生于人的身体，从根本上说没有差异。甚至生理学能够通过解剖原理从动物的身体和人的身体两个完全不同的"身体"上得到相同的解剖学标本。这也就是早期行为主义者、新行为主义者以动物为实验对象，揭示学习的发生机理，并将动物实验结论应用、推广于人身的原因所在。行为主义的研究使得心理学获得了自然科学客观性的特征，但其纰缪也是显而易见的，因为人不能等同于动物，心理现象不是简单、线性的。

行为主义试图以"科学的客观"来消解"主观—客观"的对立，以"行为"来统一"心—物"的对立；但实际上，行为主义的研究却依然陷入"主—客""意识—行为"等一系列二元对立之中。笛卡儿认为人的身体是"一台神造的机器"，从身体这一点上看，人与动物是一样的。18世纪法国思想家拉·梅特里直接宣称"人是机器"，把人的身体隐喻为机器，使得身体可以被科学（主要是自然科学）研究。通过生理学、医学解剖发现身体，这为生理心理学、行为主义奠定了基础。秉承这样的假设，行为主义把他人（研究对象）的身体视为一部没有内部世界的机器。以华生为例，他主张行为主义的研究必须抛弃一切主观的术语。在研究方法上，要摒弃传统的"内省"的研究方法，因为它的主观性强，对于科学研究来说这种方法不可靠。自然科学所采用的实验法是客观的和可以信赖的，心理学的研究也必须采用这样的研究方法。这在前提假设上坚持了一种客观主义和二元论——客观即理性，因而可靠；主观即非理性，不可靠。在研究对象上，把意识和行为对立起来，甚至认为没有意识事实，只有行为事实。在行为的面前，个体—个体之间并不存在差异。行为主义的前提假设必然让其在认识论上陷入难解的自相矛盾之中，即一种"胡塞尔式的困惑"。一方面，从行为上看，"我"和"他人"是一样的，都是科学研究的对象，这个时候，只有客观，没有主观；另一方面，在我与他人的关系上，以"他人"作为研究客体和研究对象，"我"就成了主体，不可避免地又产生了主体性和主观性。行为主义否认主观，坚持一条彻底的客观主义路线，反而进一步加深了主—客的对立，这种矛盾是不可调和的。华生为了"客观的研究"甚至把"我"（他本人自己）也作为对象去研究。实践证明，这种研究路向是违背人性伦理的。

行为主义的观点还预设了环境—人的二元对立，并倾向于环境决定论。受客观主义的影响，行为主义的研究有这样的前提：自然（或环境）是客观、独立于人的；人则是另一个与自然环境不同的客观存在。人的行为完全由环境所决定，行为表现必须从环境因素中找到解释，而不是从人的内在去寻找原因。也就是说，人在环境中，没有主动性。用这样的观点解释人与环境的关系是错误的，以存在主义哲学和具身认知论的观点来看，没有世界存在，则没有身体主体人的存在；人的"在世"是先验的、必然的，是时空及环境中的存在；世界（环境）因人的在世而产生意义；没有人则世界一片黑暗。因此，人与环境并不是相互独立的二元，而是共生共存的。

西方工业革命以来，以物理学、生物学等为代表的自然科学飞速发展，行为主义在这样的背景下产生，代表了一种现代性（或科学主义）的研究范式。"20 世纪 20 年代，似乎整个美国都成为行为主义者了"。行为主义理论对 20 世纪 20 至 60 年代美国课程与教学改革的理论与实践产生过重大的影响。以泰勒和布卢姆为例，他们的研究深受行为主义思潮影响，他们课程理论的心理学基础是行为主义心理学。《课程与教学的基本原理》被誉为课程理论的"圣经"；课程目标分类学一直是课程理论的圭臬。行为主义的课程范式在 20 世纪一度占据课程领域的主导地位。虽然 20 世纪 60 年代以后行为主义饱受批评，但它对课程的影响依然根深蒂固；行为主义学习理论是学习理论中的经典；更重要的是受行为主义范式影响的课程观是根深蒂固的。

## 一、课程价值与功能

教育的本质被界定为是培养人的社会活动。雅斯贝尔斯认为"教育是极其严肃的伟大事业，通过不断地培养将新一代带入人类优秀文化精神之中，让他们在完整的精神中生活、工作和交往"。课程是学校教育的实现，课程的价值除了把人类积累的经验和知识传承下来外，还应该具有更高层次道德上的、精神上的地位，但这种对教育终极目的的向往在现实往往成为理想主义。华生说过："给我一打健康的婴儿，并在我自己设定的特殊环境中养育他们……可以随便挑选其中一个婴儿，把他训练成我所选定的任何一种专家——医生、律师……"在强调社会分工和大量需要"专才"的现代社会里，行为主义的理论和实践看上去似乎更有道理。行为主义范式随着工业革命的高潮而兴起，承认了"人即机器"的隐喻，也就预示着，学校成了工厂，教师成了工人（工程师），"课程即流水线"，学生成了流水线上的产品。

以博比特、查特斯等人为代表的课程研究者希望课程研究能走一条实证、科学的路向，在价值取向上要做到客观、中立。以课程目标分类学为例，布卢姆及其支持者都期望课程目标分类的框架是适用于所有课程的，且价值中立。但实际上，科学主义、行为主义、实证主义本身就代表了一种价值取向。行为主义的课程范式最大的问题在于忽视人性。在这样的观念下，长期以来，课程目标关注的是知识分类、课程实施关注的是教学有效、课程评价关心的是结果与目标的吻合度与人才选拔。知识的掌握被视为课程的首要目标和教学的逻辑起点。我们看到的是课程与知识的高度相关，较少感受到课程与人及人的精神相联系。行为主义的课程范式打着身体塑造的旗号，却去除了人性，分离了身体与心灵的整全性，这与课程的价值、教育本质是相悖的，但行为主义课程范式在实践中却又大行其道。

为了达到高效率的行为塑造，我们把学生安排在不同层次和类别的学校中，通过量化、精细的课程目标设计，在固定教室的环境里，按照预先设定的课程内容，通过反复的练习、训练、背诵以掌握知识。学生被视为没有意识的、正在被行为塑造的"人"，至于他们的精神世界，已经不是课程所考虑的范围。学生将不断被塑造成社会、政府、市场、企业所期望的生产者和消费者。发达工业社会里"单向度的人"，是商品社会中创造财富的劳动者，却不是活生生的自由人。"今天的教育就是明天的经济""知识改变命"就会出现下述情况：国学文化有望被引入高考，高中生将通篇学习《道德经》。

如果课程着眼于短期效益，期望在短时间内"立竿见影"，那么，行为主义的范式无疑是非常有用的。可以预想，在课程范式没有发生根本性转变的情况下，这种传统文化含量的增加，将必然导致课程内容的增加、学习任务的增加和考试负担的加重。如果课程与教学模式还是行为主义"智力训练"式的反复背诵、练习、巩固、考试，那么即使学生考出好的成绩，也不能就此认为他们的文化素养已经得到提升，"以文化熏陶学生"的课程目标已经实现。从这个意义上来讲，忽视人性的行为主义课程观越来越显得危机四伏。

## 二、学生和教师

在行为主义的课程范式里教师是学生行为的塑造者，学生是行为的被塑者。这样一来，教师和学生各自为二元中的一元。教师是行为塑造（教育）的主体，学生理所应当是被行为塑造的对象，即客体。师生关系即主体—客体关系。在这种课程范式下的师生观是典型的主客二元论。以主客二元分离的观点看待世界，本身存在很大的问题，以此来分析师生关系，很容易陷入难以解决的逻辑矛盾之中。胡塞尔就认为：对于我来说，自我是主体，他人是客体；对于他人来说，反之成立；这样就存在"自我"和"他我"的主体，他们如何能相互理解？另外，师生主客二元论，表面上看，似乎强调教师一元是主体，但如果对行为主义课程做进一步分析，则可以看到其实质是祛人性和祛主体性的，人被完全客体化和物化。教师虽然是行为塑造的主体，但在其身为学生接受教育时，却一直被当作客体而塑造。在教师的学生时代，他从未获得过主体地位，当教师成为塑造者时，这种情况发生了逆转。这种变化带来的不是主体的解放，而是从被压迫者到压迫者或次压迫者的变换。因为在教师长期客体化的培养中，他们已经被祛人性化和祛主体化了。"他们的理想是成为人，但对他们来说，成为人就是成为压迫者。"当教师身为塑造者时，并不意味着教师将成为真正意义的主体，在行为主义的课程里，教师只能按照既定的程序（课程）去执行和指导训练，不需要有自己的思考、认识和实践，他们的一切活动都必须围绕着传递知识、为教好教材知识服务。在马克思主义看来，真正意义的主体是能够自由、自发从事认识活动、实践活动的人。但在行为主义看来，只要找到了"客观的"程序、方法或原理，那么"塑造者"是人或机器都不重要。互联网时代有句名言："你不知道坐在电脑那头的是不是一条狗。"同样，在行为主义课程范式下，只要程序设计合理，"你不知道让你这样做的是不是一台机器"。斯金纳是机器教学的鼻祖，机器教学隐藏着一层含义，机器可以替代教师成为行为塑造的训练者，成为塑造（教育）的主体。但实际上离开了人，主体性也就无从谈起。行为主义的袪人性化和袪主体化从根本上来说是谬误的，其根源就在于行为主义错误地预设了"人即机器"。

把学生视为客体，这在前提上就已经袪主体化了，但还有更糟的事情发生在他们的身上，课程实践中的袪人性化倾向更加明显。

## 三、课程目标

有关课程目标的研究，最早提出目标模式的是博比特，最具影响力的是布卢姆关于课程的目标分类理论。后者被誉为"教学的金钥匙"，迄今为止，在全世界课程领域的理论与实践中仍然发挥着重要的作用，难以逾越。博比特和布卢姆的理论都深受科学主义思潮的影响，以行为主义心理学作为重要的理论基础。由于坚持了行为主义导向，他们的理论有强烈的"还原论"色彩，"还原论"也称为"原子论"。罗素曾经阐述过科学研究的原子性原则："对象可以被分析或分解成若干部分，换句话讲，部分可独立地、单独地被了解。如每一部分要通过而且必须通过全体来了解，否则就不可理解，那么部分就不能独立地被了解，这样就无科学的真理"。博比特的课程研究即遵循了这种原子性原则。博比特认为如果能分析清楚成人生活的经验领域，则可以照此进一步确定教育目标。博比特把成人的生活"还原"为十大经验领域，然后再将它们分别逐个逐个地"还原"为最小的技能或行为。按这种还原方法，人的生活可以被还原至数万个基本的行为或技能。这样下来，仅仅是课程开发中的"确定课程目标"一项工作就变成了浩瀚的巨大工程。实际上，这种"还原"还是不足以还原真实的人类生活。这样，科学的课程开发并非一般研究者能完成，按这种理想的课程开发模式，时下学校课程中提倡的，诸如"教师和学生参与课程开发"的理念，简直就是"天方夜谭"。博比特的研究对布卢姆产生了重要的影响，可以说，布卢姆的研究是以博比特的理论为基础的。因此，布卢姆的理论也充满了"还原论"的色彩。如布卢姆把认知领域分成六个层次。把教育目标分类为可视的、可量化的行为或操作，目的是为了可以操作、测量、评估，但它们是否就能完全代表生活本身以及揭示认知规律，是值得怀疑的。举一个例子说明：2015 年高考就出现了类似的现象——"女儿举报父亲高速路违章的真实故事成多省高考作文题"。表面上，这种知识点是来自于生活的，但这种生活的价值观存在着偏向：农村的学生甚至还没有见过高速路；"大义灭亲"自古以来就有争议，道德两难。但上述问题仅仅从"知识目标检测"本身来说，它是一个可量化、可观测的明晰的检测指标，没有太大的问题。

按照目标还原而编制的教科书，是一种理想的知识建构，或多或少存在着这样的问题：

书本的知识往往只能呈现了一种客观、中立、价值无涉的结果，而隐去了知识产生的问题背景以及获得知识的探索过程。实际上，每一个知识的产生，都是生活中问题情境的解决。比如数学问题最早的表达：道生一，一生二，二生三，三生万物。一是确定的，二是清楚的，三以上就含混了。在古汉语中，"三"表示的不是确定的"三个"的意思，而是"很多的"意义的含混表达，如"三人行必有我师焉"（《论语·述而》），不是真的指三个人同行。古人发明了关于一、二、三等表示数量的知识，其本意是为了解决生活中的"计数"问题，比如一只羊、两匹马、很多牛等。知识的产生原本是针对一些具体的生活问题或情境问题，但在课程教学中，知识往往被祛背景、祛情境、祛生活，变得客观化、确定化和"真理化"。

按博比特的理想，教学的目标设置，源于生活的还原。但现实的生活却丰富多彩，不仅有一种预设。作为科学的研究者，博比特、查特斯、布卢姆等人都期望自己的理论是普适的、价值中立的，但人的生活却是时刻需要价值判断和价值关涉的。当知识被刻意地"悬置"，它与人的意义世界就完全疏远了。在课程与教学过程中，只能不断地排除各种可能性与不确定性，最终为学生提供一种"标准化"的答案。但实际上，在生活中，我们知道，它从来没有固定的、唯一的答案，反而充满了不确定性。因此研究者们早有批评，这种"还原"是对成人生活的理想化的"还原"，是脱离学生生活的"还原"。

博比特曾经说过，"教育是为了成人的生活"。批评者认为把教育视为生活的准备，以此进行课程目标预设，这是对儿童生活世界价值和儿童存在价值的忽视。预设的目标，压抑了生成的生活。机器可以按预设运转，动物可以按预设被驯化，而人生活的美好恰恰在于人的生活充满了变化，人生基本都不是按照预设进行。预设的课程是"祛身"的课程，它忽视学生的身体经验，剥离了学生身处的文化环境、生活世界，把学生理解为"理想世界"中生物的人。生活是丰富多彩的，在生活中产生的知识也不是价值中立的，我们很难对其进行简单的还原。这种"还原"也背离了人性。行为主义和"还原论"，是以简单、机械的世界观看待世界，把世界视为是有序、线性的；而真实的生活、真实的世界及人的认识是复杂、关联、循环的。当行为主义课程范式把人（及其生活世界）"还原"为一系列可观测的"原子"或行为时，也就肢解了人的整全性；把课程与教学视同于产品生产，则完全误解了教育的意义。在以行为主义为基础的课程目标模式管理和控制下，学生在"流水线"上被按预设的"标准"进行"加工"和"塑造"，最后用一个"毕业证"来证明这种教育是合格的，不得不说这是当下"祛身"教育的悲哀。

## 四、课程内容与结构

正如课程目标理论以原子论为理论前提一样，行为主义课程范式的课程内容与结构也深受原子论的影响。课程设计首先以单元为基础，把某个领域学习内容分解为多个单元；其次把单元分解为课，再把课分解为更小的知识点，每个知识点则尽可能是量化的和可观测的。反过来，通过这些细小的知识点构建出该学科"完整的"知识体系。这正是斯金纳提倡"小步子原则"。这种"小步子"要求把课程内容按照其内在的逻辑关系，尽可能地划分为最基础的结构和单元，再依次逐级分化，形成教材。行为主义课程观理想地认为学习内容都应是客观的、价值中立的，因此，这种"小步子原则"并不分学科，是普遍适用的。当教师和学生"忠实地"完成了基础结构与单元的学习任务，他们也就像"砖砌墙"一样，获得了学科的基础知识。这样课程体系使得教学具有简便的可操作性，但也面临着很多问题值得深究和怀疑。其一，课程编排时所考虑的学习内容的内在逻辑关系是什么？这种学科逻辑关系是否与人的逻辑（认知）一致？其二，即便是已经遵循了人的逻辑，但对于人来说，是否存在一种普遍的逻辑关系？即个体与个体之间的逻辑思维是否完全一致？每一个个体在面对不同对象或学科时，是否用同一种认知方式进行感知？如果上述问题没有得到真实的验证，那么这种课程体系只能说是一种理想主义和"只见知识不见人"的。

与"原子论"的模型不同，人的逻辑（认知），很多情况下是表现出的是整全性。如图 3-1 所示，当我们观察此图时，从上往下看，得到的是"数字 13"；从左往右看，看到的是"字母 B"。同一对象，在不同的整体和背景中，产生了不同的意义。行为主义的课程体系恰好忽略了真实的认知事实：是人参与世界意义的建构；整体以及事务所在的背景赋予了每一元素以意义。"身体—对象—背景"构成了一个整体性的知觉场。知觉的对象终究是"场"的一部分。任何图形都是在外部空间和身体空间的双重界域上显示的。不仅部分对整体有依赖关系，而且对象只有在特定的背景中才能显示出意义。如果我们把知识脱离了人生活的背景，窄化为"客观的"学科知识，每个学科知识再被分解为互相关系不太紧密的单元，每个单元又被分解为独立的、客观的知识点，然后我们又要求教师和学生"不带三观色彩"地学习这些知识点，那么这种方式最终也会影响我们。这样的课程，使得我们获得的知识总是片面化和碎片化的，这也容易割裂人的整全性和世界的系统性，使得我们认知方式变得逐渐"原子化"。当下，我们按照字、词、句、语法、篇、单元这样的方式进行语文课程的组织与学习，就已经使得我们的语文教育和学生的语文素养面临很大的问题。"语文教育已经支离破碎，而且碎了一地，很难拼接形成学生一生有用的语文能力"。我们确立课程内容的初衷总是希望它服务于人的，但在具体的实践中，却往往发展成了人为之服务，反过来扭曲人性。当语文逐渐"被绑架"为选拔考试的重要科目，成为应试教育的一部分时，"肢解化""原子化"的语文反而变得比语文素养和语文能力更重要了。

图 3-1 背影影响知觉理解

## 五、课程实施

课程实施是达成目标和计划的关键环节。在行为主义理论的影响下，课程理论家们把课程隐喻为流水线。在课程进入实施以前，课程目标已经被进行详尽地分类，课程内容已经被模块化为单元，课程实施因此成为"生产"执行的过程。这种执行过程，尽可能地把人类所积累的知识传递给学生，按社会的要求塑造学生。由于秉承了一种教学"传递观"，行为主义课程的实施体现了一种课程实施的忠实取向。但实际上，这种"忠实"并不一定能达到其预期目的。因为预设的目标和内容都是外在于学生的，如果得不到他们的认同，学生很自然会认为"学习这些东西，除了考试而外，还有什么用呢！"对于学生来说，他们被假设为只有行为反应而没有意识的人，因此，他们总是处于被支配地位的，不仅是身体被支配和控制，他们所有的行为都被支配和控制。我们以某小学对"好学生要求"为例来分析。

## 案例 3-1

## 某小学课堂纪律要求

上课坐好不乱动，认真听着老师讲，课后认真做练习，勤奋学习好学生。在这里，课程实施中没有对学生提出主动思考、积极质疑、信息收集与分析等方面的要求，而仅仅只把接受知识和被行为塑造视为"好学生"的标准。在桑代克看来，动物的学习能够揭示人类学习的原理——学习是盲目的、被动的；没有认知，也没有身体作为整体的经验参与，只有本能和行为。这种课程观念把学生视为没有灵和肉的、机械生理的刺激—反应体，把教学视为单向的知识传递。这样已经近乎扼杀了学生的问题意识、创新的意向和生命力。

在行为主义范式的课程实施中，学生被置于被支配的地位，并不意味着教师成了中心，获得了支配权，成为主体，这仅仅是表面的现象。在这种课程实施中，不仅目标和内容是预设的，而且学习的原理、教学方法等都已经通过动物实验得到验证，教师只不过需要把这些原理应用到课堂情境中罢了。课程教学对教师而言，目标与内容是预设的，方法有指定，操作有说明，步骤有安排，时间有规定，整个教学必须遵循规范化和标准化的流程。一切尽在控制中，只要做好了规范，就是合格的课堂教学。片面、过分地强调科学性只能牺牲了艺术性。这样教学由新手教师执教或熟练教师执教已经没有太大差异，甚至是由人执教或机器执教已经没有分别。因为在这种情况下，教师所扮演的角色实际上不过是某种教学程序的执行者而已。课程回归到了一种"真真实实"的"跑道"，教师和学生都成了在这个"跑道"上听任摆布、循规蹈矩的傀儡，没有人在乎他们教得苦不苦，学得累不累。

行为主义为社会效率运动提供了理论依据，把教育的目的理解为"生产有社会效率的个人"。有效教学根本上就是要提高知识传递的效率。强化、反馈、练习的反复无疑是提高知识、获得效能的便捷手段，但行为主义的这种推断是由动物推及人身的，把动物的学习等同于人类的学习，这是这种理论的最大特点，桑代克认为学习即联结，斯金纳主张学习即强化，两者莫不如此。发现和探索一种教学方法，其目的应在于帮助学生发展，服务于人的。但往往落实到实践中，由于前提假设上对人性的忽视，行为主义学习原理的先天不足使其变成了对师生的束缚。无论斯金纳程序教学法还是布卢姆掌握学习法，在实践中往往发展为一种形式主义。这时候学生、教师都不是课程实施关注的重点，发现和编制客观、简易、实用的教学方法或程序等外在形式，反而成了课程的关键。又例如行为主义通过动物实验发现对行为的奖励有助于行为的养成。对于这种奖励原理，在课程与教学中，教师不加反思地，或简单地，或过度地运用，使教学方法、课堂管理变得僵化。以笔者在小学课堂中见到的一个现象为例。

## 案例 3-2

## 课堂上的鼓励

当教师要求给某某同学一个奖励时，学生们立即条件反射地齐声说："棒棒棒，你真棒。"课后再问及教师和学生的感受，他们都不觉得这是发自内心奖励。这样奖励就丧失了它的意义。我们深切感受到了行为主义对教师和学生的绑架和塑造，他们真的成为流水线上没有个性的"工人"和"产品"，这肯定不是我们所预期的结果。

## 六、课程评价

在课程评价的研究中，桑代克功不可没。他曾经说过："凡是客观存在的事物都是有数量的。"当代教育测量与评价几乎就是建立在行为主义理论的基础之上的。如果没有量化的指标作为依据，课程评价可以说将无从着手。课程评价之旨趣在于改善课程，课程改善之宗旨在于学生发展，但在课程实践中，评价的结果往往又与学生的甄别与选拔联系在一起，这样使得课程评价已经超出了其本身的功能，并导致众多弊病，如应试教育已经使得整个教育误入歧途。

　　行为主义的课程评价观追求的是一种目标本位评价。由于有目标的预设，课程评价一般是在课程实施以后，把结果与目标相比照，并以此作为依据，进一步得出评价的结论。以布卢姆的评价理论为例，我们很难把评价与目标分离。在认知领域，课程目标设计了六个层次的分类，每个层次都使用了明确的、可观察的和可测量的行为术语进行描述。这种预设也就限定了课程评价必须依照规定的行为术语进行对比。目标本位评价的弊端在于，过分评价强调结果与目标的忠实一致，往往导致评价内容的窄化和评价方式的单一。课程目标的行为术语本来是为发展学生的认知而设计，但课程实施与评价过程中，却容易演化为要求师生严格按照所谓标准来执行，完全剥夺了教师和学生实践中的自由性、自主性和创造性。如"识记"是认知的一种表现，但认知并不等于"识记"；"识记"也是一个可观察和可测量的行为。这个目标表述，在课程实施环节，可能演变成教师要求学生的"死记硬背"和"强化练习"。虽然这个过程可能是不科学、不讲人性的，但表现在课程评价的环节，得出的结论可能是完全达成目标。

## 3.2　认知主义课程的"祛身化"表现

　　认知主义以皮亚杰、布鲁纳、加涅等人为代表。他们反对行为主义只研究行为，无视意识的观点，认为认知是大脑内部的心理过程。他们认为认知的发生是主体作用于客观世界而产生的，并不是由客观世界引发人的认知。认知主义的研究关注大脑的认知发生机制，关注认知发生的内部过程与内部条件。在认知主义理论中，核心词汇是表征、认知结构、加工过程。认知主义者常常用计算机的运行原理来描述人类的学习。如计算机通过 RAM（断电不能保存数据）和硬盘（断电能保存数据）进行数据的存储，与之相对应人则有短时记忆和长时记忆进行信息记忆。受到信息论、系统论和控制论的影响，20 世纪 50 年代认知领域研究发生了"革命"，认知科学兴起，信息加工论逐渐占据该领域研究的话语权。符号、加工、计算、表征等成为认知心理学家们研究的中心话题，他们尝试着把"心灵"带到科学领域，重点探索认识如何实现计算化、技术化的问题。人的认知被解释为大脑对信息编码、贮存、提取和表征过程。这样虽然在"硬件"上，人脑与电脑各不相同，但认知的功能及其加工、计算、表征等方式却是类似的。这样可通过研究人工智能来发现和解释人类认知的机理。激进的科学家认为人工智能不一定需要身体，只需要硬件、软件和数据就能够使得电脑"人格化"。认知主义过度强调了认知发生是大脑的内部事件，忽视了身体的整全性存在，加上"认知计算隐喻"的狂热幻想，甚至产生了"缸中脑"的假设：身体对于认知来说并非是不可或缺的，当科技发展到一定的阶段，认知完全可以产生于浸泡在特定容器里的"脑"中，即一种无身认知的假设，甚至可以把身体变成实验对象，比如将电脑芯片植入人的大脑，试图以此让身体获得更强的信息处理和存储能力。认知主义者的错误在于他们似乎忘记了，进行"思考活动"的并非只是大脑，而是作为整体存在的人。虽然布鲁纳后来已经意识到认知科学的研究可能走了一条错误的道路，但他个人力量却难以扭转这种错误的路向，计算机科学和人工智能研究的迅猛发展使得人们已经难以听见反对的声音。

心理学的认知主义源于格式塔学派，这一心理学派的研究观点强调人心理发生的整体性，试图突破还原论对心理学研究的影响。但认知主义在发展中，又深受科学主义、实证主义和技术化思潮的影响，以认知神经科学和信息加工论为重要内容，这样实际上还是无法摆脱还原论的影子。认知神经科学于20世纪90年代逐渐在认知科学的研究中占据了主要地位，其研究在于揭示心理发生的神经基础，这样认知就不可避免地被还原为大脑皮质层活动和神经元活动（见图3-2）。

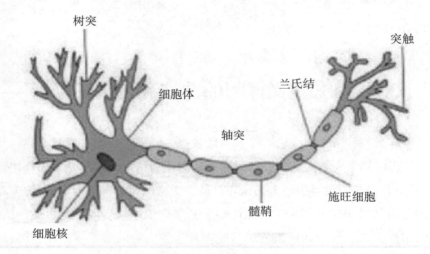

**图3-2　神经元示意图**

信息加工论是认知科学最主流的研究，这种理论试图用"认知计算"来解释认知原理，把复杂的认知活动还原为相对简单的信息处理与加工。对认知主义的发展做简要回顾，可以看到认知科学的发展预期和实际方向存在一定的矛盾，即试图走整体性的发展方向但实际却走上了还原论的发展路向。究其根本在于还原论根深蒂固地影响西方的思维方式，还原论哲学是他们根本的世界观，如果离开还原论，西方的科学研究就无从进行。按照信息加工论的原理，人工智能产生的"计算心智"是客观的和理性的；对于人的认知来说，信息、知识也是客观的，并非由人创造，认知过程是对信息的发现和加工处理，并由此反映出知识。如布鲁纳就主张"学科的基本结构"是客观的、理性的，而师生的任务就是要发现这种"学科的基本结构"。但实际上，布鲁纳终其一生的研究也并未发现"学科的基本结构"。可以看出，认知主义仍然表现出一种客观主义的倾向。

认知科学的研究在本体论上秉承了笛卡儿二元论的思想。传统二元论哲学的话语是身体"实体"和心灵"实体"，而现代性语境中发展起来的认知主义则用认知神经科学、计算机科学和认知科学的现代性术语进行解释。以信息加工论为例，认知科学家用电脑隐喻人脑，把它们视为"硬件系统"；把信息的计算和符号的表征视为是电脑的功能，把认知视为是人脑的功能，它们是"软件系统"。认知主义理论主张有"内部的认知结构"，隐含之意是与之相对还存在"外部客观世界"，这体现了一种心—物二元论的影子。而"缸中脑"的假设——凭借高度发达的科技，总有一天，人可以无须身体而以大脑的形式继续存活下去。这种理论假设是彻底的身—心二元论。笛卡儿就认为即使没有身体，灵魂也依然永存。

认知心理学把认知视为"感觉输入受到转换、简约、加工、储存、提取和使用的全部过程"。认知主义用信息加工和符号表征来隐喻人的认知，这也就是承认了主体（人脑或电脑）对客体（客观世界）信息的准确加工及表征，是获得正确结果（知识）的基础。这种观点实质上已经把主体（人脑或电脑）与客体（客观世界）相分离，即在前提假设上承认了主—客二元论。认知科学更危险的观点是在承认主—客二元论的前提下，把机器（电脑、人工智能）也视为潜在的主体存在。激进的身—心分离二元论和主—客二元论（特别是机器主体论）是完全违背人性伦理的。

认知主义在当代西方心理学的研究中，主要是指信息加工心理学和认知神经科学，但实际上，它涵盖的范围非常广泛。皮亚杰、布鲁纳、奥苏贝尔、维果茨基等人的研究都可以归于认知主义的范围。可以说认知主义内部流派是比较多的，虽内容丰富，但也有其弊端。认知主义由于研究工作分散，在一些重要的研究上，没有形成清晰的概念框架和统一的理论体系。这样，认知主义的学派的风格迥异，使得以认知心理学理论为基础的课程理论研究也差异甚大。以布鲁纳为代表的结构主义学派主导了20世纪60年代以来美国的课程改革运动；信息加工论和脑科学在当下成为信息时代课程与教学设计重要的理论依据；皮亚杰、维果茨基等人被视为建构主义的奠基者。这些研究也为后现代主义的课程研究范式奠定了基础，深深影响了当代的课程理论与实践。由于认知主义及其影响的课程学派研究的重点并不完全一致，导致我们也很难用某一个派别的理论来概括认知主义的课程理论研究。我们只能分别选取最具有代表性的布鲁纳的结构主义课程理论和信息加工课程理论为例来进行批判和反思。

## 一、结构主义课程的"祛身"表现

首先需要说明，对布鲁纳为代表的结构主义课程理论，给予再高的褒扬也不为过。他的《教育过程》一书被认为是"有史以来，教育方面最有影响的书和里程碑"。但这种课程思想诞生于西方科技、经济迅猛发展和冷战双方对峙最激烈的时期，这样使得这种课程理论具有深深的时代烙印。

### （一）课程价值与功能

布鲁纳自己曾经指出他的思想深受皮亚杰、乔姆斯基和莱维·施特劳斯的影响。他们共同的观点是承认"认知结构"的存在，这种内部的心理结构也是可发展的。因此，结构主义课程的出发点是希望以学生为本，促进学生认知水平的发展，改善认知结构。这是立足于学生维度的、从个体发展内部产生的课程价值与功能要求。通过课程与教学应该使得所有学生的认知水平都有所改善，追求一种公平的教育，为民主社会培养和谐公民。这种课程的理想价值取向是重视人性的，理应是一种儿童中心课程论。但由于"冷战"时期军事和综合国力竞争的诉求，要求结构主义课程必须能够培养出各行业的"专家"。这是立足于国家维度的、从社会需求内部产生的课程价值与功能要求。通过课程与教学应该培养和选拔出学生中的精英分子，追求一种卓越的教育，为竞争激烈的等级社会培养专门人才。这种课程的实际价值取向却是重视学科知识的，成为一种新的学科中心课程论。

另外，由于认知主义本身就是一种"祛身"的认知，使得结构主义课程处于一种理想的状态。如果课程功能的定位是要使得学生的认知图式得到动态平衡、认知结构得到发展，首先解决的问题是要确定它们原来的发展水平。但从本体论上看，皮亚杰等人所主张的认知图式以及布鲁纳主张的认知结构都是一种"意识实体"存在，并且是有机体内部的"先验存在"。这种理论构想看似合理，但是生命有机体内部是否真的存在一种先验的、实体的"认知结构"？如果存在，即证明身—心二元理论的合理性，即有一种可以脱离于身体存在的、先验的认知。退一步来说，如果真的有先验的"认知结构"存在，那么它发展水平的原初状态是什么以及如何确定？当课程实施以后，如何确定认知图式或结构的改变是由于知识传递获得，而并不是因为身体成熟以及身体与身在环境（社会、历史、文化等因素）互动而改变？这些问题都是认知主义难以解答的。如果课程的功能定位是要培养专家及精英人才，那么必然是以知识传递为中心，极容易陷入科学主义的和功利主义之中。在实践中往往导致"只见知识不见人性"，必然导致学生所谓"智力"的片面发展。而当代社会中现代性对人性的施虐，已经证明了这种课程功能定位的弊端。

### （二）课程内容与开发

由于结构主义课程回归到了一种学科中心论，知识成为课程与教学所关注的重心。在课程内容的选择与开发中，科学家和学科专家等非教育专业人士取代课程研究者和教师成为主角。每个学科从自身背景和利益出发，都为确保自己在学校课程中占优势地位而斗争。布鲁纳提出要提供"学科的基本结构"。这个主张实际上是非常理想的，只能说"看上去很美"。结构主义深受客观主义和理性主义哲学的影响，认为知识（学科的基本结构）是客观存在的、理性的和价值中立的。但实际上，科学家和卓越的学科专家是不能做到价值中立的，他们的价值观必然受到身在的生活世界的影响。以当时的美国来看，"冷战思维"就是根本的世界观。即使是各个学科内部，专家们对本领域"学科的基本结构"的理解并不完全一致。因为知识的产生，类似于梅洛－庞蒂的"世界的意义"一样，是由人和世界共同呈现的。这种对"学科的基本结构"的争论亦会影响教材的编写与开发。这些争论的结果是，即使是同一学科，由于"专家们"对"学科的基本结构"认识不同，而编写出多种不同的教材。另外，科学家和学科专家不重视学科知识的通识教育功能，各学科课程的设计都期望培养自己学科领域的"专家"，忽视了学生的发展情况。依照这种模式开发的教材难度偏高，实际上影响了学生对学科知识的学习和兴趣。

当非教育专业人士成为课程的权威时，他们关心的主要问题是学科知识。这时候，认知心理学上提出的"认知结构""认知发展水平"等已经不再是课程内容选择与开发所考虑的重点了，至于"身体"这个人赖以栖居于世的"设备"则完全"隐身"，不在科学家和学科专家视野的范围内。这样使得结构主义课程论处于一种理论上立足于心理规律，但实际上却不遵循心理规律的矛盾之中。这也正是布鲁纳自己所忧虑的："心理学离开了它早期关心的对在中小学里发生的学习性质的研究"。

### （三）课程实施

结构主义课程提倡在课堂教学中要使用发现法，但不意味着它所主张的课程实施取向是生成的；从现实的情况看，结构主义课程的实施却是一种忠实的取向。这种忠实不是忠实于人的认知结构，而是忠实于学科的基本结构。布纳鲁认为"忠实于教材基本结构的课程设计"要"使各学科最优秀的人才参加到课程设计的工作中"。因为有了卓越的科学专家和科学家设计的教材，这样无论是发现法还是螺旋形课程，实际留给教师的弹性空间并不大。我们在《教育过程》中除了看到布鲁纳说要发挥教师的主导作用外，并没有看出太多关于教师的论述。在教的领域中，布鲁纳非常重视知识教授，而不是重视作为人的教师的作用应如何发挥。布鲁纳说过，要"教一般的原理和态度"，非常重视"学科的基本结构"。布鲁纳的预想是人如果能够把学科的基本结构和学生的认知结构相结合，那么，课程将产生最大的效益。但实际上，布鲁纳的重点在于如何教学科的基本结构，而非人的认知发展，反映了一种知识中心的学科课程思想。

布纳鲁认为发现法能够启迪学生的思维，但最根本上，在课程中提倡发现法的目的在于培养精英人才和各学科知识的领导者。后者要求课程与教学要追求效率和效益，能够有质量地监控明晰的可观测的评价指标。在课程实践中，发现法却费时费力，且短期内难以见效，这恰好与预期是矛盾的。布鲁纳认为，科学家的研究活动、文学家的创造活动与学生的学习活动属于同一类活动。它们的差异"只在程度而不在性质"。在实际的生活中，我们可以很容易发现，布鲁纳的假设是存在问题的，因为对人的认知活动来说，并不存在一种普适的方法。我们常说人与人的思维存在差异。这就意味着不仅是认识的结果存在差异，而且认识的方法和认识的过程都是存在差异的。科学家的身体经验和身在世界，与学生的身体经验和身在世界相对比，有非常大的差异。对于他们来说，世界的意义也不一样，他们不可能采用完全一样的认知方式面对生活世界。

## （四）学生和教师

在结构主义课程中，课程是由学科专家和科学家决定的，并依据学科的基本结构设计教材。这样，教师和学生都失去在课程中的话语权。在《教育过程》中，其重点强调的既不是教师教，也不是学生学，而是学科的结构问题。布鲁纳提出螺旋形课程与发现法，根本目的在于掌握知识，使结构在学习中"成为教学的中心"，培养"知识界的领导人"。这样以知识为中心，在课程实践中，实际上，还是秉持一种产品加工的隐喻，课程是设计好的流水线，教师依然扮演着"工人"的角色，学生成为等待代加工的"产品"。对于课程的跑道来说，师生都是在上面的"跑步者"。

布鲁纳最著名的一句话是"任何科目都能够按照某种正确的方式，教给任何年龄阶段的任何儿童"。但由于难以确定学科的基本结构是什么，这种教育的信条就成了理想主义。教师面对已规定的教材，难以有自由的发挥；但面对发现法，又要求教师有高度的智慧，既要有一定的学科造诣，又要善于引导学生发现，这种发现又必须限制在发现学科的基本结构上。这是一种课堂教学的理想状态。实际的情况是课程改革忽视了教师的参与性，既不重视教师在课程发展中的参与，也不重视教师的学习和培训。也就是在课程系统中，大多数时候，把教师置于一种无关者的角色而且仅把他们定位为课程的执行者。实际上，这样的课程与教师是相互分离的。在课堂教学中，教师越来越不适应发现法。因此，教师参与课程改革的积极性和热情逐渐降低。由于得不到来自一线教师的支持，结构主义课程改革的失败是可以预见的。

对于学生来说，承认他们具有认知能力，但仅把认知作为课程与教学的出发点，而没有把学生认知发展作为真正的课程目标。知识学习能够拓宽学生认知的水平，但认知发展不能完全等同于知识的学习，布鲁纳却忽视了这一点。再加上对"认知"理解的片面性，导致了结构主义课程从理论基础上就有一定的先天不足。结构主义课程提出了"学科专家"在课程预设中的作用，忽视了学生因素。专家为学科的"利益"，忽视学生主体性而制定的教材和方法，都是一种"理想化"。脱离了学生心理的真实和生活的真实，这样课程和学生也是分离的，学生面对这种有一定学科专业性的教材也难以适应。如果再加上发现法在实际操作中缺乏必要的指导，学生要么变成任意发展，要么变得难以适从。

在以往的对结构主义课程的批判中常被研究者们忽视的一点是有可能布鲁纳的认知理论本身就是存在问题的。由于对"认知"的片面理解，导致以此为理论基础的学习理论和课程理论都存在一定的片面性。而具身认知的理论则可进一步丰富我们的视野，使我们能沿着先贤的研究继续探索、前行。

## 二、信息加工主义课程的"祛身"表现

当前，美国的认知主义研究以信息加工论为主导，因此在很多研究或专著中，都把认

知心理学等同于信息加工心理学。信息加工论，促使了认知心理学转型为认知科学，因为它延续了行为主义的方法，采用严格的实验技术验证行为或认知，用逻辑分析和计算机模拟认知过程，坚持了一种科学的路向。信息加工论围绕表征、编码、加工过程等词汇来解释认知机理，一定程度上缩小了"认知"的范围，它忽视了情感、意向、动机、欲望以及身体经验对认知的影响或决定作用，是一种典型的"祛身"认知观，而它所忽视的这些因素，恰恰是有机的生命与无机的机器之间差别的关键所在。因忽视了生命的关键要素，这种计算隐喻的认知成了彻彻底底的理想主义。如果非要坚持信息加工论正确的话，那么记忆和背诵就是人最好的认知方式和学习方式。

信息加工论把人的认知过程视为与计算机的计算是同一过程，是人脑对一种抽象的实体"信息"进行加工，信息加工的生理单位是神经元。大脑约有 1000 亿个神经元。信息加工论认为人脑和电脑都是以符号为核心，进行信息的加工。它从特殊的视角上，解释了认识的过程，代表了当下认知主义研究的潮流，但认知的计算隐喻忽视了人脑与电脑的本质差异，即认知的具身性。人脑与电脑在处理问题上，实际上又有很大的不同。在求解线性的数学问题方面，如开方、求根、微积分或更复杂的计算，一个简单的便携式计算器的运算速度远胜过拥 1000 亿个神经元的人脑。但处理一个具体的情境问题，如绕过一个障碍物，如果没有程序的预设，设计再复杂的计算机也比不过一个智力正常的三岁小孩。虽然 IBM "深蓝"曾经战胜过卡斯帕罗夫，但"深蓝"的取胜不过是"蛮力搜索"的胜利，预先设计了所有可能的棋局，再加上超级的运算能力。除此以外，它不可能处理任何一个不在程序中的情境，也不可能"自动地""主动地"学习。"深蓝"的这种"认知"方式肯定不是人类的认知方式。如果对比运算能力和记忆（存储）能力，人脑必然不是电脑的对手，用信息的运算、加工、编码、存取来解释人的认知机理，显然是片面的。

虽然就目前对认知的研究而言，信息加工论在一定程度上解释了认知的过程并建立了模型，成为最"合理"与最热门的理论，但这种理论及其模型在本体论、认识论和价值论上都存在很大的争议。

### （一）"无身"的教学设计

加涅把信息加工论引入到了教学研究领域，是信息加工学习理论、教学理论的奠基人。学习的信息加工论，主要是以加涅的理论为代表。信息加工论把"认知"放到了一种"祛身"和"离开生活世界"的理想条件中来解释人的认知，这样的认知是纯粹的"认知"。种类机器的认知是一种"实体"的、先验的存在。在这种理想的状况中，认识结构作为一种实体，其本身在不断进行着发展和调整，除此而外，认识过程不受非认知因素的影响。认知主义主张学习过程就是一个认知结构发生变化的过程。因此，课程与教学应该聚焦于学生的认知。如加涅认为学习是信息的内部加工，内容编排及教学设计要与学习的原理相吻合。教学设计符合认知假设，这是其理论的特点，但也由于过于强调这一点而使得研究的注意力仅仅集中在教学环节上——只谈教学设计及其如何与认知相结合。虽然加涅在"教学设计原理"上已经阐述得具体、详细、可操作，但其根本的出发点却是理想的"无身认知"论。加涅试图用认知结构改善的心理事件来解释人类学习面临的综合性、复杂性问题，避而不谈与课程教学紧密相关的其他的因素，如情感、意向、动机、身体经验、身在世界（环境、历史、文化、社会）等。

由于受到这一时期科学研究中流行的"系统论"的影响，在加涅的教学设计理论中有较多关于教学系统、设计教学系统、教学传输系统等的论述，但这种"系统"却仅局限在教学设计这一微观事件上。在真实的课程与教学中，教学却不是一个封闭的、仅靠自组织运转的、单一独立系统。以信息加工论为理论基础，加涅的教学系统，更像是一个"理想"的信息传递与反馈系统。

如图 3-3 所示，我们看到的是以机器的信息加工为隐喻的理想的认知学习模型。人的学习认识活动在加涅看来是简单、线性的，基于这种假设而进行的教学设计是片面的和零散的，与真实的情况并不相吻合。

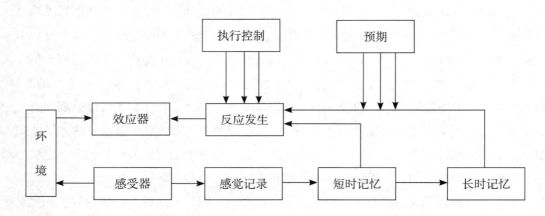

**图 3-3　学习的信息加工系统**

如果仅把教学视为信息的传递与反馈，这种教学系统实际上是没有生命的、机械的系统，只具有无机的属性；并不能真正反映以身体方式在世的人参与教学活动的真实情况，始终不能达到真正系统化。加涅的理论集中在"教学设计原理"，同时又秉承着"无身的纯粹认知"假设，这样教学设计就被简单化为一门"纯粹的"教育技术，其教学设计的初衷是要为人服务，但在"纯粹的技术"的研究中，真正关于人的因素却被忽略了。教学活动始终是关于人的活动，因此，教学系统不可能是客观独立于人的理想系统。因为活生生的有肉有灵的人的参与，赋予了教学系统以人的本质属性——既具有自然属性，又具有社会属性。关于课程与教学理论的研究，不能只从"心理学的假设合理"这一点上加以研究，还要从哲学的层面，即从本体论、认知论和价值论的层面加以反思、批判和论证。

## （二）教学设计的取向

桑代克、加涅等人的研究为教育技术的产生、发展奠定了重要的基础并提供了发展的方向。教育技术化代表了现代教育的一种方向，但问题也由此产生。我们提出教育技术化目标的时候是希望技术为人服务的，使人生活得更好、更便捷，但实际上的情况却是"技术理性"日益绑架了人性。信息加工论恰好是教育技术化的基础理论，加涅的理论中也存在着这样的问题。

信息的编码、加工、存储、对学习者的反馈、响应、控制等话语是加涅信息加工教学设计的关键词。信息加工论把复杂的认知（学习）过程简化为简单的计算和储存过程，这样设计教学就成为像工业设计一般的标准化流程。加工、控制、效率等工业设计思想在不经意中左右了教学设计的导向。虽然并非故意，但学生却实际上被剥离了人性，成为学习的机器。教学之有效，关键在于知识传递效率和由此引发的社会效益。在加涅教学设计的原理中，信息的编码、加工、表征是围绕学习内容（知识）而进行的。其侧重在于如何使得学生更好地接受知识，至于"学习者如何体验和诠释知识和经验以丰富其生活世界的意义"，或激发他们的问题意识、创新精神等并不在其考虑的范围。甚至发展学生认知也不是中心话题，因为认知不过是一种类似计算机的运算能力。加涅的理论虽然被认为是归属于认知主义的，但在教学设计和模型建构中却又处处体现出了行为主义对他的影响。

与信息论一样影响加涅理论的同时还有控制论，加涅在教学设计原理中把学习和教学视为线性的、可严格控制的过程及可预控的结果。如图 3-3 所示，整个学习的信息加工过程，都在"执行控制"和"预期"这两个重要系统的监控之下。对于计算机来说，整个运算确实是线性的、可控制的、结果可预测的。但人的认知既有线性的表现也有非线性的表现；人的认知过程不一定是步骤清晰、全程控制的；人类认知所面临的结果其最大的魅力在于我们永远难以预测下一步会发生什么。对于人的学习活动来说，我们实际上也是难以预测和控制结果的。因此，即使是教学过程严格按照加涅设计的八个阶段都完成了，但对于师生来说，结果未必能与他们的预期完全一致。这并不是说教学设计不重要或学习完全不可预控，而是我们要更重视和强调人类学习的生成性。教学设计更应该回归到基于人身的、真实的人的认知上，而不是建立在计算隐喻的认知上。

加涅认为通过教学设计能提高教师的教学指导技能，在他的理论中进行了学习种类和学习过程分类，以使得教师能根据分类进行教学的指导和要求，提高教学的有效性。他认为有效的教学能够为商业部门、军事部门及联邦政府服务，这也是追求一种社会的效益。但加涅在进行"教学有效"目标定位时，恰恰忽略了教学之根本是为学生服务的。如果脱离了这一点而片面追求效率与标准化，教学固然可能取得短期的效率与效益，但在长远看来却违背了教育的真谛和教育的追求——解放和发展学生的主体性，使他们在生活世界里活得更自由、更幸福。

在加涅的时代，科技已经迅猛发展，他看到了技术发展将给教育带来革命的趋势，因此他非常重视技术，把技术作为一个教学设计的重要内容单独进行了讨论。教育技术化一方面给教学带来了巨大的变化，但另一方面也带来了巨大的挑战。技术理性之错误使得人丰富复杂的认知被简化为简单的、线性的类计算机认知种信息加工的计算能力和存储能力；技术理性之错误偏离了其为人所用的原初预设，人反而被技术绑架，成为被技术驱赶和压抑的奴隶。在教育的领域，技术化成为大趋势，甚至又正在被加上所谓"大数据"的技术理性，使得人的力量在"大数据"的面前显得更单薄和无力。当我们看到师生的独立性、创新性日渐萎缩，他们的精神世界日益单调，他们无论是学习占有的时间，还是学习占有的知识面都变得越来越"碎片化"，他们在大数据的时代变得迷惘，这时候我们就更应该反思技术理性、反思教育的追求和教育的方向了。

### （三）"还原"倾向的学习分类

按加涅的理解，学习一个复杂的问题，只有通过各种分类，才能使得笼统的问题转变为具体、清晰的事件。因此，对学习进行分类是加涅理论的一个特色。如学习要素分类（见图 3-4）、学习结果分类（见图 3-5）、学习层次分类（见图 3-6）、学习过程分类（见图 3-7）等。

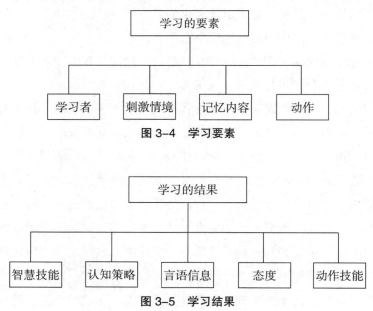

图 3-4　学习要素

图 3-5　学习结果

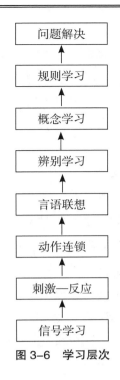

图 3-6 学习层次

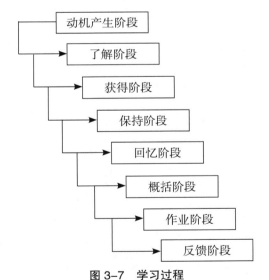

图 3-7 学习过程

从这些分类中，可以看到处处隐含着行为主义的影子，行为主义理论常用的诸如动作、刺激—反应、反馈等词汇常出现在加涅的理论中。之所以会有这样的情况，是因为这与他早期从事行为主义的研究经历是密切相关的。这种化繁为简的分类方法，从方法论上看是还原主义的。学习要素分类就是一种要素主义（还原主义），把学习分成四种基本要素；学习结果分类理论把人类复杂的学习分解为五种单个的习得性能；学习层次分类把学习分为层级递升、由低到高的八个层次；学习过程分类理论把学习分成为环环相扣的八个流程。加涅学习分类理论的问题在于单个的要素、习得性能、层次、流程是否就能合成为复杂的、丰富的学习现象？学习是否都是从下到上、从局部到整体的？学习是否都如同工业标准流程？而加涅认为"将信息分块或分类组织能促进学习"，这不过是一种基于信息加工理论的理想的假设。把丰富、复杂、充满生命活力的人的学习活动简约为特殊的认知活动，再把特殊的认知活动还原为线性、简单、没有生命的信息计算与处理，这是加涅理论的最大问题所在。此外，加涅的教学设计深受信息论、控制论、系统论的影响，以学习过程为例来看，显得过于机械和烦琐，这也影响了在实践中教师和学生的操作。

概而言之，以结构主义课程论和信息加工课程论为代表的认知主义课程有两个方面的不足：其一，试图用认知发展（或认知结构改善）的有机体内部心理事件来解释人类学习面临的综合性、复杂性问题；其二，把对人认知的假设视为认知的真实，认为有一种认知的"实体"存在，进而认为以此演绎出的课程理论、方法和技术是"合情合理"的，试图用微观的心理事件（学习过程及其理论）来建构宏观的课程框架，但课程领域始终所涉及的不仅仅是认知系统，更是生命系统、社会系统。这样，认知主义的课程研究面临着一些瓶颈，施瓦布也认为"课程研究处境困窘"。

# 第四章　基于具身认知原理的体育课程教学形态

　　"身体"在西方哲学中，长期以来处于被忽视及贬低的位置。特别在笛卡儿主义的影响下，理性主义被颂扬，身体的概念日渐适应了三大分离："人与其自身身体的分离；人与他人的分离；人与宇宙的分离"。人成了抽象的人，身体或成了科学对象或成了理性思维（认知）必须抛弃的"肉体"。以往科学研究遵循的是原子分析的原则，尽可能将整体分析为若干部分。如身心二元论，首先将整体的身体分为身体和心理，心理又可再分为感觉、知觉、记忆、思维、情感、人格、气质等，每种心理现象之下还可做进一步细分（生理）身体被细分至细胞、神经元等。但"被分解的身体不再是一个身体"。具身认知论基于身体现象学，重申了身体具有主体性的地位。在身心关系上，针对二元论提出认知（灵魂）与身体的密不可分关系：认知是身体的认知，身体是认知的身体；身心有别，一体二面，但不能独立。瓦雷拉认为：首先，认知依赖于具有感知运动能力的身体及其经验的种类；其次，身体从出生开始就先天地、无可避免地镶嵌在一个更广泛的生物、心理和文化的情境中。身体概念有两层含义：一种是基于肉身的身体；另一种是基于各种经验的身体。这里使用了"肉身"一词，但并非要像宗教思想一样，把身体进行"灵魂的身体""身躯的肉身"的区分，而是要表达出一种意向：身体是活生生的、有灵有肉、富有敏感性的身体。

　　在哲学中，对课程教学最直接的指导性作用的是认识论，毕竟在学校教育中，知识的传递是根本性问题，无从回避。在二元论哲学里，认知（及其结果知识）与身体是矛盾的、对立的。理性的认知（和知识）是思维深度哲学式的反思与沉淀的结果，身体（肉体）则被排除在外。如果把课程与教学的过程视为师生的对话，那么这种对话应该是"灵魂的对话与碰撞"。这样，潜意识里身体还是被排斥在外的。具身认知论则把身体与灵魂捆绑在了一起，认为身体是人寓居在生活世界的根本方式，也是唯一方式，没有身体就没有灵魂（认知）。认识论中"身体的回归"，也促使在课程教学研究中更加关注身体的"在场"诉求。当课程回归到以身体整体"在世"的人及其生活时，课程就已经如同人的生活一样，是一个内容丰富的世界。

　　20世纪50年代认知科学的兴起，一方面深化了心理学的研究，另一方面使得心理学面临着一些问题：人的心理原本、始终是一个整体且内涵丰富的概念，但认知科学却推进了心理的原子化的倾向。发生在人身上完整的心理现象，被划分为感觉、知觉、记忆、思维、动力、情感、人格、气质等研究领域——这种划分的心理界限实际上难以确定。甚至在被认为与认知关系最紧密的学习领域，我们仍然难以确定，哪些方面的发展是由于认知因素的影响，哪些方面的发展是受到人格因素的影响。比如青春期中学生的发展问题以及面临的教育问题。人的心智不是一台紧密复杂的认知机器，学生的学习过程也不是简单的认知加工过程。因此，在具身思想的研究中，研究者们普遍使用"Embodied Mind"而不仅仅是"Embodied Cognition"。具身心智的理论拓宽了我们对认知问题的理解。认知的发生不仅是大脑内部认知结构的变化，认知始终是基于身体经验的，而身体始终镶嵌在环境中的。由于学习不再被认为仅仅是学生认知的加工、内化、保持、回忆、再现的过程，这样我们在研究学习及课程教学问题时，就需要用身心整合的思维，在一个基于环境的身体经验的维度上来讨论这些问题。

# 4.1　心智具身性及其体育课程教学

心智的具身性，即整个人的认识活动，从发生、形式、内容、结果都是基于人的身体，这是具身认知论的核心观点。但无论是在上位的文化意识中，还是在下位的个人认识中，我们依然会经常受到身心分离二元论的左右。

东西方文化，无论是宗教还是迷信，都曾试图描绘人死后的世界，即人的"身体"死去后，灵魂去往何处的问题。基督教认为或上天堂或下地狱；佛教认为：或转世为人或转世为畜生或永在地狱等，但这些描述都是基于人身在生活世界的体验与想象，而绝非来自于"灵魂"的经历。我们无法有任何的证据证实或证伪"身后世界"的存在。这些文化意识，不仅是身一心二元论的，而且也是唯心主义的。宗教人士总会认为，灵魂可以永生，可以"转世"，因此灵魂可以脱离身体而存在。假设这种说法是正确的，但是如果"转世的灵魂"都无法回忆起"他"曾经的生活世界及其获得的身体经验，那么怎么可以说这个"灵魂"是由前世转世而来的？

另一个现实的问题，在日常的对话中，有人认为当学生上课"走神"，或人人都会有"白日梦"的经历等，这就已经证明"身心的分离"，即心智的不具身性。针对类似的疑问，威尔逊把人的认识活动分为"在线"和"离线"两种。前者指有意识的、有时间压力的并且与环境关系密切的认知及行为，如原始人的捕猎、打鱼、采食活动，现代人的绘画、谈话、表演等；后者指漫无目的、没有具体任务的、无意识的知觉及行为，如白日梦、遐想、无意识回忆等。威尔逊认为，即使是"离线"认知也是基于身体的：首先，它只能发生在人的身体；其次，它的内容也与身在世界和活生生的"肉身"经验密切相关。

## 一、镜像神经元的启示

华盛顿大学马尔佐夫针对新生婴儿进行研究，他发现一个仅出生 1 小时左右的婴儿可以与他做一些同样的面部动作，如吐舌头、皱眉头等。这一发现看似简单，但却意义重大。

在马尔佐夫看来，模仿是极其复杂的认知过程——除了要意识到"与己不同"的他人存在外，还要"控制"自己身体活动与他人的身体活动"保持一致"。洛克曾说刚出生的婴儿像"白板"，但马尔佐夫的研究认为婴儿已经具有正常的认知功能，"白板"做不到这一点。帕尔马大学鲁佐拉蒂提出灵长类动物都有"镜像神经元"存在的假设。他与研究小组对短尾猿的研究发现，当某只猿抓取食物时候，它头脑中某些区域的神经组织活动活跃。有趣的是，短尾猿在看其他同类个体抓取食物的时候，它大脑中的神经活动也会产生同样的反映。研究人员认为这是在它的头脑中模拟了同样的行为。他们认为这是"镜像神经元"的作用。研究人员进一步发现，在所有灵长类动物身体上都有类似的现象。对于人类来说，无论你是自己拍拍手，还是看见别人拍拍手，或者听见"拍拍手"的口令，只要人有相关的身体经验，那么大脑中的相关区域神经就会被激活。他们进一步提出镜像神经元系统及其运作机制是人类进化的结果，具身模仿是人的生存优势。镜像神经元的存在，使我们容易理解一些现象，如，我们在欣赏电影时，往往能够获得与主角同样的身体感受，担忧、恐惧、感动、哭泣、愉悦等，产生所谓"移情"，让"客体化对象"似乎变成了"另一个自我"。如果能够利用一些科技的手段，如 3D 或 4D 增强身体的体验与感受，则"移情"的效果更加显著。

在这里，我们既不赞成柏拉图"产婆术"式的隐喻——学生学习是回忆，教师"接生"思想；我们也反对洛克"心灵白板"式的隐喻——学生是白纸，教师任意涂抹。通过镜像神经元理论，我们可以再对一些课程与教学现象进行分析，如案例 4-1。

## 案例 4-1

## "观察学习"理论

班杜拉以 4 岁左右学龄前的儿童为对象进行了实验研究。实验的设计是先让儿童观看了成人对"充气不倒翁玩偶"进行"殴打"的视频，然后研究者为儿童设置了同样的情境：儿童可以自由活动，房间里有类似的玩偶。观察发现，无论是否有奖励或惩罚，儿童都学会了成人的类似行为。班杜拉认为，学生在观察他人的行为的过程中，获得了关于"榜样行为"的符号性表征，学习是在观察及与他人交往的过程中形成的。班杜拉用行为主义的理论进行了解释，即观察—习得。

班杜拉的理论在某种程度上说明，在多数的社会情境中，人的学习是通过模仿来进行。但行为主义的理论无法做出进一步的解释，如人为什么有模仿的行为？它发生的身体基础是什么？镜像神经元理论则能比较合理地说明"观察学习"的身体根源。该理论解释认为正是因为"镜像神经元"的存在，我们在面对人—人互动的时候，不需要概念分析、意义建构与解析、逻辑推理和符号表征；我们直接通过身体的模仿就领会和理解了他人的行为、情感或者意图等，即一种具身模仿理论。梅洛－庞蒂认为，身体是人拥有世界和理解世界的根本方式，"身体的意向是'我能……'，而并非是'我思……'"人拥有"身体"是模仿的基础与前提，模仿是身体的模仿，是人与生俱来的能力。具身模仿不是单纯的对动作和行为的镜像反映，它更能使人与人之间产生一种"意图共鸣"或"情感共鸣"的现象。具身模仿让两个不同的身体主体间产生了类似的行为、情感和感受等，用一个形象的说法——感同身受，触动了神经也触动了灵魂。

以此为例，可以得出认识、模仿是人类重要的学习方式，模仿意味着全身心的身体性参与理解、学习和意义建构。在课程与教学的实践中，我们越来越意识到培养学生的创新能力和问题意识的重要性，但应该如何培养这些素养，却找不到切实可行的办法。多数情况下，课程教学依然是把学生限制在教室里"静听式的教学"。这样的方式是难以熏陶出人的创新能力和问题意识的。"认知学徒制"被认为是培养各行业、各领域专家的真正有效的方法。如当今世界投资界的顶级人物，巴菲特、索罗斯、李嘉诚等，他们无一不是以身传教，亲自培养接班人。医术精湛的老中医在培养接班人或徒弟的时候，也讲究这一点。或许从某种程度上，他们意识到只有言传身教、以身示范才是可靠的教育方式。"认知学徒制"并非注重书本知识、概念等的学习，而是注重专家的身体经验——所谓专家的缄默知识的学习、继承与模仿，只有身体才能影响身体。"镜像神经元"的理论为模仿学习做出了合理的身体神经学解释。毕加索说过，模仿是人类一切学习的开端，然后才是创新，最后是你的自主。毕加索自身的成功经验也能够证明这一点，他曾经大量模仿了保罗·塞尚的作品。镜像神经元的理论说明，模仿不是人为故意抄袭，而是身体的一种遗传、先验的生存能力。提出这种观点，并不是要把一切教育活动都还原为神经元的冲动，而是强调在此基础上，以环境中的身体来解释学习活动的发生问题，并针对此展开课程与教学的设计。因为镜像神经元为人以身体性的理解和学习提供了前提和基础，但具身模仿的内容与水平却是作为身体主体的人与身在世界共同塑造的。对于课程与教学活动来说，"静听式教学"或许仅是因为满足了教师"高效"课堂纪律管理的要求，并不符合人类学习的发生机理。

心理学中"狼孩"的案例说明，虽然"他"曾经拥有和人类同样的大脑（包括同样的镜像神经元），但因外部的因素，特别是模仿对象的限制，"狼孩"只能发展出如司狼一样的"行为"。教师们非常需要用整体的身体观来理解他们的教学合作伙伴；教师们非常需要用整体的身体观来重新理解课程教学活动。创设情境，并非仅仅是导入课程的环节需要，也应该尽可能把整个课程教学都放到情境中、活动中。这不是为了课堂表面的热闹，而是因为人的学习是基于整体性的、身体经验的学习，学习是身在世界中的、主动的意义建构。尽量为学生创造具身活动和具身模仿的条件，让学生有亲身性观察、参与的机会，在情境中、活动中学习问题的解决，这种课程教学方式才吻合人类学习的发生机理。中国古人在很早就意识到"以身教者从，以言教者讼"。从这个意义上，课程并非仅仅是课本上的知识，

"教师即课程"这种说法非常贴切。因为教师在教学生活里是学生具身模仿最直接的榜样，正如"心智发生的无意识性"一般，学生对教师的模仿，大多数情况下，也是在无意识的情况下进行的。因此对教师的要求就应该特别强调"学高为师、身正为范"。

## 二、体育与健康学科核心素养的"具身认知性"意蕴

体育与健康学科核心素养是学生通过学习该学科后所应具备的关键能力与必备品格，是学校体育对学生外在强身健体、内在人格提升的重要价值体现。体育与健康核心素养的提出，是对体育活动具有身心一元性的重新审视，是坚持身体认知与理性认知具有同一性，体育活动对学生教育具有全面性的具身转向。体育即育"体"，但不仅限于育体，体不是目的，而是途径，是以学生的身体为载体，在身体运动中聚集自身的感觉、知觉、思维、情绪等提高身体的自我认知，获得情感体验、磨炼意志，达到完善个性、塑造人格的教育目的。正如毛泽东在《体育之研究》写到"体育一道，配德育与智育，而德智皆寄于体育，无体是无德智了，"充分体现了体育育人的具身认知意蕴。而运动能力、健康行为、体育品德作为体育与健康学科核心素养的重要构成，集中体现了学校体育对学生的价值所在，在形成和发展中体现出明显的"具身认知性"特征。

### （一）运动能力的"具身认知性"

运动能力是人们参加体育活动的能力，是个体所具备的形态、机能、素质、技能等因素在体育活动中的综合表现。运动能力的形成和发展是一个长期性、渐进性过程，具有显著的具身性特征。婴儿从出生 1 个月开始头颈部运动出现，到 7~9 个月时第一个自主位移动作爬行的出现，再到少儿时期走、跑、跳、投等基本运动能力的形成以及青少年时期专门运动能力的获得，都是个体在动作发展规律的指引下，借助身体与外环境交互作用中产生的各种运动，以获得各种感知觉信息，这些信息在中枢神经系统进行整合后，逐渐建立起"支配"身体产生运动的指令——动作程序。

动作程序能在运动过程中随意诱发个体产生相应运动，是个体运动过程中的"中枢系统发生器"，一旦建立便很难消除，正如一个人学会骑自行车后，骑自行车的"记忆"是很难被遗忘的。动作程序的建立正是源于神经系统对身体运动中产生的各种反馈信息的整合，使运动能力在其形成和发展中表现出明显的具身性。

运动能力的形成和发展在具有情境性的外部环境影响下才能得以实现。个体运动的内部指令"运动程序"建立并不是自发性的，需要外环境适宜刺激的引导。这一特点表明从幼儿运动能力形成初期，适宜的外界刺激能够充分激发幼儿的视觉、听觉、触觉等多种感知觉参与运动过程中，提高对自身运动的控制能力，提高身体认知，如当前盛行的少儿感统训练的作用即是如此。如果个体在动作发展阶段缺乏必要的外环境引导，就会出现动作发展迟缓、运动能力障碍，正如我们所熟悉的"狼孩"，当前部分青少年存在"跑都不会跑"

的运动问题等。同时，运动程序建立后并不是一成不变的，而是能够随着个体运动中产生的反馈信息与外环境各种信息交互作用的加强而不断调整、优化，使个体空间感知更准、身体控制能力更强，从而提升身体认知。一方面表现在，个体既能够获得完成走、跑、跳、投等最基本运动的能力，也能够通过身体练习与外环境共同作用，如教师指导、视频观看等，获得完成跳高、羽毛球扣杀等较复杂运动的能力；另一方面表现在，在只有开放式环境中干扰因素的影响下，一些项目的运动能力才能得到发展，如篮球运动能力、足球运动能力，只有在比赛中与干扰因素的"对抗"才能提高自身的抗干扰能力和身体认知，在复杂情境中更好地掌控动作、完成动作。

运动能力形成和发展的情境性决定着它同时具有生成性，运动能力的实质就是个体集合其自身的速度、力量、技能、心理等要素在一定时间和空间内完成专门任务的能力，具有整合性、即时性和新颖性等特点。个体在运动情景中的任何一个运动表现都不是对环境的直接反应，而是通过对环境中各种信息的感知，同时对身体当时所处的空间位置、肌肉本体感觉、生理状态等信息的整合来实现的。正是通过丰富多样的动作，在对不同情景信息和不同身体感知信息的不断整合下新的身体认知不断生成，随着认知的逐步深刻使身体与环境变得更加协调和兼容，为日后复杂运动情景中产生出的高难运动表现奠定了坚实基础。如个体在学习一项复杂的新技能时，个体间习得的速度是不同的，再如篮球比赛中高水平选手在激烈对抗的环境下，往往会表现出平时训练中从未出现过的动作，这在一定程度上归因于个体所具有的高水平身体认知。

## （二）健康行为的"具身认知性"

健康行为是指增进身心健康和积极适应外部环境的综合表现，主要包括锻炼意识与习惯、健康知识掌握与运用、情绪调控和环境适应等方面。行为哲学指出，人的行为是在主体意识的积极引导下自觉产生的，而引发行为的主体意识主要来源于外部感官的即时感受和头脑中的经验、记忆。体育与健康课程中，主体感受以及经验、记忆等认知皆来自于客观身体运动与外环境相互作用过程中产生的各种运动体验，因此具有具身性。这种高质量的身体认知直接影响主体意识的建立，如个体所从事的运动项目在达到一定强度临界值之后，身体会产生一种"流畅性"的畅快感，并存在于记忆之中；再如个体从事长距离项目之后，其呼吸、心血管系统等生理机能会发生较大改善，不管是流畅性的感觉还是生理机能的改善都是个体能够清楚感受到的，是个体通过感知身体运动产生的变化进一步提高对身体的认知。这些认知有利于增强个体的运动意识，积极引导健康行为的产生，所以这一过程具有具身性特征。

健康意识源自于个体积极的具身感受，是健康行为产生的动力源。然而，健康意识产生后并不是一劳永逸的，它具有情境性，也必然会随着个体自身与现实环境作用过程之中产生出新的身体认知得到强化或减弱，从而引起健康行为的保持或消失。如教学实践中，合理的教学设计、得当的教学方法能使学生在运动中感受到技术运用的稳定灵活，决策判定的果断准确以及运动后的"酣畅淋漓"等积极的身体体验，使学生的具身认知水平变得更加深刻，那么学生的运动意识就会愈发积极，运动行为不断得到加强；如果教学内容枯燥、方法单一或运动负荷安排过大或过小等，会使学生在运动中对自己的身体感知度降低，积极的身体体验不足，最终导致运动意识和行为减弱。

"任何一种行为的结构都是由观念和存在结合而形成的，意识其实也是在身体中形成的特殊结构"。健康行为的形成过程，如体育锻炼习惯、情绪的调节掌控其实就是个体头脑中经验记忆与当前的具身感受以及外界环境诸因素间相互作用中不断建构、生成获得的，因而具有生成性。如个体情绪的调控能力，可以在运动过程中不断被生成，对抗性运动中个体的行为表现皆是由原有的心智、情景、身体对情景的应对三者共同作用的结果。在激烈的对抗情景中需要个体在时间压力下迅速产生动作反应，如果个体自身的情绪掌控能力不足，临场紧张、慌乱等便会导致不良动作反应，那么这种具身感受性将被即刻存储，运动结束后这种不良的身体感受性将成为个体进行运动反思的一部分，从而生成新的具身认知结构，使情绪调控能力得到有效提升。

## （三）体育品德的"具身认知性"

体育品德是指体育运动中应当遵循的行为规范以及形成的价值追求和精神风貌，包括体育精神、体育道德和体育品格，它是以身体为主体所形成的高级认知。研究表明，运动过程中表现出的不同动作形式或力度对个体的认知结果具有重要影响，如胜利后自然做出的"握拳""挥臂"动作所表达出的坚定自信，武术比赛中起身抱拳表达出对对手的尊重，拳击比赛中强劲一方在多次组合进攻后的"越战越勇"所表达的拼搏精神，马拉松比赛后的"精疲力竭"所表达的超越自我等体育品德，皆是典型的身体运动影响身体认知、体育品德形成过程的具身性意蕴。

学校是学生个体生活的主要社会环境，形成于具身认知的体育品德同时会受到学校环境诸多因素的影响，这些影响因素会直接作用于学生的认知过程，进而影响认知结果。体育课前有组织队列队形的要求所有学生动作整齐划一，强化了学生的集体责任意识；运动技术学习规范性的要求，强化了学生谨慎、认真的态度；比赛过程中对比赛条件的限制，强化了学生的规则、公正意识；尤其是群体活动过程中，学生身体之间的触觉经验更会影响彼此的喜爱程度，影响学生的服从意识等。这些因素都会潜移默化地作用于学生的具身认知构建，影响学生体育品德的形成。学生体育品德的形成是一个动态的变化过程，是在心智、身体、环境三者间相互作用中不断生成的，心智是品德生成的原有基础，而身体是心智形成的主体。体育品德的形成就是通过丰富多样的动作产生具身感受，同时在大脑中整合、分析外环境中的各种信息，以改变现有认知结构和提升认知功能，促进身体与环境间兼容性和协同性发展。如体育教学中学生进行耐久跑的练习，个体感受到自身呼吸急促、肢体无力、信心降低，导致想要放弃，但同时也会整合外部环境信息，如教师的鼓励、同伴的呐喊以及炎热的天气等，在原有认知结构基础上及时产生行动，或加快跑速坚持到底，或突然停滞半途放弃，不同的决定生成的具身认知是不同的，那么体育品德的发展速度就会因其生成结果不同而有所区别。

# 4.2　隐喻具身性及体育课程教学

## 一、具身性的隐喻是人类思维的核心

隐喻的本质，其实就是以一个较为基本的观念，来了解另一个较为复杂或困难的观念。一般认为隐喻是语言中最常见的现象，如直接的隐喻，"时光如流水"；形象、生动的隐喻，"时光荏苒，白驹过隙"。卢梭认为，人的语言起源于隐喻并且用语言符号表达隐喻的内容总是和感官经验、情感体验密切相关。如"giant"这个符号及其意义的产生，是因为原始人可能遇到一个比自己更强大的人或动物，心中产生恐惧，因而赋予"它"关于"巨兽"的意义。

隐喻的思维可以分为三类：空间方位隐喻、实体隐喻和结构隐喻。梅洛－庞蒂在《知觉现象学》中已经明确地阐释了身体隐喻对于基本概念建构的基础性作用。如果没有身体，我们就不可能理解诸如"上""下"等空间方位。雷柯夫以梅洛－庞蒂的身体空间理论为基础来展开隐喻理论的研究。在概念获得的过程中，"空间方位隐喻赋予每个概念一个空间方位"。如他已经爬到了半山"腰"。以这个隐喻来看，正是我们拥有身体，基于身体方位的隐喻，我们才能建立与形成对世界理解的一些概念。身体在我们与所处世界的互动中发挥着重要的作用。如我们通过"上""下"方位隐喻来获得对世界进一步的认知，例如，"他给人以高高在'上'的感觉""他的事业正在走'下'坡路"。实体隐喻是"把事件、活动、情感、观点等视为实体与物质的形式"。如"光阴似箭"；她听到这个消息，心都"碎"了；他的思想"背"上了沉重的"包袱"等。空间方位隐喻和实体隐喻都是基于身体经验和社会文化背景的，但更偏向于身体经验这两种隐喻以雷柯夫看来，在人的概念系统中所涉及的往往是最基础的概念，如分类概念、基本层面概念、空间概念等，因此也把它们称为根隐喻。结构隐喻"使我们能用一个建构性高的概念去建构另一个概念"。结构隐喻是更为复杂的隐喻，它建立在根隐喻的基础上，更偏向于社会的文化背景，甚至如果仅有身体经验还难以理解。如"揭露了这个事件，也就打开隐喻的思维不仅表达在身体之中，也表现在直观、形象的文字、词语之中；雷柯夫通过对亚里士多德、笛卡儿、康德等哲学家及其思想进行分析认为，不管哲学家们承认或是不承认，伟大的哲学作品总是和隐喻分不开的。如果没有隐喻，哲学家想要进行抽象的形而上学思维是根本不可能的。隐喻不仅作为哲学理论中的修辞类型而存在，而且本身就建构了哲学理论。如"他人就是地狱"（萨特）、"人生天地之间，若白驹过隙，忽然而已"（庄子）。通过这种分析，也让我们看到：思维包括大部分的抽象思维都是隐喻性的，哲学家的思维如此，我们每个人日常的思考也是如此。物理学家霍金也有类似的观点，他提出了"依赖模型的实在论"，也就是认为在思维方式上，人类通过隐喻的思维方式思考世界。"模型的实在"是我们认识未知宇宙，构建抽象理论的思维方式，如果不用建构"实在的模型"，以此来隐喻宇宙，那么人类便无从建构关于宇宙的任何理论与知识。从托勒密的"地心说"到霍金"时间简史"，莫不如此。以隐喻获得的概念既是客观的，也是主观的，它取决于我们的身体存在以及身体与环境的互动。隐喻不仅基于身体经验和身处的文化背景，而且更影响了身体经验和社会文化的形成。我们把考察的目光转向古希腊神话、中国古诗词现象，则会更有说服力——如果没有隐喻的思维，则不可能有人类伟大文化艺术的瑰宝。

## 二、隐喻思维的文化差异——基于《学记》和《大教学论》文本的比较

隐喻是我们思维的核心，是最根本的认知机制。隐喻是具身性的，而人的身体又根植于文化。经验的身体既包括了自然的身体，也涵盖了社会文化语境中的身体。中西文化的差别肯定会对具身性的隐喻思维（形式、内容、表达等）产生不同的影响。我们所使用的隐喻，并不只是隐喻而已，其背后所代表的，可以是某一个语言社群或文化的行为或者模式。

以《学记》和《大教学论》为例，它们能够在一定程度上分别代表中西传统的教育教学思想。两部经典的产生，虽有着不同的历史条件和文化背景，但却又体现出异曲同工之妙：在内容上均涉及教育目的、教学原则、教师作用等；在写作上都大量使用了隐喻。通过两部经典中隐喻文本的分析，我们将分析中西隐喻思维方式的差异所在。

1.《学记》隐喻的形而上性

"玉不琢，不成器，人不学，不知道"是《学记》中的第一个隐喻。从修辞手法上看，属于实体化隐喻，用"玉琢成器"这个有形的、人们相对熟悉的事物和事件来隐喻"人学知道"这个无形的、相对抽象的道理。隐喻的运用使得表达更加形象、具体。但从其阐述的道理上看，"人学知道"重在说理而并不重实践。具体来说，它并没有进一步详尽阐述如何"学"，也没有细致解释知什么"道"。何谓道？"一阴一阳谓之道"（《易·系辞上》）。如何才能知"道"？只有在"格物、致知"的过程中去慢慢感知和参悟。此类情况也并非《学记》独有。正是因为古圣先贤思维方式的"取法乎上"，使得以《道德经》、四书、五经等为代表的经典作品，从产生就天然地更倾向于追求思想的普适性、在一定程度上脱离实践，不强调具体操作。以另一个隐喻为例，"虽有佳肴，弗食不知其旨也；虽有至道，弗学不知其善也"，从修辞手法上看，使用了复杂的结构化隐喻。用"食佳肴，知其旨"这个人

们相对熟悉的、具体的体验来隐喻"学至道,知其善"这个人们相对不熟悉的、抽象的道理。隐喻的使用,生动地表达了作者强调教育重要性的观点。这样的道理,以今天的眼光看待依然适用与合理,但同时又是宏观和形而上的,将它付诸实际并不是一件容易的事。除了上述例子反映《学记》隐喻思维方式的"形而上性"外,作者的创作取向可以说是"重理不重实"的。又如"君子之教喻也,道而弗牵,强而弗抑,开而弗达"也采用隐喻的方式点明了"喻"的方法,即启发式的教学原则和方法。这些阐述往往提供的是一些普适性的原则和方向,并不是具体解决问题的方法。在具体的运用中,教育者只能根据实际情境自己先领悟,然后再依照情况自己去探索和实践。事实上这种"形而上"的思维方式在今天仍然影响着我们对教育问题的思考与认识。

2.《大教学论》隐喻的形而下性

《大教学论》整体结构系统完整,从第四章至第九章都在阐述教育的重要性;教育的重要性如何落实?从第八章到第十三章,论述了所有的人都应该进学校学习;如何解决学校教学的问题?从第十二章第三十章,详尽地提出和论证了一系列的教学原则、方法和内容。夸美纽斯认为"大教学论"是"一切事物教给一切人们的全部艺术",它不仅在于要提供宏观的思想方向,更要具体地教人们如何做。可以看出,作者的思维取向和创作的哲学取向是"形而下"的。

3.两种隐喻思维的属性差异

(1)《学记》隐喻体现整体和合

隐喻是一种"象"思维,"圣人立象以尽意"(《易·系辞上》),这是古人对"象"思维的描述。《易》被誉为"群经之首,大道之源",也有"出佛入儒,归宗大易"的说法。因此《学记》中出现隐喻绝非偶然,从中可看出,中国古代教育思想对上古思想的承接。以其中一个隐喻为例具体分析。"虽有佳肴,弗食,不知其旨也。虽有至道,弗学,不知其善也。是故学然后知不足,教然后知困。知不足,然后能自反也;知困,然后能自强也。故曰:教学相长也。"这个论证包含了两个部分,第一部分的隐喻其效用在上文已经做过详尽分析,不再重复;第二部分在隐喻使用的基础上说明了"教学相长"。"教学相长"并非今天所理解的"教师教"与"学生学"两者是相互促进的关系,其本意仅指"教者之学"包含"教"和"学"两种形式。这种"由一生二"的思想,追本溯源来自《易》的"阴阳互根"。所谓阴阳互根,是指相互对立的阴阳双方,又相互依存、相互化生、相互为用、相互吸引地共处于一个统一体中。《易》把整个世界视为一个整体。它用阴阳、三才、五行、八卦理论来解释世界变化和万事万物之间的关系。

《易》这种整体和合的思想根深蒂固地影响了整个中国文化的发展。中国传统思维方式有一个特点,就是整体思维。整体性的思维重和不重争,重合不重分。

儒家思想的产生和发展都深受《易》的影响,《学记》亦不例外,其与《易》的关系可谓脉脉相通。以另一个隐喻为例来看,"鼓无当于五声,五声弗得不和;水无当于五色,五色弗得不章；学无当于五官，五官弗得不治；师无当于五服，五服弗得不亲"。从修辞手法上也是使用了实体化隐喻，以有形的、实体的事物或事件，来隐喻无形的、抽象的事物或事件。进一步看这个隐喻的使用，其所追求的境界"五声和""五色章""五官治""五服亲"意在强调和谐统一的完美境界，其思想深层次上反映的正是《易》五行相生的思想。以《易》为代表的整体和合思维强调世界（宇宙）的整体系统性，没有主客体之分，人不以自然为对象。因此，老子认为要"法地、法天、法道、法自然"；孔子要"知天命、不逾矩"；孟子要"尽心、知性、知天"。古代圣贤都把"天人合一"视为世界和合、生命和谐的最高境界。中国传统哲学、历算学、医学等究其根源，无一不受整体合和思维的影响。以医学的教育为例来看，今日以西方医学教育为蓝本的中医教育难以培养出中医特色的大师、名家，这也使得中医教育及中医传承本身遇到了巨大的挑战。或许其问题的根本在于中医的世界观源于《周易》，是主张"天人合一式"的"体知"世界观。中医的实践方式，望、闻、问、切无一不是来源于身体经验（感知），要想做到出神入化，必须在实际中亲身实践，才有可能达到经验老到，而这种教育方式在"讲求科学""追求效率"的现代教育体系中显得格格不入。

（2）《大教学论》隐喻体现二元分立

夸美纽斯所生活的时期，欧洲社会还在基督教的控制之下。基督教思想认为世界存在着"善与恶""上帝与魔鬼"，这根本上是宗教二元论。《大教学论》的创作及隐喻的使用也深深地打上了二元论的烙印。从第十六章到第十八章，夸美纽斯共介绍了十个教学原则，这些教学原则在写作上都使用了隐喻，用最常见的自然现象、生活现象来隐喻"课堂教学原理"。以上文"原则六"为例，夸美纽斯用"园丁"隐喻"教师"，用"种子和植物"隐喻"学生"，用"培植"隐喻"教育"，用"发芽和生长"隐喻"发展"等。这些隐喻背后的世界观，最根本的就是"人"和"自然"二元的分立，具体表现为"园丁—植物""教师—青年""鸟—孵卵""建筑家—砌墙"的主客体二元对立。在人与自然的二元中，夸美纽斯认为"人要主宰万物""人要成为理性的动物……推考世间的一切事物"。人应该对自然客体进行观察、分析、实验和研究。这种推考应把整体尽可能地剖解为最小、最简单的要素或元素，然后逐个地对其进行研究，以发现规律或揭示奥秘所在。罗素也认为"对象可以被分析或分解成若干部分，换句话讲，部分可独立地、单独地被了解。如每一部分要通过而且必须通过全体来了解，否则就不可理解，那么部分就不能独立地被了解，这样就无科学的真理"。这是由二元分立思维进一步演绎出的分析式思维，它所强调的是要素，而不是整体。因此，西方后来发展出要素主义、自然主义、科学主义等多种教育思想，与这种二元分立的思维方式是分不开的。

4.两种隐喻思维的品格区别

（1）《学记》隐喻反映直觉悟性式

"善问者如攻坚木，先其易者，后其节目，及其久也，相说以解"是《学记》用隐喻的手法对教学方法进行阐述。在修辞手法上，它属于较复杂的隐喻，用"攻坚木""易、难"的体验和"先、后"的方位用来隐喻教学提问要先易后难，其中用体验的隐喻属于结构化隐喻，用方位的隐喻属于空间化隐喻。通过复杂的隐喻，让人感悟"先易后难"是万事之理。在"蛾（蚁）子时术之"这个隐喻中，以"蚂蚁衔土不息垒土堆"的现象，隐喻"坚持不断地学习，由小成到大成"的道理。这两个隐喻符合"万变不离其宗"的中国传统观点。古人认为万事万物虽有不同的形态，但其实质包含根本一致的哲理，即有相同的"道"。如何知"道"？需要主体用"智的直觉，非感触直觉"去"悟"。这样的思维方式并非《学记》所独有，儒、释、道三家都重视以"悟道参禅"感悟宇宙本体，进而达到天人感应、天人合一。黄帝内经"慧然独悟"（《素问·八正神明论》），曾参"吾日三省吾身"（《论语·学而》），陶渊明"悟已往之不谏"（《归去静心修成》）等，无不将其视为是获得真理最可靠的、也是唯一可行的思维方式。这种强调直觉悟性的"象"思维影响了整个中国社会历史文化的发展。中国书画便是最好的例子：其一，中国书画认为书画同源，就是强调"象"思维；其二，中国书画创作最讲究的就是悟，悟才能开窍，开窍才能豁然贯通，达性通变，出神入化。

（2）《大教学论》隐喻反映逻辑理性式

西方隐喻思维秉承于古希腊、古罗马。在古希腊时期，亚里士多德创立了形式逻辑。亚氏形式逻辑最典型的就是三段式推理，即大前提 + 小前提→结论。大前提是无须证明的一般原理或公理；小前提是需要研究和判断的特殊情况；结论是依据大前提对小前提做出的判断或结论。逻辑推理对后来西方思想和历史文化发展产生了重要的影响。即便是在宗教思想占统治地位的中世纪，逻辑理性依然以独特的形式存在和影响着基督教《大教学论》的创作受这种思维影响非常明显，其每一个观点的说明、每一原则的论证、每一个隐喻的使用，都是一个逻辑性的推理过程。以上文"原则六"为例，夸美纽斯的隐喻推理过程是"鸟儿孵卵"→"建筑家建造"→"园丁种植"→"课堂教学"。这些隐喻从"自然不性急"开始，经过层层隐喻的使用和关系的衍射，最后推导出的是在具体课堂教学情境中，结论式的"偏差"和"纠正"。表面上看，上述隐喻虽不是亚氏典型的三段式，但实质上却明显地表现出了形式逻辑推理的痕迹，即由一般原理出发，进而推导出个别的结论。不仅仅在"原则六"中，《大教学论》其他隐喻的使用时一般都是按"自然界（植物或动物）—社会事件（人的行为）—教育（学）事件"这样的逻辑顺序进行，由自然界和社会的普遍原理推导到教育个别事件，这是一种演绎式的逻辑推理。逻辑理性的思维方式全局性地影响了欧洲社会的发展，在文艺复兴后带来了西方文化、科学、思想的大繁荣并延续至今。

通过选取《学记》和《大教学论》中隐喻文本的比较也可以看出中国和西方隐喻思维在取向上表现出形而上与形而下的不同，在属性上体现为整体和合与二元分立的差异，在品格上反映出直觉悟性式和逻辑理性式的区别。这种差异正如诺曼·法克劳的观点："当我们使用这个隐喻而不是那个隐喻来描述事情的时候，我们实际上是在用这种方式建构现实而不是用另一种方式建构现实。隐喻用一种极有渗透力的基本方式，建构我们的思考和行动的方式，我们的知识和信仰系统"。两种隐喻思维孰优孰劣并非本书要论证的观点，但中西方思维方式的差异性是客观存在的。

具身认知论所用的"身体"概念，不仅仅是纯粹的生理身体，还包含了一个在历史、社会、文化、情境中的经验的身体。身在不同文化背景中的人，他们看待问题的切入点、对问题的分析以及解决问题的方法的选择都是不一样的。这一切也可以归结为身体经验的差异和具身心智的差异决定。因此，面对同样的教育现象，不同文化背景下的人，必然会将其"概念化"为不同的"教育认识"，并导致了不同的教育实践。因此，不存在一种普适的、"普遍同意"的教育经验。西方的教育思想、课程理论是基于西方特定社会环境和文化背景下具有西方思维方式的人所进行的理论总结和实践尝试的结果。如果盲目地认为"外国的月亮一定圆"，不加分析、批判和抉择地将西方的教育思想、课程理论等进行照搬照抄，并试图来指导我们的课程改革，必然是要失败的。

## 三、体育课程教学应注重学生隐喻思维的发展

### （一）隐喻思维在体育历史文化中的彰显

隐喻与体育学科相交叉的理论研究目前仍处于初级研究阶段，但隐喻思维却早已渗透于民族传统体育文化与现代体育领域的训练教学实践各环节中，尤其体现在难美项群的教学训练中。

1. 隐喻思维在传统运动文化中的显现

中国传统文化的元素当中喻和象两种元素占据主要地位，中国文字具有鲜明的指物性，如果要寻找中国文化的共同范式，那么喻（象）正是其中的一个重要思维范式，这种喻（象）式的思维也就是隐喻思维的核心所在。同样，以中国哲学为理论依托而发展起来的中国民族传统体育项目也具有同样的特征。武术文化作为中国民族传统体育文化的代表，因受传统文化中隐喻性思维模式的影响，不论在久已流传的武术谚语，还是在各类武术典故作品及各门各派的武术典籍之中，隐喻思维模式的彰显无处不在。象形拳有效的运用与呈现就来源于此，如以形取意有虎拳、白鹤拳、地躺拳等，以意取意有醉八仙、水浒拳等，都是通过对人物或动物形态的模仿并融入东方技击的精髓，最后定格与成型。正是由于隐喻思维形式在传统文化中的大量存在，使中华武术充满活力，武术文化璀璨并大放异彩，并为中国传统文化增添了丰富的内涵。

2. 隐喻思维在难美项群技术体系中的渗透

自人类生存之初，隐喻思维就已成为人类与外界沟通交流的主要思维方式之一，这种身体符号的隐喻可以说是先于语言的生产。各类运动技术领域当中，隐喻思维形式随处可见，以技能类表现为主的难美项目中最为明，可谓贯穿于整个技术体系之中，包括技术

要领的概括到动作命名的每一个环节。例如体操技术中的燕式平衡、骑撑前后回环等动作；艺术体操技术中的各种跳步等，在体育舞蹈技术动作当中隐喻内容形式体现得更为丰富。现代舞蹈风格方面更是体现出中西方文化结合的典型取喻，如伦巴的舞蹈动作曾受雄鸡走路的启发，还有模仿西班牙斗牛士的斗牛舞。由此可见，隐喻性思维模式早已渗透在体育领域各种运动技术体系中的各环节之中，已成为难美项群技术传承与发展的主导性概念之一。

3. 隐喻思维形式在体育教学中的体现

体育理论中隐喻思维的形式体现及隐喻性语言的运用，在现实教学中确得到充分肯定，并获得了与一般性教学相比较的特殊教学效果。在不同语境下的教学，隐喻性语言的多发课堂要比仅使用一般术语课堂教学效果好上一倍，学生掌握程度明显得到增强并乐于接受。例如田径教学教授投掷标枪最后用力环节时，可用一张拉满的弓比喻最后引枪动作等，以此来启发学生。太极拳教学金鸡独立动作讲授时，形容动作仿佛如行走中的金鸡听到动静后突然伫立时的神情，那一刹那极静、纹丝不动，动作干脆利落而又敏捷，充满了生机。体操教学中，双杠支撑摆动动作讲解时，可描述为以肩为轴、如吊钟一样的钟摆式的摆动等。体育教学过程中采用隐喻性教学语言进行讲解，既突出技术动作要领，语言生动形象，又便于学生领会。实践表明，隐喻性教学语言具有生动、直观形象、趣味性等特点，对启发学生积极思维、技术理解及牢固等方面都起着重要的作用。在体育教学实践中隐喻思维模式无形中得到应用并受到验证，并且这些隐喻性效果的运用均是来自日常生活与专项运动技术的巧妙结合而获得的。

### （二）隐喻思维下体育教学研究的价值

隐喻学视角下的体育教学研究为体育教学、训练与科研开辟了新的研究视角，提供了从隐喻学的角度探索体育教学工作中的运动规律及问题所在，填补体育领域隐喻学视角研究的空白，并为今后隐喻学体育分支的研究奠定坚实的基础。隐喻学视角下的体育教学研究，为发掘体育教学问题根源所在，提供了新的研究切点，对体育教学研究具有重要理论价值。

隐喻学视角下的体育教学研究对体育教学与训练起到导向作用，隐喻性思维作为体育教学活动中思维活动变化的重要工具，有助于体育教学问题本质的揭示与运动技术规律的挖掘，对体育教师与教练指导能力的提高具有很好的促进价值。隐喻性思维对体育教学、训练与科研都有着现实性的指导意义。

### （三）隐喻学视野下的体育教学阐释

1. 隐喻语言运用有助于学生个性化培养

隐喻不仅仅是一种修辞手段，它还是一种认知方式。在体育教学中教师应善于运用隐喻化的教学语言，借此来创造愉快、和谐的课堂气氛，中小学阶段的学生抽象逻辑思维已发展到一定程度，在体育教学课程中教师加以有效引导，他们能自觉地将日常生活中的经验与体育教学中的问题、知识有机地结合起来，来寻求一个解决教学问题的有效方法。因此，体育教学中隐喻语言的运用可以引导学生借助于原有积累的知识经验来推及未知领域以获得新知，如此进行课堂教学对创设良好的课堂情境和营造良好的课堂氛围有着很好的推动作用。这样，不仅提高学生学、练的积极性，而且还培养其隐喻化的思维方式，对促进其个性发展也有很好的推动作用。

2. 隐喻语言的运用有助于激发学生的学习兴趣

体育教学中存在着大量的技术动作要领、概念、原理之类的示范及语言性描述。这些概念、原理、技术动作要领亦通过"去粗取精、去伪存真、由此及彼、由表及里"的思维加工以理性的形式展现在人们面前。例如在体育教学过程中始终以术语、逻辑语言及生硬的技术动作展示来作为体育教学呈现的方式，这样就会使得教学语言毫无诗性，即便理性十足也会毫无生气，使得体育课堂缺乏生气，成为远离乐趣的孤岛，兴趣更无从谈起。隐喻化的教学思维与教学语言的运用，能使学生对定性的体育理论、运动技术要领产生亲切感，使原本简单重复的动作变得更有韵味，使一般性运动认知、要求变得更加具有吸引力与趣味性。隐喻语言的运用不仅能引导学生借助于已有知识经验来推及未知领域，而且还能在运动过程的参与中发现、体现乐趣，在学习中感受到快乐，使原有的学生苦学变为乐学，对学生的学习兴趣提高有极大的推动作用。

3. 隐喻语言有助于学生多样性运动思维方式的培养

学校体育教学工作对学生创新、创造性思维模式的培养有着得天独厚的优势，要使学生体育锻炼习惯具有自觉性、运动方式具有灵活多样性，首先教师应具有启发性的教学思维模式。应清晰认识到自己体育教学中的方法手段都会感染学生，影响学生的运动思维方式。显性的概念隐喻呈现方式比隐性的呈现方式更能促进习语理解与短期记忆，如体育教师缺乏隐喻性思维方式，一味地"术语＋逻辑性言语"进行教学，这样学生就很难产生运动的理想化的灵感，教学效果势必也会遭受相应影响。在学校教育活动中，教学隐喻可使学生暂时性地从纯理性王国转而进入现实生活经验中来，从而唤醒学生日常生活中的开放式思维模式。体育教师在日常性的教学活动中，要切实考虑学生体育运动能力和参与能力的自觉性，运用隐喻语言对所要教的体育知识和运动技术进行系统分析，使学生从学会到会学，引导学生在动作技术学习中联系实际，使学生通过自己已有的知识经验来找到解决问题的办法，促进其思维方式的灵活变化进而掌握动作技术的多种演练方式与方法。

## 4.3　具身认知原理的体育课程教学形态

在传统体育教学实践活动中存在诸如"学生学习动因不明、教师教学思维混乱、运动技能层次不分"等困惑，这些问题的根源在于传统体育教学实践活动没有将人的身体存在作为一个重要的变量来思考。生命教育是指向人的终极关怀的重要教育理念，体育教学首先应该从"关注生命"出发。为了打破传统体育教学身心二元分离思维的格局，突出生命教育关怀下的身体之重，随着现代认知科学以及身体哲学的转向，具身认知理论强调"身体在人类的认知过程中发挥着至关重要的作用"。"身体哲学"是以法国哲学家莫里斯·梅洛－庞蒂为代表提出的一种全新的唯物主义哲学思想，其主要论题是心灵与肉体的关系。在身体哲学视域下讨论如何通过体育教学的认知思维、教学理念、教学方法以及教学话语权等具身性教学改革，使现代体育教学迸发出鲜活的生命特质，是当前体育教学亟须解决的重要问题之一。

# 一、身体哲学视域下传统体育教学的实践困惑

## （一）"离身性"体育认知思维的局限

传统的认知理论在哲学上主张身心二元，在心理学上重视信息加工，在人工智能中强调普适计算，这三者的特征在于对符号与表征的强调以及对身体和经验的忽视。在传统体育教学中，体育教师偏重强调对运动技能的习得，忽视了学生在体育课堂中的感受和体验。武术专家邱丕相教授曾指出，"在传统武术课堂教学中，'武术基本功—武术组合动作—武术套路动作'是武术教学的主流模式，这一教学模式突出以'教师'或'教材'为核心，在很大程度上脱离了武术课程的'技击'本性，缺少有效的身体对抗，不能激发学生的学习兴趣，使学生喜欢武术而不喜欢上武术课，即使武术课上学得辛苦，也很难入武术的门。"这与身体育认知过程类似于计算机式的数据输入和输出过程，其表征为在传统体育教学过程中通过过程式化动作，向学生机械地强制传递相关体育知识和运动技能，这在很大程度上忽视了学生的情感、意志与兴趣，阻碍了体育教学中师生间的体验教学、身体参与、情感互动等积极教学因子，减少了身体参与运动认知的可能性，甚至把身体"打入认知的牢笼"。

## （二）"重心抑身"等体育教学理念的缺陷

西方传统哲学自柏拉图以来，其主流观点一直是"黜肉体而扬精神"。受传统文化的影响，体育教学中"填鸭式"的教学方法及考试至上的教学理念，导致现代体育教育在很长一段时间内凸显出对人的灵魂进行塑造、诉求"精神演练"的永恒真理而压制肉体的存在。在传统体育课堂中，部分体育教师只注重运动技能和知识的讲解与传授，甚至用命令式的口气强行向学生灌输运动技能，进而忽视运动技能的形成规律，不能根据学生身体的差异性进行因材施教。与此同时，在体育教学过程中为了追求体育动作的整齐划一，确保运动技能传播的最大化，部分体育教师通过对学生在练习中经常"违规和越位"的身体强制进行"规训和修剪"，如体操教学中弓步动作身体必须呈现三个90度的高难要求，以及

"一步登天"式地培养学校和社会所需的"专业体育人才"。学者何钢指出,"传统的体育教学强调教师在教学中的主导作用,但从一定程度上忽视了学生在运动习得中的主动参与及身体表现。"在传统体育教学活动中,体育教师的"重心抑身"教学理念从很大程度上忽视了学生对运动生活的体验及情感,也使学生的活泼生命在运动参与中黯然失色。

体育教学方法单一、课堂组织散乱、课堂气氛不活跃等现象是制约传统体育课堂发展的重要因素。究其原因,在传统体育教学活动中,体育教师经常采用"灌输式"教学方法向学生传播运动技能、形塑顽强拼搏的运动灵魂。"灌输式"体育教学以学生运动达标为教学目标,以教师的满堂灌为主要手段,这种追求"标准化、统一化"及照本宣科、依葫芦画瓢的"灌输式"体育教学方法,在传统体育课堂中突出以单纯的运动技术和理论传授为主体。教师在以整齐划一和模块式的教学方法及身体练习手段传授体育运动技术及运动人体科学的同时,过多地强调对学生进行系统的"外包装",他们关注更多的是学生好学等精神思想层面,而学生的身体往往被作为规训和惩罚的对象。这从很大程度上忽视了学生对运动认知和运动兴趣的培养,削弱了其在体育理论及运动技能学习过程中的身体体验与情感共鸣,削弱了他们在传统体育课堂中的学习自主性及创造性,其结果可能会导致师生关系的"主—奴"式异化发展,使"个体的心灵成为被填充的世界,成为他者的跑马场,他们的声音被一种统一的洪大音浪所淹没,渐渐丧失了说话的能力与信心"。

### (三)"意识语言"对体育教学话语权的制约

语言哲学的领军人物路德维希·维特根斯坦指出,"语言是整个人类文明的基础,是人类思想的表达,在意识哲学视野下,语言是思维的外壳,思想先于语言。"在传统体育教学活动中,语言作为一种公共性、制度性和规范性的表达,是体育教学过程中师生思想交流的有效媒介。然而,在传统体育教学过程中,体育教师通过意识语言所传授的体育技能往往是达成共识的运动规则、原理以及标准化动作,忽视学生的个体性、创造性、独特性与个体对不同运动项目切身体验之间的联系。传统体育教学中的意识语言无形中成了对学生个性发展的制约,学生在运动技能学习过程中的自我表现、创造灵感和生命激情等也因此隐匿在意识语言之下。在传统体育教学活动实践中,这一教学思路外显制订了整齐统一的体育教学大纲,采用理性化、科学化的教学内容,通过意识语言对学生进行系统、有计划、有目的性的"形塑",主要是为了给现代社会培养优秀的"理性人"。然而,强化"意识语言"的传统体育教育路径使教师们常常要求学生在体育学习过程中毫无条件地"服从和接受",以及让其经验、体验和感受"符合"体育教学文本,以保证其"形塑"活动的有序开展。因此,学生往往处于一种"祛身性"的"祛生活情境"的、消极被动的以及丧失"自我"的状态,学生被形塑的整个过程实质上是学生被体育教师的意识语言所"异化、物化"的过程。

## 二、身体哲学视域下现代体育教学的具身认知

### （一）具身性教学思维：从"离身认知"到"具身认知"

在身体哲学视域下，针对笛卡儿的"心身二元分离"的认知桎梏，具身认知理论指出人类认知活动的本质在于意义的构造，而意义构造的载体是身体，认知与身体是并存的，身体在认知过程中具有非常重要的作用。如海德格尔指出人的主观活动对世界与情景开放，人的日常生活可以通过身体表征来进行；梅洛－庞蒂进一步肯定身体是个体行为的主体，是个体探索、获得知识的原动力，是主体拥有世界的总媒介。因此，有别于传统认知理论中标准化、单一化的认知特征，具身认知理论关注身体在参与认知过程中与主体所处的外界环境的相互统一，强调身体在参与主体认知过程中的情境、情绪、感知、自组织等具身性特征。

在身体哲学视域下，针对传统体育教学中"离身认知"的不足之处，现代体育教学应凸显具身性认知思维。首先，现代体育教学应从"关注生命"出发，一是要尊敬自然的生命个体，遵循运动技能形成的一般性规律，避免"揠苗助长"等突击式高强度体育教学与练习；二是通过体育教学，不但要发展学生的运动技能、提高学生的体能，还需要培养学生的道德品质，提高学生的竞争意识和社会适应能力。其次，现代体育教学的逻辑起点在于"生命体验"，认知是体验的基础，体验是对认知的升华和超越。在身体练习体验过程中教师要高度重视主体认知、身体参与和环境协调的整体性原则，利用身体展示及语言引导营造宽松和谐的课堂气氛与积极向上的课堂环境。再次，身体作为参与现代体育教学活动中的主体，必须经历一个"认同—体验—领悟"的认知过程，身体通过对不同运动项目的认同，经由良好的身体练习体验，最终内化为身体对运动项目的认知，这三个环节是教师运用"身体体验式教学方式"进行运动技能教学的基本方式。最后，体育教师要善于根据不同的课程内容展开情境教学，如在武术类课程教学中可以模拟战斗场景而强化武术技术的要领，在球类课程教学中重现奥运会精彩进球瞬间而巩固进攻或防守技术等。

### （二）具身性教学理念：从"重心抑身"到"身心合"

身体哲学家梅洛－庞蒂认为，"当把身体作为人在世存在的主体时，其是一个走进主体序列并融通身心双重特性的主体，是触摸者和被触摸者、见者和能见者之间的有机统一。作为主体的身体既能感受客观世界中的痛苦，又能对人的主观存在进行观看，其既有内在的一面，又有超越的一面。"

因此，人的身体是一个"主观与客观""神性与物性""身心合一"相统一的存在。然而，在传统体育教学理念中只重体育考试成绩忽视体育教学过程的"重心抑身"等教学理念，在一定程度上抑制了对参与体育运动的学生进行身心全面协调发展的培养。作为培养人的具体性运动实践，现代体育教学必须通过身体练习体验活动，使学生领悟和感受到自

然生命、社会生命和精神生命的意义和存在。在身体练习体验的基础上，进一步对学生进行人格品质和思想品德的培养，使学生达到"体魄强健、意志坚定、身心健康"的全面发展状态。如在太极拳教学中，教育者在教拳懂劲的基础上，还要将中国传统文化的修身养性观贯彻到教学的整个过程；在健美操等难美类项目教学中，在技术动作教学的基础上，更要引领学生懂得欣赏美、表现美，从"身心合一"角度使受教育者在现代体育教学中的生命质量得以提升，促进学生对运动技能的熟练掌握，进而激发出现代体育教学中的本源性活力，让现代体育教学回归到人类自然的生活世界，让运动技能习得与人类社会在最原始的意义上相互融合，在真实世界中不断迸发出感性的力量和光芒。

### （三）具身性教学方法：从"身体教育"到"身体对话"

在传统体育教学活动中，"灌输式"教育的实质是体育教师把运动人体知识和体育道德标准强制性地装进学生"白板的心灵"当中，而身体的"缺席"只能使"灌输式"教育违反"近取诸身远取诸物"的"切身"体验。可在现代体育教学活动中，如果教师忽视学生的身体体验，知识就会蚕食学生激情澎湃的生命，如何让运动人体知识在现代体育教学活动中鲜活灵动地传播，则需要在现代体育课堂中形成一种平等、互动的师生对话关系。

在现代体育教学活动中，体育教师通过如武术教学中和学生之间的见招拆招、球类运动中的有效身体对抗、难美类技术运动中的形体展示等"鲜活性"身体对话和体态动作表达，在尊重学生人格与体育权利的基础上，通过灵动的"身体对话"与学生建立平等、互动的师生关系，形成愉悦的体育课堂气氛，进而领悟到生命的内涵。此刻，体育教师向学生展现的动作已经不再是运动公式与概念的叠加，而是通过体育教师之身所体现的能够激发学生鲜活体验的身体召唤，叠加的运动公式和概念乃至人类文化与历史的意义在教师同学生的"身体对话"中得到彰显。体育课堂教学中的"灌输式"教学也因此变成了体育教师与学生之间的鲜活性"身体对话"，在梅洛－庞蒂看来，这是一种由教师之身推及学生之身的"共在"，两者共为主体，在体育教学场域相互容纳并扩展彼此的认知，在"两者灵魂相互碰撞之前是彼此身体层面的激荡与接触：当主体开启身体，朝向另一个世界，以我之身入他世，而他者之身，得智慧之果"。

### （四）具身性教学话语：从"意识语言"到"身体语言"

具身认知理论指出，"语言是在生存活动中不断形成的，掌握语言的关键在于人类的生存活动，它并不是一种简单的习得和接受，我们身体的在世存在与使用就已经是原初表达……"此时，作为主体的身体是"与世界共在"的，其在认知过程中不断构造"身体场"，并参与认知活动的意义构建。在体育教学活动中，当语言与作为主体的身体密切配合，这身体语言是"我"的生命意向性的主观"体现"，也是"另一个我"的"他者"生命意向性的客观"体现"，使其自身在存有具象的、感性的、个别的、独自形式的同时，又兼有"我他"之间可相互沟通性、可普遍交流性和可转译性的特点。在现代体育教学双边活动过程中，通过身体语言在师生之间展开的"对话场域"中，师生双方通过肢体动作、姿态与表情等凸显身体练习体验的感觉经验，从而达到体育教学双边活动中更为深刻的对话与交流。

在现代体育教学中凸显"身体语言"的话语权，如体育教师一个飘逸洒脱的空中侧翻、豪迈奔放的铅球投掷、节奏鲜明的助跑踏跳。体育教师通过完美的肢体动作展示赋予学生鲜活的身体练习体验，使学生在习得运动技能的同时获得美的享受，促进学生的身心健康和协调发展。同时，在现代体育教学双边活动中，师生间的身体表现也成为教师认识学生、学生理解教师的重要依据，如体育教师举手投足间所表达出的对学生欣赏的微笑、赞同地点头或不满的摆手等身体语言都能被学生敏感地感受到。而学生也同样通过自身身体感官的外部表现展示自己对外部世界的把握与理解，如体育教师可以从学生认可的目光或不满的姿势等身体语言获得相关教学反馈并对教学中的教学方法、运动量和运动强度等进行恰当调整。通过师生间"身体语言"的有效对话，彼此都会把肉体与灵魂、灵感与创造、想象与记忆、感性与理性有机结合在一起，让生命的意义与价值在现代体育教学过程中得以显现，让鲜活的搏动的生命在现代体育教学实践过程中得以绽放。

# 第五章　体育具身课程内涵

中国传统的"体知"思想和西方语境中的"具身认知"，在本体论、认知论和价值论的观点上有诸多一致。"具身化"一词的使用，不仅强调具身的认知能力，更突出人以整全性的身体，在世界中的认识活动和实践活动的过程和状态，即一种切身实践、切身体验的状态——"通过实践来认识周围的事物，亲身经历"。此时，"身体"不再是"物化"的，"身体"是"主体"最核心的内容；"主体"则回归到了"身体"的实在，而不再是停留在哲学中的抽象概念。主体的实践不再是"身心分离"的，而是"知行合一"的。身体把教师和学生带向了教育场域，他们以切身的活动，构建了对课程的理解。

## 5.1　体育具身课程主体

### 一、课程理论关于主体的一些讨论

哲学意义上，主体指的是人，是实践活动、认识活动的发动者和承担者。因此，课程的主体应指向课程领域，特别是在课程教学实践活动中的人，主要指的是教师和学生。关于对教育活动中主体的认识，我们一般表述为"教学主体论"，影响较大的主要有"单一主体论""双主体论"和"主导主体论"。

"单一主体论"在具体的表述中，又分成两种：一种是教师主体—学生客体论；另一种是学生主体—教师客体论。"单一主体论"在本体论上深受笛卡儿主客二元论的影响，将教育活动中的教师和学生做了主体和客体二元的绝对化区分。本体论上的主客预设，使得教师和学生"先在"处于二元对立的状态之中。以此为指导，在教学实践中，使得教师和学生始终是分离的和对峙的。无论谁作为主体的一元，自始至终在实践活动和认识活动中占据着主动，处于支配地位。因此，主体之争必然要引发中心之争。在教育思想史上，"教师中心论"和"学生中心论"总是争论不休。前者以赫尔巴特学派为代表，后者以杜威思想为代表。杜威认为"以儿童为中心"是一场"哥白尼式的革命"，哲学认知论认为在认识活动中只有人才能成为认识的主体。"单一主体论"显然是支持这种认识论的。一般认为教学是特殊的认识活动。但因二元本体论为前提，使得"单一主体论"在认识论上陷入了一种自我矛盾之中，即一方面坚持了人的主体性，另一方面又把人放到作为对象的客体位置上。特别是后者，当人成为对象时，就意味着人同物一样，失去了主体性和自主性；客体的一元往往被视为是既没有身体，也没有灵魂的"机器"，这与教育活动的实际情况并不相符合。

"双主体论"认为教师是教授活动的主体，学生是学习活动的主体。这似乎已经克服了"单一主体论"的不足：在本体论上，尽力克服了主客二元论倾向；在认识论上，坚持了人的主体性。但"双主体论"却表现出了还原论的色彩：把教学活动分解为"教授活动"和"学习活动"两个过程。这种还原的问题在于真实的教学活动不能分离为纯粹的"教授活动"和单一的"学习活动"，教学活动不是线性的、二元的"先教后学"或"先学后教"。教学始终是一个统一的、不可分离的活动过程。对教学活动不可分割性的解释，正如中国古代阴阳互根理论，即阴阳虽有分别，但却"浑然和合为一体"。中国古人认为"教学相长"，教同时就产生了学，学始终伴随着教。既然不能简单、机械地把教学活动划分为"教授活动"和"学习活动"，那么与之对应的"双主体论"也就存在着一些值得商榷的问题了。另外，"双主体论"还存在一个概念转换的情况，即把教学活动的主体这一个问题，转换成了教授活动的主体和学习活动的主体，这两个平行主体的问题。

"主导主体论"是目前国内相关研究中颇有影响力的一种观点，也有较高的认可度，但仍然存在一些不足。"主导主体论"是一个合乎教学认知论的论题。这里的"主体"是指教学活动中学生的主体地位，在本体论上讨论了学生的主体性问题"但'主导'是指教学活动中教师的主导作用"这并不是一个本体论的问题，它实质在本体论层次上回避讨论教师的地位问题。

关于课程主体问题的讨论，无论是"单一主体论""双主体论"，还是"主导主体论"等，都存在着共同的核心问题，即对"主体"本身应做何种层次、何种视角的解释。笛卡儿在使用"主体"一词的时候，意指"纯粹意识的"或自在物质的"实体"，这样就使得"主体"具有一定的抽象性，是哲学意义上的主体。虽然哲学上使用"主体"一词，总是指的是人，但这种"主体"的"人"却往往是脱离了在特定时间和空间中的、处在一定生活世界中的、活生生的、有血有肉的人。这样"主体"一词成为形而上学体系中的一个指代，强调的是实践活动的发出者，并不一定强调人的身心合一性、身体认知性和身体存在独特性。"主体"要走出误区，就不能被概念抽象，一定要回归人性。最能体现人性的概念，非"身体"莫属，因为"身体是我们拥有世界的一般方式"。

## 二、逾越身心二元的身体主体：师生的主体性体现

### （一）身体是师生在世的方式和活动的方式

教育是一种实践活动和生产活动，其特殊性在于这种社会活动以培养人为目的。狭义

的教育特指学校教育。从本体论上看，教师和学生是主体；在认识论上，教学被视为一种特殊的认识活动。因此，教育活动（或教学活动）是教师主体、学生主体在特定的空间与时间内的存在方式。教师和学生的这种存在，正如海德格尔的定义，为"此在"的"在世"。虽然西方哲学长久以来褒扬了灵魂，贬低了身体，但人的"在世"，是身体与灵魂的合一。人即是身体，身体即灵魂，身心从不分离，也永不分离。身体存在不仅是生存的先验条件，身体存在就是生存本身。教育（教学活动）中的教师和学生主体，首先就是一种身体的存在。没有身体，就没有生活。教学是特殊的认识活动，这种活动是基于身体，寓于身体的，不可能存在一种纯粹意识的认识活动。因此，梅洛－庞蒂将主体活动的意识意向性，重新建构为身体意向性。人在世界上、在社会生活中的实践活动、生产活动、认识活动等，无论任何行为与活动，都必须通过身体来实现。强调教师和学生的主体性，就要承认这种主体性是一种身体的主体性，师生在教育中的活动和行为所表达的是身体的意向性而非纯粹意识意向性。教师和学生的主体，不是抽象的哲学主体，也不是可以无身存在的心灵，而是一个个基于活生生的、具有感知能力的、具体的、个性的、身体的主体。心理学研究中揭示的通感现象，说明人体感官，如听觉、视觉、嗅觉、味觉、触觉等，并非原子性、独立、机械的存在，他们构成了完整的系统。身体主体对世界的认知（认知）也是通感性的（整体性的），如我们常常会说"邓丽君的歌声是那么的甜美""昨晚睡得好香"等，这就体现了身体的整体性。同时也只有"身体"才能综合表述人生命的整全和诗意。

### （二）课程活动是主体间具身性的表达、理解和感知

"身体只要一展现，它即会发放出最基源的理解作用……世界变成了有结构、有来显（disclose）的意义世界"。梅洛－庞蒂说过："我在动作中看出了愤怒，动作并没有使我想到愤怒，动作就是愤怒本身。"身体主体的举手投足，不需要再被赋予意义，因为它们本身就是散发出意义的动作。人作为身体主体而具有审美的神秘能力，身体既具有表达的能力，也具有理解和感知的能力，表达的意义与身体的动作是浑然一体的。"我通过我的身体理解他人……以这种方式理解动作的意义……意义在动作本身中展开。"在课堂教学中，身体作为主体的师生不是自然自在的，他们总是生活在具体的教学情境中，生活在身体的表达、理解和感知中。身体的表达、理解和感知也是人的具身性认知的表现。

我们从出生开始，就已经能使用身体（包括肢体动作、面部表情等）的活动来表达自己，交换社交信息。"眉目传情""心有灵犀一点通""暗送秋波"等现象说明人类具有最复杂的身体表达能力（非语言表达系统）。

身体表达能够传达出比实际内容本身更多的信息，身体因素成为影响沟通成败的重要因素。时下，"翻转课堂"和"慕课"的课程理念非常热门，有人预测，以"大数据"为基础的"在线教育"和"互联网教育"将取代"面对面"的教育,甚至教师也将逐渐失业。这种假设不过是行为主义"机器教学"的现代升级版。机器和互联网扩充了学习的手段媒

介，但它们不能取代以身在世的人成为教学的主体。教师的主体作用，教师身体性的存在和表达，是决定教学成败的关键之所在。如果把教学视为沟通，那么能够被量化的、文字的"学习内容"不过占了信息总量的 7%，而其余 93% 的信息量则需要通过主体具身性的表达来实现。在线教育，因其身体性和互动性的缺失，注定达不到"面对面"教育的效果。"面对面"实质上就是身体对身体的交流、表达和理解。这种方式的优势在于"他人的意向寓于我的身体中，或我的意向寓于他人的身体中"。另外，人类最丰富、最细腻的情感，往往也是通过身体的方式来表达和感知的。正如歌词所写"爱最苦莫过于相思两地，爱无法亲手去传递"。因此，社会学家建议，如果可以面对面地对话，就尽可能不使用电话的方式；如果可以电话交流，就尽可能不使用网络通信的方式；如果可以用网络通信的方式，就尽可能不使用文字对文字的方式。

身体的表达、理解和感知能力是十分惊人的。有经验的教师并不总是通过口头语言去要求学生的行为，他能够在具体的教学情境中，感知到学生身体的意义，然后用自己身体的表达，实现与学生主体的互动。如一个严厉的眼神、一个有力的手势、一次鼓励性的微笑、一个赞许的点头、一个安慰的轻拍等。反之，如果教师在课堂中多次中断教学内容，过多地使用口头语言来强调纪律，往往会影响到课堂教学的效果。学生通过身体性的动作，一方面理解和遵守教师的要求，另一方面表达自身的意义。

### （三）具有生成特性的身体主体

关于身体的理解，可以从不同的视角，对其进行各种维度的解读。中国儒家身体观认为"身体主体只要一展现，它即含有意识的、形气的、自然的与文化的角度"和"社会化的身体"；西方当代社会学家则认为身体主体表现为"世界、社会、政治、消费、医疗"及"工作、运动、音乐、社交、技术"等不同的身体形态。无论是以何种视角来划分和观察身体，形气的、自然的身体是我们"以身体栖居于世"的最原初特性。作为自然的身体，人的生命就是身体出生、生长、成熟、衰老和消亡的过程。这个生命的过程是生成性的，首先因为身体本体是在不断地生长和变化。现代学制把学校分成不同的性质和级别，小学、中学、大学等各个系统既有区别又连贯，这些不同类型学校的划分正是基于学生身心发展的基础，特别是身体的自然年龄。伴随学生年龄的增长，身体能力（包括他们的身体活动、身体经验、身体认知等）不断增强。学校课程内容、范围的要求也随之加深和扩大。在课程理论描述时，我们经常会使用"遵循身心发展规律"这样的话语，实际上就是强调要尊重身体的生成性。学制虽然是现代教育的产物，但早在柏拉图的《理想国》中就已经有了学校分级的雏形。自古以来，人们已经意识到教育活动应遵循身体及其能力自然的生成性。

人之本性体现为社会性，身体主体不可能仅仅是自然的存在，必须在社会性、目的性的活动中进一步确立。身体主体性的展现过程就是一个生成性的、开放性的、创造性的过程。身体主体在社会和文化中的活动及其发展，具有丰富的可能性和不可预测性。以教师为例来看，他们从事着培养和发展完善人的活动，这种活动必须通过教师自身的主体性和价值来实现。教师的知识、态度、观念是不断发展的，具有生成性；他们教学方法、教学能力等也是在不断地生成，而并非一成不变或一劳永逸。这里所述的一切，不是发生在抽象的教师概念上，而只能发生在活生生的具体的教师身体之上。同样，每个教师都有独一无二的家庭条件、生活环境和成长背景以及独特的成长经历。上述情况说明，教师的生成性是基于有血有肉的、身体主体的生成。课程留给教师的空间和自由度越大，教师的创造性和自主性就越强，教师主体生成的可能性就越充分，这样就为课程目标与价值的实现创造了最重要的条件。教师和学生都能够"由生活、生长、经验改造中获得知识、能力、思想、感情，恰是帮助人们审度时势之需而巧以适应那种永在前进的社会，并从而成为革新的先驱者"，因此，从这个意义上讲，"教育即生长"既适用于学生主体，也适用于教师主体。

## 三、突破二元论的师生关系：平等—交往—实践的身体主体间性

### （一）平等的身体主体间性

离开他人，生活就完全没有意义，生活将一无所获。因此，"他人不是我的地狱"。胡塞尔为解决"自我"主体和"他人"主体的矛盾问题，最先从认识论层面提出了"主体间性"（交互主体性）理论，但他仍然将这种主体间限定在"纯粹意识"的层面。

梅洛-庞蒂进一步将"主体间性"理解为"身体主体间性"。身体是人存在和活动方式，身体不仅体现了人类的个体性，也体现了人类的共存性。"我们互为合作者，我们互通我们的看法，我们通过同一个世界共存。""身体主体间性"的提出，一方面在一定意义上消解了"唯我论"的倾向；另一方面也在一定程度上为消除"不平等论"提供了参考，因为既然人的存在就是身体及身体的互动，那么"柏拉图式"借"灵魂"之名对人进行等级的划分就不具备合法性。单一主体论（"教师中心说"或"儿童中心论"）或主导论，潜意识里或多或少有一种"唯我论"的倾向。单一主体论所主张的身体主体间性是一种不平等的身体主体间性。这种课程价值观引导下，培养出来的学生要么丧失主体性，要么就是"唯我主义"倾向强烈。在课程理论中提倡师生平等的身体主体间性，超越了主体—客体、主导—被主导、支配—被支配的关系。平等，不仅仅表现为师生人格上的平等，而且作为身体主体的存在和活动都是平等的，教师并不能以支配、控制、剥夺甚至伤害学生的身体主体性作为实现教育目的手段。教育通常被理解为一种交往活动，而师生身体主体间的平等是实现交往、对话、沟通的前提。

真正平等的关系不仅表现为教师和学生"人—人"之间关系的平等，还将影响身体主体的人格、身体主体间的相互作用以及他们所从事的活动。实现师生的平等，主要是针对教师的要求，因为当下中小学课堂中，"教师权威"毕竟是客观存在的事实。古人认为教师和学生"闻道有先后，术业有专攻"。从身体理论看，正是因为教师的身体经验要比学

生的身体经验更丰富，而人的身体经验、具身认知能力以及基于此而获得的关于世界的意义等，都是不断生成和发展的。主张师生身体主体间的平等性，就要承认身体主体的差异性，尊重异质性。教师和学生是拥有自己独一无二身体的、整合的生命个体，他们由于遗传素质、生活世界的差异获得各自不同的身体经验。因此，世界的意义在拥有不同身体经验的人看来并非完全一致。正如复杂性理论的观点："不管我们用什么样的真理来衡量，只要人们稍微改变一下初始条件，就会产生截然不同的结果。"无论是教师还是学生，尊重他们的主体性，就要求把每一个人当作个性独特的、具有无限发展可能的、自由自主的人来看待，而不是抽象为"教学机器"和"教学容器"。管理者的"话语权威"，终将束缚教师的主体性；教师的"话语独霸"，终将伤害学生的主体性；学生的唯唯诺诺，不是教育的目的。教育中对立、紧张的关系，终将伤害教育。

### （二）交往—实践的身体主体间性

马克思主义将"社会性"定义为人之本性。荀子曾说人"力不若牛，走不若马，而牛马为用，何也？曰：人能群，彼不能群也"，即主张人具有社会的本质与群体的特征。当人从出生的瞬间开始，他就以整合的、身体的方式置身和依附于由身体主体构织的关系网络之中，无法脱离。因此，梅洛－庞蒂认为"主体性和主体间性是不可分离的"。以皮亚杰为代表的建构主义者的错误在于理想地把人理解为单个、独立的人，把认知发展理解为独立人的头脑中内部认知结构的变化。实际上，这种"独立的内部建构"是不可能的。人的生存为什么要交往？雅斯贝尔斯的观点认为，"我只有在与别人的交往中才能存在着"。以人"自我意识"为例来看，这是一种身体主体关照自身的认知，属于一种具身性的认知。但由于时空的限制，使得人只能在某一个时刻处于某一个特定的位置，这样他不可能"抽身"观察自身。因此，他必然要与其他的身体主体互动、交往、沟通、联合。因此，社会学家库利就提出了"镜中我"的概念。库利认为，通过符号互动，人与人可以相互作为彼此参照的镜子，自我意识取决于人和人的互动与联系。

符号互动论在一定程度上揭示出"自我是社会的产物"。在关于"教育是人类一种特殊的交往活动"这一点上，得到了研究者较为广泛的认同。互动是交往的一种表现形式，符号互动论把人与人的交往简约为符号互动，还不足以完全表达出身体主体间交往的本意。因为，虽然身体主体被符号环绕可以被符号表征，但作为整合的身体主体又不能完全被简约为符号。交往就是人作为身体主体的生活方式，教师和学生的交往不是实现教学目的的手段，师生交往就是教学活动本身。

人的生活从未脱离实践。实践既是人与人之间的互动，也是人与自然的互动；在实践活动中，人与动物得以区分。因此，实践性是人作为身体主体存在的基本特性之一。人的主体性是在社会实践中生成和体现的，是具体的、实践的，而不是抽象的和意识的。马克思主义哲学就是强调"实践"的哲学，它把实践作为检验真理的唯一标准。这样，人类的交往活动是从属于实践活动的。主体间的交往不可能仅仅是精神层面（或纯粹意识层面）的交往，而是一种基于社会实践活动基础上的交往。教师和学生的交往则是交往实践的一种特殊形式。教育中的交往实践其自身的特殊性表现为：是主体间基于身体及身体认知的交往；是身体主体间的生成性交往；是身体主体间日常交往与非日常交往的统一。

为了共同的目的或任务，通过交往实践，身体主体间有可能达成共识，相互协作。在教师和学生的交往实践过程中，教学活动才得以顺利进行。"教学是师生以符号为中介的精神性交往"，类似说法在教育理论中非常盛行，但这样的理论充满了身心二元论的色彩。实际上，精神不是先验存在的，精神是承载于每一个实实在在的身体主体中，从来没有脱离身体的精神而存在。因此，教学的交往是身体主体间的交往。如果没有作为身体主体的师生间的交往实践活动，也就不存在教学。师生的交往实践，不是主体—客体"你说我听"的一方说教，不是"输入—输出"的单向信息传递，不是"刺激—反应"的行为训练，而是以课程为背景、有灵有肉、平等的身体主体间的相互尊重、相互对话、相互交流、相互作用、相互理解的双向过程。

因此，作为身体主体的教师和作为身体主体的学生之间的关系，应该是为了共同课程目的而交往实践的、作为学习共同体的、共生性的、依存性的关系。

# 5.2 体育具身课程时空观

## 一、时空与身体主体的互蕴

### （一）传统时空观念对师生身体主体性的遮蔽

受客观主义和科学主义的影响，我们对时空的认识一般是从物理时空开始的。时间和空间被认为是物质客观存在的基本形式，是绝对、确定的。时间具有不可存储、恒定向前的特点；空间具有不可压缩、恒定不变的特点。传统的文化意识也在向我们潜移默化地警示："逝者如斯夫，不舍昼夜""人寿几何？逝如朝霜。时无重至，华不再阳"。因此，在时间意识上，我们都有相似的认识：时间像一去不复返的流水，从过去走向现在，流向未来，恒定流逝，无法挽回。在时间的流逝面前，人人都是平等的，再有权势的帝王也不可能"再活五百年"。在个体的生命体验中，没有"平行的宇宙"，即人不可能在同一时段内存在于多个空间里，而只能处在"此时"和"此地"。正是因为认识到时空对人生活和活动的限制性，我们在教学世界中把时空视为一种最珍贵的资源，我们千方百计地算计，就是为了提高时空的利用效率。对时空的争夺和利用，就是对资源、资本的争夺和利用。宏观上我们为学生安排了学制，决定了教学生活必须占据他们生命的一段时空；中观到学校，学校的生活决定了他们这一段人生里生活空间的绝大多数内容；微观到课堂，对时空的利用效率，必须落实到每一堂课的 40 分钟。

"明日复明日，明日何其多，我生待明日，万事成蹉跎"，感叹光阴的珍贵，畏惧时间的流逝，就是要警示师生一定要提高时间的使用效率。"少年不知勤学苦，老来方悔读书迟"，对时间珍贵的认识进而转变为对师生求学、学习等人生态度的要求——"苦""勤奋"，似乎只有"苦"才对得住逝去的光阴，只有"苦"才是真正的人生，甚至对时空的利用被贴上了道德的标签。"静静的深夜，群星在闪耀，老师的窗前彻夜明亮……"这似乎成为了教师师德的必备写真，教师的奉献就体现在延长工作时间、占用生活空间上。"少壮不努力，老大徒伤悲"，之所以要求学生要珍惜当下，是为了在未来的时空中更好，"明天会更好"——今天的教育是为明天做准备。这是文化传递给我们的时空观，为了明天的"幸福"生活，必须在"苦行僧"一般的日子中度过今天，今天的生活已经不重要了——哪怕是受到"非人性"管束。"今天你所受的苦难是为了明天更好的自己"。因此，并没有人会太在乎学校的时空管理是否在"悄悄地"剥夺了师生的身体主体性。我们更在乎的是学生明天在中考、高考等一系列的考试中，是否能考出好的成绩——这关系到他们的前途和命运。只要考出好的成绩，为此付出的一切努力都是值得的。"我拿青春赌明天"，学生把所有的时光都用在了读书、学习书本知识上，他们的生活空间几乎被限制在学习的活动中。

我们认为时间、空间是客观的、恒定的。因此，安排好了时间、空间也就决定了师生的生活。他们一旦进入学校，就天生身处于教学世界。

### （二）具身哲学主张时空与身体主体相互敞开、相互依赖

爱因斯坦的相对论揭示了时空的相对性和不确定性。空间和时间都是对物质的测量基准，前者反映物质的变化形体，后者反映物质的变化速度。从相对论来看，假如变更一种"参照系"，我们测得的空间和时间的结果都会因此而变化。爱因斯坦曾经有一个非常著名的隐喻："一个男人与美女对坐 1 小时，会觉得似乎只过了 1 分钟；但如果让他坐在热火炉上 1 分钟，却会觉得似乎过了不止 1 个小时。这就是相对论。"这倒不是说人对时空的认知都是完全主观的，而是我们为了认识世界、交流知识，必须有统一的空间和时间基准，这个基准是相对"普遍同意"的。正如梅洛－庞蒂所指出的"物体不可能与感知它的某个人分离，物体实际上不可能是自在的"。也就是说理论、知识都是由人创造的，但这种创造不是凭空想象的，而是以作为身体主体的人通过用身体经验世界在与身在世界的对话中共同塑造的。人和世界共同呈现了"世界的意义"。我们是世界的作者，也是它的万物。因此，时间和空间意义的产生与人的身体经验紧密相关。除了梅洛－庞蒂外，具身认知研究者雷柯夫也认为，空间关系概念，如上下、前后、左右等最基本概念也是具身性的。这样以具身认知的理论来看，身体主体与时空是相互敞开的，身体主体与时空的关系不是主体和客体的关系，而是同生共存、互构互属的关系。托尔曼通过迷津实验，提出了"认

知地图"的概念假设。实际上"头脑"或"心智"中的"认知地图"，必须以身体为基础，如果没有具身性参与理解，则没有"认知地图"。"我不是在空间和时间里，我不思考空间和时间，我的身体适合和包含时间和空间"。时间和空间必须是依赖于身体主体人的时间和空间，而身体主体则是寓居在这种时间和空间中的身体主体。身体是在世界存在的媒介物，拥有一个身体，对于一个生物来说就是介入一个确定的环境，参与某些计划和置身于其中。

### （三）时空观的重构与师生身体主体意识解放

梅洛－庞蒂的身体现象学理论认为时空与身体的主体性不可分。身体是我们拥有一个世界的一般方式。以空间性来看，空间概念由身体与身在世界对话而产生。我的身体在我看来不但不只是空间的一部分，而且如果我没有身体的话，在我看来也就没有空间。与身体主体相关的空间性有别于外部的物体空间性，它并非是"一种位置的空间性，而是一种处境的空间性"。并且这种身体空间总是在主体性的活动中实现的。以时间性来看，我们习惯上把时间比作一条河流，它从"过去"流到"现在"和"将来"。梅洛－庞蒂批判了把时间视为一条河流的隐喻，认为它的错误在于把时间与身体主体相分离，隐含主要形式是"教师讲—学生听"。相比较而言，北美的师生大量的时间是在进行活动（自由活动、社团活动、体育活动）。活动不仅仅是学生的活动，对教师来说也有对学生活动进行指导的要求。两种作息制度表现出的巨大差异，都是基于自己的教育实际。同时，在不同的时空管理下，学生的发展也产生了巨大的差异。中国的学生，书本知识掌握得扎实，非常适应考试，但普遍认为他们学习的主动性不强，反思意识不强，问题意识弱，创新能力弱，活动能力能弱，普遍自我感觉学习是一件"苦"的事情；而北美学生的表现则刚好与之相反。以此为例，可以看到，不仅世界的意义是由身体主体与其身在世界共同对话产生而且身体主体的意义也是由身体主体与其身在世界共同塑造的。我们在教育中过于强调其竞争性的一面，却忽视了它对身体主体具有解放和发展的价值。对于我们时下的教育来说，不是它发展慢了，反而是"教育走得太快，灵魂跟不上了"。虽然已经有人意识到"教育是慢的艺术"，但在急功近利的应试教育和激烈的教育竞争面前，这种呐喊似乎显得苍白无力。教师和学生承载了社会、家庭太多的期望，他们被要求"只能成功，不能失败"。或许正是我们对教育时空、教育生活赋予了过多的要求，反而限制了师生的身体主体性。教师和学生的教学生活太苦、太累，没有幸福感可言，但这一切在考试分数压力的面前已经显得不重要了。教育作为培养主体人的社会活动，需要的不仅是时空利用的制度和技术，更需要一种时空利用的艺术。夸美纽斯说过"自然并不性急，它只慢慢前进"，这隐喻着一种尊重自然生命的教育时空意识。

## 二、场的身体与课程教学意识

广义上，"场"的概念包含时间和空间，但为了与上述研究的重点有所区分，这里"场"主要指一种物理环境或文化环境。环境对人的发展极为重要，这在心理学、教育学中已经有普遍的共识。在教育理论中，持"外株论"观点者就认为"环境决定发展"。例如华生说过"给我一打健康的婴儿，并在我自己设定的特殊环境中养育他们……可以随便挑选其中一个婴儿，把他训练成我所选定的任何一种专家——医生、律师……"。但以往的研究，以二元论的哲学为代表，在对待人与环境的关系时，一般把它们认为是完全不同的实体存在，并且环境和人是可以分离的。人是主体，具有主观能动性；环境是外部因素或条件是人认知的对象，但它是客观独立的。具身哲学在对待人与环境的关系时，秉持一种混乱的观点。这种理论认为，身体是人在世的根本方式，"从出生开始就先天地、无可避免地镶嵌在一个更广泛的、生物、心理和文化的环境中"；环境不仅不是认知的对象，而是认知系统的一部分。

客观唯心主义的传统认为有独立于人的客观理性（上帝、绝对精神等）存在，并把它们视为世界的本源，现实的物质世界仅仅是绝对理性的外在表现。人可以通过感知的理解以及理性的思辨实现与客观理性的联系。换而言之，必然也有一种"知识"是客观理性的，比如"π""黄金分割"等，是自然自在的。对此，我们先悬置对"知识理性论"的批判，而来分析一些真实世界中发生的心理现象。

具身认知论认为，知识的这种情境性并非完全来自于人的主观建构，而是因为事物本身总是处在特定的环境之中，这种环境必然构成我们对事物认知的一部分。知觉的"某物"总是在其他物体中间，它始终是"场"的一个部分。如果认为上述的例子与背景关系太过复杂，我们可以看一个结构极为简单的例子。

在心理学上，通常把这种知觉现象称为错觉。在以往心理学的研究中，试图从人自身生理机制或心理活动内部，来寻找这种错觉发生的根本原因，比如"神经抑制""常性误用"等。这些研究在潜意识里都有类似的认识：世界与人是分离的，世界客观、独立于人，世界是人研究的对象，"错觉"是一种对客观事物的错误反映。从具身认知论的观点来看，世界与人是不能分离的，"错觉"并不是由人的错误反映产生。因为人已经先天地身在世界中，面对的认识对象也有它的存在环境，人的认识活动发生，不可能把自己的身体以及对象从其身在的环境（背景）中脱离出来。并非仅仅是错觉的发生是因为这样的具身认知机制，而是我们所有的认识活动，先天的总是在一定环境（背景）中发生。我们置身于世界，我们始终离不开世界。通过上述论述，我们的本意并不是说错觉不可避免，而是要强调，环境不仅是认知的对象，而且始终是认知系统的一部分。正如中国古人的诗词中所说的"不识庐山真面目，只缘身在此山中"。

认知的发生不仅依赖于身体，也依赖于身在环境。以心理学中另一个著名的实验为例来看。罗森茨威格的老鼠实验揭示了环境因素对脑的发育起着重要的决定性影响。如果认为这是动物的实验结果不能推及人身，那么另外一个案例颇具说服力。印度、柬埔寨都有"狼孩"的记载。由于"狼孩"是和狼一起生长的，他身处的环境和正常社会人身处的环境完全不同。因错过了发展的关键期，"狼孩"始终不能发展出人一样的认知。行为主义者认为这样的例子恰好说明：环境决定一切，正如洛克的观点一样。行为主义的错误在于完全否认"认知"的存在，否认身体在认知发生中的主体性作用，认为一切都是刺激—反应之间的联结，在"刺激—反应"的面前，人的身体与动物的身体没有差别。否定认知进而也否定了身体，行为主义的谬误显而易见。而认知主义者的错误在于，认知是大脑先天的功能，认知过程是大脑内部的认知加工或认知结构改变。以这样的假设为前提，大脑是独立于环境的"计算机"，环境是独立于大脑的客观存在。这样，环境的作用最多是影响认知的内容与结果（知识），而身体结构（大脑结构）并不会发生改变，但现实的情况并非这样。具身认知的身体—环境动力系统观点对我们理解、看待现实中课程与教学的问题有非常重要的启发意义。真实的学习活动发生，既然不像行为主义者所揭示的一样是"刺激—反应"之间建立的联结，也不是信息加工论者所认为的"脑对信息的内部加工过程"。认知不仅属于脑，也是涌现于脑、身体和环境之间的动力交互作用。那么学习的发生也是同理的。祛身主义的错误在于把学习视为是大脑内部的，具身认知论则认为学习必须是具身的，并且身体从来到世上开始，就是镶嵌在环境中的。因此，为学习者创设和提供一个信息丰富的学习环境就显得非常重要。不仅如此，在信息丰富的环境中，更要激励学生主体性的活动。活动不仅在形式上使得身体获得了自由，也能够促进学生全身心地投入和解放，使得身体获得更多的体验。这正是"纸上得来终觉浅，绝知此事要躬行"！再以学习活动中的顿悟发生为例来分析。"顿悟"源于佛教术语，一般理解为，它是发生在"思想"里，因静心的修炼、参禅而忽然达到醍醐灌顶，豁然开朗。这样看来，"顿悟"更主要的是通过"灵感"来获得，与身体经验关系不紧密。似乎顿悟只能由具有天赋的人或大德高僧才能完成，顿悟的认知方式与凡夫俗子无关。这种对顿悟的解释，充满了神秘主义和唯心主义色彩。以具身认知的观点看，"顿悟"的发生正是因为身体主体把自己与环境视为一体，充分地理解和利用了身在环境的信息，进而得到了具身性认知的发展。身体主体与身在环境的互动不仅产生了世界的意义，也使得身体经验得到建构。环境所蕴含的信息越丰富，身体主体的投入程度及活动越充分，"顿悟"发生的可能性越大。在缺少身体经验、环境信息的情况下，即使是"圣人"也难以获得顿悟。中国历史上，"圣人"王阳明曾经试图面对竹子静坐悟道，认真"格物"。他废寝忘食七天七夜，但却没有抵达"天理"，反而落得一身大病。但后来王阳明"龙场悟道"却获得巨大的成功，这是因为与前述经历相比，他后来已经有丰富的人生经历，悟道成功实际上就是提炼、总结自己的人生经验，使之得到升华。王阳明认为"圣人之道，吾性自足，向之求理于事物者误也"。也就是说："道"

实际上蕴含和体现在天人合一的人身之上，并不在于自然物体之中，人的身体经验、亲身实践才是根本。因此，他甚至把自己当年"格竹"失败当作一个教训记录下来，并告知世人"天下之物本无可格者。其格物之功，只在身心上做。"正如梅洛－庞蒂所指出的"物体不可能与感知它的某个人分离，物体实际上不可能是自在的。"

以另一个心理学中著名的"黑猩猩顿悟"来看。苛勒为黑猩猩创设了信息丰富的实验环境（条件）——第一组是香蕉、箱子；第二组是香蕉，长短不同的竹竿。第一组实验中，黑猩猩仅凭自己的"身高"，拿不到悬挂的香蕉，但它最终站在箱子或两只箱子的叠加上，在无意识中，黑猩猩把自身与环境融在了一起，完成了任务。第二组实验中，黑猩猩不能用"手"直接取得香蕉，但竹竿却可以成为"身体的延伸"。黑猩猩成功将两只长短不同的竹竿连接起来。如果没有问题疑难设置，没有环境条件以及黑猩猩的身体（猫狗的身体就不能完成），黑猩猩纵然"冥思苦想"，也不可能产生"顿悟"。苛勒的实验也坚持一个观点，即理是整体性的。"黑猩猩顿悟"实验在一定程度上揭示出："工具"的发明与使用，实际上是基于人身体上的延伸。我们拥有身体，理解身体与身处时空、身在世界的关系、位置，是我们进行实践活动、生产活动的前提。"顿悟"不是在大脑里"思考"出来的，而是身体主体全身心地投入到身在环境，以及身体性的活动，在实践中发生的——顿悟不是大脑的顿悟，而是身体在复杂环境中发生的顿悟。

学习中顿悟的发生，一方面是主体获得了具身性认知的较大发展；另一方面有可能产生具有创新意义的知识。因此，顿悟无论是对于个体的生长、发展来说，还是对于群体存在、生活来说，都具有重要的意义和价值。但是，成天把学生关在教室和书本的世界里，无论如何，学生是不会对"生活世界"产生"顿悟"的。顿悟的发生，看似偶然，实际上是"必然中的偶然"。阿基米德是在跨进澡盆的瞬间得到了浮力原理的"顿悟"，牛顿是在树下被苹果"砸"出了万有引力的"顿悟"。顿悟并不神秘，既然作为动物的黑猩猩也能以"身体"和"身在世界"的对话产生顿悟，那么作为具有巨大发展潜力的人更有这种可能。课程教学促进顿悟的发生也并非不可实现，问题在于我们用什么样的时空观来衡量课程教学的效率；我们能够为学生的学习创设怎样的环境；以及在课程教学时空中我们能够为学生主体性活动的开展留下多大的空间。

# 5.3　体育具身课程目的

人是教育实践活动的出发点，也是教育的目的。学校为实现教育的目的，借课程为内容、手段和形式，以尽可能发展身体主体人的全部潜能。人的全面发展学说是马克思主义理论关于人类社会的又一重大贡献，这一学说也是指导我国课程理论与实践的最根本的理论基础。马克思和恩格斯终生奋斗，就是为了追求无产阶级和全人类的解放与自由。人以身在世，表现出两种向度：一是个体存在的身体；二是社会化的身体。追求人的全面自由发展，也表现在两个方面：一是作为个体人的全面、个性发展；二是作为社会人的全面、主体发展。以此为指导，我们的课程目标追求既要使学习者达到充分的个性化，又要让学习者实现丰富的社会化。在课程理论与实践中我们常用德、智、体、美、劳等术语来描述作为个体人的全面发展。值得注意的是不能对全面发展做还原的、机械的、分割的理解，认为全面发展可以表现为独立的德、智、体、美、劳等几个方面。人的生命具有不可分割性，教育的目标、课程的目标同样如此。一方面，这些要求是一个不可分割的、完整的统一整体。如果仅仅重视某个方面的要求，或以某个方面的发展替代了其他的要求，则背离了全面发展的本意；另一方面，因为这些要求是一种基于符号化的表达，虽然我们的思想、经验必须通过语言符号才能表达，但语言表达总是不完整的，尚存在"文不逮意""词不达意"的现象。如前所述，虽然身体主体被符号环绕，可以被符号表征，但作为整合的身体主体又不能完全被简约为符号。每个全面发展的、自由的身体主体在这个世界中，都是不可复制的、独一无二的。让每一个个体都有机会、实实在在地从生活世界中展开他的个性，应是素质教育应具有的本意。同时，如前所述，身体主体不是孤立的、无所依存的身体，而是从出生就始终投身于世的身体。因此，人的发展也只有置身于社会，才能实现其真正的身体主体性。以二元论为前提的课程理论与实践，总是不由自主地使人的发展陷入一种"重智抑身"的片面发展中。

"主体""个性""发展"等词语是西方文化的词汇，在中国文化里，虽然没有直接出现过"全面发展"论述，但中国古代的"修身"思想，从某种意义上说，也是关于人的发展的观点。在中国传统文化里，身心交融的身体，成就整全生命的美善；安身立命的身体，成就整全生命的价值；天人合一的身体，成就整全生命的境界。中国古代的身体观既主张个体的"修身"，同时又把"身体"放到社会、历史和宇宙中来阐释主体性。就个体身体而言，身心一如，不可分割，体内则五行相生；就人与万物的关系而言，人以身"体知""道"，达"天人合一"；就主体性而言，人集"意识""形躯""自然气化"之身体与"社会"于一体。因此，"修身"的最高目的在于成为"君子"，能够"为天地立心，为生民立命，为往圣继绝学，为万世开太平"。在君子的身体上体现了宇宙的精神，这就是"即身而道在"，在道德要求层次上整全发展观。"身体小宇宙，宇宙大身体"，不仅中国传统文化有这样的意识，即使是西方传统文化，如古希腊的神话故事，也有非常多类似的思想。从身心一如到天人合一，反映了人与天地万物、与自然环境的整体和谐关系。时至今日，实践也证明：唯科学至上，认为科学能够解决人类的一切问题，是一种偏见。"盲目的信仰只能变成迷信"。"科学至上""人定胜天"、"人类中心主义"的思想已经使得人与自然关系恶化，造成了生态危机，使得社会陷入不可持续发展之中。科学主义对课程的话语霸权，钳制了人的主体性，不仅导致了人的片面发展，也导致了社会的片面发展。

提倡学校教育以课程为背景，发展人的主体性，并不是培养人的，"主宰性"和"唯我论"

意识。强调具身化的课程观，就是要求课程能意识到人作为身体方式存在和活动的整体性，其目的不是为了获得知识而灌输知识，而是为了尽可能发现身体的全部潜能，使人的主体性在"生活世界"中得到充分体现，让人获得自由和解放，使人生活幸福。

## 一、教师主体的完全发展

在二元论范式的课程与教学观里，教师和课程是分离的。课程被理解为教学内容，教师则是课程的忠实执行者和传递者。在课程目标里，强调的是课程对学生的发展功能，往往忽略了课程对教师发展的价值。"教师即课程"的理念提出"教师本身就是课程的内在要素"。教师与课程之间并非相互独立的、人与事物的关系，教师总是必然地要基于身体经验、生活体验，对课程形成独特的理解，并将它们作为课程的一部分。因此，"可以说课程发展就是教师专业发展"。在教学生活中教师是发展的身体主体，而不是一成不变、故步自封的"教书匠"。教师与课程的互动发展关系表现为教师执行、创造和开发着课程；反过来，课程也会影响教师的发展。

马克思主义认为分工是因私有制所导致的必然，是生产力不发达的结果。分工是为社会的发展而在客观上以牺牲个人的全面发展为代价的。从市场角度对人进行分类，通过社会分工，强化作为"专业人"的工具性和利用价值。如果将教师发展的注意力过分集中在教师的专业发展上，对专业化的过度强调，潜意识还是一种"工具理性人"的视角。我们制定制度的目的在于方便和促进主体在时空中的活动，但制度化却控制了时空中的身体主体的活动，人反而被抽象化和工具化了。以教师为例，他们被当作"传递知识的中介"，是教育生产流水线上的一个环节，而不是教书育人的、身体主体的人。

教师的发展问题，应跳出"工具理性"只重"专业发展"的思维，回归到作为身体主体人的角度来看待，将职业化的专业发展，定位在教师作为人的完全发展之下。具身化课程观，把身体作为发展的界限，将人的完全发展作为课程的终极目标追求，强调人的身体主体性，实际上是把教师发展问题上升到了哲学的层面来加以审视。教师只是人，既不是"神"，更不是"物"，教师成为课程的主体，这种主体性始终基于身体的主体性，使得课程的主体始终指向活生生的、具有独特个性的人。教师身体主体具有生命、具有丰富的内涵。以儒家来看，身体主体蕴含了"意识身体、形躯身体、自然气化身体和社会身体"，超越了"工作、技术、消费"的身体体态。如果在教学生活中，教师的身体主体性能够得到充分发挥，则实现了教师生命的意义：既实现了自身的价值，又满足了社会的要求。这样是教师发展所追求的终极目标。

我们对教师发展的要求总是涉及对教师身体健康、职业道德、人格修养、心理素质、学业水平、专业素养等全方位的、整全性的要求，而并非仅局限于专业知识与技能的要求。为了研究方便，我们把人划分为诸多可以用符号描述的"指标"来衡量全面发展的，但实际上处于生活世界中的活生生的人、有血有肉的人，就是整全性的人，不能简约为单一的指标和符号，这也正是中国古人认为"道可道，非常道"的原因所在，我们可以用语言去描述和表达某事物，但我们用语言描述和表达某事物却又不是某事物本身。作为身体主体人的存在是自然属性与社会属性的合一，教师的完全发展，始终是寓于教学活动之中的发展，既是自然、独立的发展，也是社会、共同体的发展。对于前者而言，我们很难把教师的教学世界与他们的生活世界分开。同样，教师的专业活动也不可能从人整全性的生命、生活中剥离出来。教师从初出茅庐的初任教师发展为经验丰富的熟练教师，再发展到理想境界得心应手的专家教师，并非一个抽象的发展历程，而是基于真实的、个性的、具体的人的身体之上的发展。每个教师都是独特的、不可复制的整合的身体主体，都有自己独一无二的生活世界，这种个性的发展值得被尊重、被关怀。尊重和关怀是身体主体间的全身心投入。对教师的尊重和关怀，需要在教学生活中，"真正信任教师而不应过度控制和怀疑教师，承认教师的工作是富有创造性的和极具个性的……尊重教师的感情和首创精神"。对于后者来说，教师只有在教学世界中，在"主体—主体"共同的生命体验中，才能真正、完全实现其主体的价值。教师的教学生活，"对他们而言，不只是为看学生成长所做的付出，不只是别人交付任务的完成，它同时也是自己生命价值的体现和自我发展的组成"。这样，每一次课堂教学、每一个教研活动、每一次学习培训，对于教师发展来说，都值得珍视。它们不是外在布置的任务，而是由教学生活的组成，都将让教师获得不可重复的身体经历和身体体验。这些身体经验的获得，不是来自于书本和别人的经验，而是教师作为身体主体的人，投身于实践和活动之中及其应对真实、具体情境的亲身体知。这也刚好印证了古言"纸上得来终觉浅，绝知此事要躬行"。教师完全发展，不是游离在课程之外的，而是在教育实践中、在教学生活中实现；通过教师与学生、教师与教师等身体主体间的交往实践中实现。这样，也只有在课程中，教师的完全发展才显得有意义。将教师主体的发展，由专业发展关注转向为完全发展关注，也才能让教师获得更大的幸福。

## 二、学生主体的完全发展

教育最根本的目的是培养人。康德曾经说过"人即目的，不是工具"，华德福教育也以追求全人教育为目的。但这些理论的不足在于，它们始终逃不脱二元论的桎梏，甚至是唯心主义倾向——认为灵性才是人之根本和永恒，身体为灵性和理性服务。马克思主义认为人是自然属性、社会属性的辩证统一，并把人的发展建立在社会生产发展的基础上。以马克思主义为指导，教育的终极目的是要实现人的自由而全面发展，课程是教育目标的学校实现。

当下，学校教育被社会分工论和教育适应论的导向左右，陷入一种无法摆脱的困境——割裂整全人类的发展，过分重视"智育"，课程就是为了传递知识而存在。重目标、重控制、重效率，整个课程的"目标、内容、实施、评价"无一不遵循一种技术化管理的组织和要求。"通过知识的学习，发展学生的认知"这样的说法听上去非常符合规律。实际上这反映了一种身心二元论——总是认为有独立于身体的纯粹意识（认知）存在，智育就是发展认知、针对认知的教育。实际上，所谓的"认知结构"或"智力"都表现为身体主体处理具体情境、处理具体问题的整体性能力，是在人全身性投入实践活动的过程中表现出来的。因此，可以说，认知结构或智力都是基于身体主体的认知（具身认知）。但认知主义和建构主义总是犯同样的错误——强调在人的头脑内部中存在着"认知"或"认知结构"。在这种意识下，教学被视为特殊的认识活动，这种活动要么类似于计算机的信息加工过程，要么是"认知结构"在变化，但它们都是大脑的内部活动，身体则不是学习活动的中心。学生的学习主要以符号和信息的获得为主，身体的经验、体验，身体的表达，具身的认知得不到重视。教师常用类似的话语"开动你们的脑筋想一想"，但却很少给予机会让学生用身体去感受、体验和想象。因此，大多数情况下，作为身体主体的学生被限制在课桌椅的中间，他们的身体活动，譬如起身回答问题，需要得到教师的允许，如果学生有未经批准的身体活动，则被认为有可能使得课堂失控，影响教学的秩序。被驯化和损伤的不仅仅是他们"意识的身体"（如学生的主动性、积极性），还包括"形躯的身体"（如身体素质下降、学生近视比率日益增长、长期久坐导致的腰椎疾病等）和"社会身体"等。课程改革的理想的情况是，课程应该回归到对学生作为身体主体性的尊重上，使得课程基于身体、回到身体，现实的情况却是学生长期囿于一种"袪主体"的环境中，他们已经逐渐被驯化和变得习惯。

在教学的时空中，教育者有意或无意地加强了对学生身体主体性的规训和控制。不仅通过日常的课堂教学、作业和考试，规训和控制学生的思想，更通过课堂纪律的要求和日常行为规范，来限制学生的个性发展。重视"理性"而非身体主体性的课程，强调"标准化"（课程标准、标准答案、行为标准等，"标准"成为课程领域的重要话语）、"削足适履"，最终使得人只能成为发达工业社会里"单向度的人"。学生并不真心喜爱学校和学习，只是为了"明天的工作"和"激烈的社会竞争"而接受规训。标准化、规范化、量化管理为目标的刻板教育，通过把社会变成机器从而把人变成可以随便替代的任一零件。

不可否认的是现阶段在社会生活中人必须要工作和劳动，但这只是人作为身体主体在"社会身体"中的一个表现。就此方面而言，人之主体性的发挥，还应表现为人在工作和劳动中负责任地和愉快地胜任，而不仅仅是在消极、痛苦地应付。学校教育之目的、课程预设之目的都是为了要培养"德智体全面发展"的人，而不是社会竞争的机器。"全面发展"并不是说学校课程最终把学生都培成为统一格式化的、一种模式的人。"德智体全面发展"是对人发展的高度普遍、抽象概括，但具体到每一个身体主体，"全面发展"是具体的、现实的。由于遗传素质、生活世界、身体经验等情况的千差万别，世界上没有完全相同的两个人。即使是同卵双生子，他们每个人的身体也是唯一的、独立的。在已经产业化、规模化的流水线的学校工厂中，我们再怎么强调"要清楚认识教育主体的异质性"都显得并不为过，教育并不是要培养没有个性、整齐划一的学生。夏山学校的理念认为"人的个性可以像狗的性格一样被塑造，这是人类的悲剧"。

人的完全发展，最根本上说，是基于"我的身体"上的发展。以多元智能理论为例，九种智能中的任意一种智力，并不是存在于大脑中的"理性"，它们不只是身体的功能，也是身体的构成，是身体主体的能力和表现。这些智能如同细胞和神经系统一样，遍布于人的身体，须臾不可分离，这就是身体存在的整全性表现。对于每个个体来说，他以整全身体的方式，独特的组合，形成了自己的智能与个性。加德纳就主张建立"以个人为中心的学校"，寻求与学生匹配的课程与教学。

培养全人的博雅教育是西方一种重要的教育理念。自古希腊开始，体育历来是西方传统教育中重要的内容。体育是最直接的针对身体的教育，但体育却又不是针对"物理身体"的教育。"体育的本质是人格教育"。博雅教育的代表——伊顿公学，通过体育消除了精神与身体的二元对立，实现了身心教育的整全合一。再以案例 5-1 为例，来看西方课程如何制定全人发展的课程的目标。

## 案例 5-1

## 对体育课程的建议

运动教育：目标是培养对创造性、表达性运动的理解。可以要求五岁的孩子，以他喜欢的任何方式，沿着一条标记过的线前行。可以发现有些孩子小心地保持着平衡，有些孩子在跑步，有的孩子在爬行，但是所有的孩子都体验着他自己的方式。

关注自我：通过使学生明白身体内外的能量，来发展他们在危机时刻保持镇静的状态、保持警觉的状态。

放松技能：学生通过有节奏地呼吸，来学习如何控制习惯性的紧张。

可以看到，上述体育课程的目标，不是要"训练"某种身体素质，"规范"某种身体行为，而是强调身体在整全人教育中的桥梁作用，整合的"身体"本身就是教育的目的。关于课程实施的建议，没有强制要求学生活动必须按照统一的动作规范进行，而是注重学生个体的身体体验和身体经验的获得。反观"将体育分数纳入中考总成绩"的做法，虽然可以在一定程度上推动学校、家长、学生对身体锻炼的重视，但其根本出发点，可能并非为了学生全面、自由、个性地发展。正如多元智能理论所揭示，每个个体基于身体智能的优势并非完全一致，甚至就"身体—运动智能"来说，人与人也是不一样的（如在同样的跑步类运动中，有人擅长长跑，有人善于短跑，斯蒂芬－基普洛奇与博尔特的差异就是最好的案例）。但达标考试却要求使用一个统一的标准去衡量，把体育绑架上了应试教育的"战车"，只是为了考试、甄别和选拔。这违背了体育课程的最初目的——为了发展学生的身体，为了让学生享受身体运动的快乐。

"身体是我们拥有世界的一般方式"，但身体并不会时时刻刻让我们意识到它的存在，除非有一些病痛或疲劳外。例如我们日常行走，不需要时刻注意身体的运动；我们观察事物，不需要时刻提醒自己用眼睛看等。身体存在的无意识性（包含认知的无意识性），使得我们以身体的方式在生活世界中自由地活动。这种身体的"忘我"，或许正是柏拉图、笛卡儿等先哲们选择重视心智、理性而忽视身体的原因。身体的"忘我"也使得我们在教育中经常忘记了"身体"是教学生活最原初的出发点和落脚点。我们反复强调"身体是主体"，这是具身化课程观的逻辑前提。课程应始终把人视为一个整体的人，始终把关注人的完全发展作为根本的目标。我们期待在教育中，通过身体主体性的关注，回归对人性的尊重，从而能有机会让人发挥出更多的主体性，能有机会让人展示出更多的个性，使人生活得更自由、更幸福。

# 5.4 体育具身课程统整

## 一、课程知识的具身性讨论

教育是以培养人为目的，其中学校教育主要通过知识传递实现对人的培养，这是不言而喻的事实。夸美纽斯认为人"有能力获得万物的知识"。应该把"把一切事物交给一切人"。赫尔巴特根据观念心理学把人的兴趣进行分类，针对不同的兴趣提供不同的学科或科目，实际上是注重"学科知识"的传授。在科学主义将人类社会推进到工业文明的时代，斯宾塞提出了"什么知识最有价值"的思考，他认为科学知识最有价值。杜威反对给儿童提供与"社会生活无关的专门科目"，教育本身就是生活，因此学校的课程应该是"儿童本身的社会活动"，应该建立在儿童的经验之上。赫钦斯认为存在"永恒的学科"，不会因时代的变化而改变，应该把"古典的学习内容"作为课程的内容。布鲁纳的观点是"学习学科的基本结构"。当代，美国批判课程流派代表人物阿普尔提出"谁的知识最有价值"对课程理论中"教什么知识"的问题做了进一步的探索。通过简单的梳理，可以看出，"教什么知识"一直是教育理论，特别是课程与教学论研究中的最重要问题之一。"教什么知识"从哲学上是一个知识的价值论问题，而"是什么知识""知识从何而来"则是知识的本体论问题，后者决定着前者的基本性质和取向。知识的本体论问题也就是知识的本源问题。

### （一）两种经典的知识观

关于知识的本源问题在西方哲学中存在两种既相互对立又相互联系的哲学流派：理性

主义和经验主义。前者以笛卡儿、斯宾诺莎、莱布尼茨等哲学家的哲学思想为代表，后者以培根、霍布斯、洛克、贝克莱、休谟等哲学家的哲学思想为代表。

1. 两种经典的知识观争论的问题

围绕人的理智（认知）、知识及其获得的本源问题，两种经典的知识观的争论主要涉及以下几个方面（在此处我们选择最具代表性的笛卡儿和洛克的思想做简要的对比论证）。

知识的根源——人的心灵是先验天赋的，还是经验感觉的。以笛卡儿的思想为代表，理性主义虽然把人提升为宇宙间仅次于上帝的最崇高的存在，但这种存在仅是针对人的心灵（灵魂）而言的。他认为是"神创造了一个理性灵魂"。在人的心灵中存在着"天赋的原则"或"天赋的观念"，它们是先天的和永恒的，"我们心里的一切都是从神那里来的"。正是上帝对人心灵的天赋，使得人可以用理性的方式认识世界。虽然类似的思想并非笛卡儿首创，但在他这里却集大成。

洛克作为基督教徒，他坚信上帝的存在，但他对人的心灵的认识却与笛卡儿不一样。洛克认为"人心如白纸似的，没有一切标记，没有观念""在人心中没有天赋的原则"，是经验给人的心灵提供了思想内容。这就是经典的"心灵白板说"。

知识获得——是内部产生（先验天赋），还是外部输入（经验感觉）。关于知识的获得，笛卡儿认为"一切都是我们的灵魂里本来就认识的"。虽然理性主义者们的哲学思想各有特点和也存在差异，但他们都秉持"知识先验论"的观点，认为上帝赋予人心灵以原则和观念，这种天赋的、先验的原则和观念是人进一步主动认识世界的根本。因此，知识根本上是由内部产生的。以笛卡儿的观点看，内部的"我思"就是最可靠的认识世界的方式。

洛克的观点与此形成鲜明的对照，他认为"人心所处理的最初的那些观念是由外物印入的"。"我们的一切知识都是建立在经验上的，而且最后是导源于经验的"。在洛克看来，心灵天赋论将会助长人的惰性与无知。经验主义者认为，人的心灵中没有预设的知识范围，人只能通过感觉和反思获得观念，而这一切都是通过经验从外部获得的。

获得知识的方法——是演绎，还是归纳？关于知识获得的方法，笛卡儿以"普遍同意"和直观公理为例说明。"不从别处寻找，只发掘我们身体深处的真理萌芽，从中演绎出这些原因"。世界上存在着"普遍同意"的观念和直观公理，它们与生俱来，发自内心。它们首先被自上而下地分解，而后通过严谨、明确的推理获得，也就是通过演绎获得知识和真理。演绎的方法是可靠、唯一、值得信赖的方法。

洛克反对由内而外、自上而下的演绎法。他认为世间万物都是特殊的，并没有先验的普遍性。所谓"普遍同意"和公理是从各个具体的特殊的关于事物的观念中概括和抽象出来的。要想获得真理性知识，首先必须通过感官获得感觉观念，把它们记忆下来，并为它们命名，其次进一步对这些观念进行抽象的归纳，逐渐学会使用概括性名词。这个过程所反映的是一种归纳。知识可以分为"知觉知识""归纳知识"和"感觉知识"。经验的"感觉知识"是包括前两种知识在内的一切知识的基础。在这个基础上，"知觉知识""归纳知识"才能具有确定性,如果没有直觉知识和经验,就不可能获得知识和确定性。知识的获得,不是人心内部的观念切合,而是借助其他的观念作为媒介通过推理、归纳获得。

2. 两种经典知识观的相似之处及其批判

二元论为前提。笛卡儿思想中最具特色的就是二元论,他认为"灵魂具有一种完全不依赖身体的本性,因而绝不会与身体同死"。相比苏格拉底和柏拉图的二元论思想,笛卡儿则从本体论的层次对身心的二元进行了更深入和系统的阐述,这样使得笛卡儿成为二元论的代表人物。

洛克的经验主义学说里,"实体学说"是很重要的组成,他也承认存在着"物质的实体"和"精神的实体",这与笛卡儿心物二元论是一致的。虽然洛克没有明确地承认人与世界是主客二元的,但在他的理论中确实存在着人与世界是主客二元的关系的思想。"我们能观察所直觉到的外面的可感物,能观察所知觉、所反省到的内面的心理活动"。

笛卡儿和洛克都在"人心的层次"来讨论知识的本源问题,实际上也正如洛克的观点,有"心理实体"的存在,坚持了一个身心二元的前提假设。虽然经验主义者认为"经验改变人心",但却没有坚持一种整体的身体观,反而把身体经验降格为感官经验,由此而产生的"感觉知识"却又不是确定的。实际上还是一种重心智轻身体的意识,因为感官经验总是、也只能为心灵服务,它并不能在本体论上表示身体本真及其存在。经验主义者试图利用"经验"来整合身心的二元,但由于承认有"心理实体",使得他们还是难以逃脱身心二元的窠臼。他们不仅预设了心灵的实体,也预设了一个独立自在的客观世界,而忽略了身体存在的人,才是知觉的真正主体。

客观主义倾向。笛卡儿认为"有一个神是世界上一切的创造者……是全部真理的来源"。存在普遍的、确定的、必然的、真理的知识,这种知识是先验存在的,是天赋于人的。如黑非白等"普遍同意"的知识和直观的公理是实在的。"神把它们的概念深深地印在我们的灵魂里……世界上的万事万物无不遵守这些规律"。在理性主义者看来,人也只能遵循真理的知识。

洛克也承认真理的客观性。他认为世界上并非没有真理的存在,通过"经验"能让人认识到对事实真相接近的程度,人生最重要的任务就是要热爱真理。经验主义的另一代表人物,贝克莱也认为世界万物独立于我们的心灵之外。

这样,在理性主义和经验主义的观点里,知识与人的关系很微妙,知识在某种程度上,是脱离于人而存在的,甚至连获得知识的方法,无论是演绎法,还是归纳法,都被视为是客观的,以可以与身体经验分离的方法。只不过理性主义者所坚持的是一种激进的、强的客观主义;经验主义者持有的是一种温和的、弱的观点。知识的客观主义在一定程度上是阻碍了个人知识(具身性知识)和本土知识的发展,实际上也是阻碍了知识本身的发展。

还原论倾向。还原论的共同特征是用简单、线性、原子化的思维来看待和分析世界的万事万物及其相互关系。笛卡儿、莱布尼茨等理性主义者共同的观点就是把世界的本质还原为上帝。笛卡儿认为人的身体是"一台神造的机器"。与此同时世界也是神造的，如同时钟一样运作的机器，富有规律性，可以通过其构成组件来了解整个世界。他虽然声称自己反对原子的概念，但又用"以太"的概念来描述宇宙运行。实际上这些思想具有典型的还原论色彩。莱布尼茨则认为世间万物有灵，"灵"是由精神的实体"单子"构成。

经验主义者也未能摆脱西方哲学还原论的影子。洛克把认知过程还原为感觉和反省两个过程，他认为一切经验都可以被还原为简单的感觉观念和简单的反省观念。洛克就认为"我所采取的是微粒假设，这种假设最能清晰地说明物体的性质"。

以还原论为前提，理性主义和经验主义的知识观也充满了还原主义的色彩。还原论与整全观是两种相悖的世界观，前者认为世界是简单、原子、线性，甚至是预设的，而后者则认为世界是复杂、整体和非线性和非预设的。还原论在整个西方哲学中是主流，特别是自笛卡儿以来，西方科学主义以还原论为指导，科学研究遵循着原子性原则。但时至今日，越来越多的研究者参与到了对"机器隐喻人身"的反思与批判中，特别是与人、人的身体密切相关的学科研究，如心理学研究中的"具身认知"思潮、医学研究的"心身医学"兴起，便是其中的代表。

**（二）知识的具身性与表达**

1. 知识的身体根源

知识与人的认知系统、认知能力密切相关。对颜色的认知，属于认知的基本层面。我们将以颜色的知识（概念、观念）产生为例，讨论人如何获得基本层面的概念与知识。

夸美纽斯认为身体特别是感官，在知识获得和学习中具有重要意义，并且处于首要的地位。他提出"一切知识都是从感官的感知开始的"。夸美纽斯认为把教学建立在身体感知（身体经验）的基础上是最可信、最可靠的，并针对身体感官的特性提出"直观性"教学原则。经过几百年的实践证明，这条原则是教学原则中最经典的、首要的原则。经验主义者贝克莱主张"存在就是被感知"。他认为身体的感知对知识（概念、观念）产生和获得具有第一性作用。洛克的哲学首先是考察和确定人的感知能力，而后根据感知能力确定知识的性质与范围。贝克莱与洛克不同，他首先就确立了人的感知能力的至上性，由于感官的天赋，人不但具有获得知识的意愿，同时也具备获得知识的能力和方法。感知必然是发生在人的身体之上，对于颜色的知识来说，它们是因人感知而产生的一些观念。人通过感官获得的观念、知识、证据是不能怀疑的，如果不通过人身体的感官，则难以获得知识。甚至他激进地认为万事万物如果离开了能感知它们的心灵，便不能有任何的存在，颜色的知识也包含在内。贝克莱以盲人为例，说明由于缺乏对颜色的感知器官，所以盲人不能理解颜色的概念（知识）。"任何事物只要不被感知，就是不存在的"。对于盲人来说，就没有"红""蓝"等颜色知识的区别与存在。"任何颜色、广延或其他一切可感知的性质，都不能在心外一个不思想的实体中存在"。贝克莱认为知识、观念是由感知而产生的范畴。

如蓝色、白色这些颜色的词，只是一些人心的范畴，并没有实际的色彩。颜色的观念，如蓝色、白色只能表示与同一范畴的观念相似或相区别，不能与别的任何东西相似，如颜色观念与形状观念就不可能相似。贝克莱又借斐罗诺斯的谈话阐释颜色观念（知识）由感官观念而生的观点：傍晚的云彩看上去色彩丰富，但如果有可能，靠近它们，肯定没有这些颜色……在黄疸患者的眼中，世界是"黄"的，但这仅仅属于他个人的"黄"。贝克莱的观点即"色由心生""心外无物"。

贝克莱对有关颜色感知与存在的阐释，有一定的合理性。他看到了颜色观念（知识）的产生与人及人的感官紧密相关，没有人的感知就没有颜色观念（知识），肯定了在知识产生中，人及人的感知能力起着决定性作用。但同时他否认物质的第一性，主张心灵与观念的第一性，却是彻底的唯心主义——割裂了"身体"和"身在"环境，把一切归为意识。

梅洛－庞蒂是唯物主义者，他认为虽然世界万物的意义是通过人以身体的方式对话生成，世界的意义不能与身体主体相分离，也就是说意义由主体—世界共同呈现，世界的意义既不是主观的，也不是客观的；世界及万物是客观的，它是为我们的自在物，但如果没有人，这个充斥着电磁波和空气压力的世界将"万籁俱寂"。梅洛－庞蒂坚持了身体的主体性，即身体不是笛卡儿和梅特里的"机器"，身体本身就是对人整体性存在的表达。"我们客观身体的一部分与一个物体的每一次接触，实际上即是与实在的或可能的整个现象身体的接触"。与身体主体相对的是被知觉的世界。"在我能对世界作任何分析之前，世界已经存在"。在我们获得对被感知世界的相关观念（知识）以前，我们已经以身体的方式在世了。感觉、观念、知识等都是身体与其存在环境之间的对话。以颜色为例，心理学把"恒常性"当作是客观的和约定的，而梅洛－庞蒂认为颜色的恒常性是通过身体主体与世界的对话共同生成。"为什么在黄色光照条件下蓝色的纸，依然会被我们认为是蓝色？"如果我们用光度计测量……这张蓝色的纸给予眼睛的混合光和在日光下的一张棕色纸相同"梅洛－庞蒂认为身体具有的恒常性，具有把身体置于一个前客观世界的原始能力。比如黄色的灯为人提供了新的光照环境，人以身体的方式不需要思考就能做出反应。经过短暂的适应，知觉系统就能自动调整适应黄色的光照环境，各种颜色观念（认知）在身体经验中会做出重新定义。这样黄色光照下的蓝纸，尽管与日光条件下的蓝色已经有了非常大的变化，但主体依然会认为是蓝色的。颜色的恒常，源于身体主体对世界把握的恒常性，是身体意向性的表现之一。恒常是"一种身体的整体行为的不变者"。如果我们以另一反例来说明，则更能证明颜色观念（知识）的具身性。如记录影像的机器设备（照相机和摄像机），对光照条件的反应敏感，但这些机器设备都没有类似人类身体的恒常性，不能根据环境光照的变化做自动的调整。如果我们需要在不同的光照条件下使用照相机，总是要调整和寻找"白平衡"——即需要人来"告诉"照相机，在某种光照的环境中"白色是什么"。以此为参照，照相机才能"真实地"记录世界的颜色。这样，不仅工具的发明是身体的延伸，世界意义（知识）的产生也是人身体的延伸。

具身哲学的研究者雷柯夫主张颜色概念（知识）是自身的。颜色概念既不是纯粹主观的，红、绿、蓝也不是人大脑的主观臆造；颜色概念也不是独立客观的，红、绿、蓝不能独立于身体及身体的感知系统。颜色观念（知识）的产生是光波波长、光照环境、人的视锥细胞和脑相互作用的结果。自然界存在着不在视锥细胞感知范围内的波长，我们就无法定义这些光波的颜色，所谓颜色的定义，只存在于可见光，但光波本身是没有颜色的。人的三类视锥细胞，可以分别吸收长、中、短的光波，这样我们就把这三种光波定义为颜色的三基色：红、绿、蓝。当光照环境合适，某个波段的光波被视锥细胞吸收，再经过大脑的转化，我们就"看见了"特定的颜色。

颜色的概念（知识）是身体与世界共同塑造的。颜色的意义（知识）还深受知觉主体身在环境和文化的影响。以我国纳西族为例，就存在着蓝、绿混用的现象。蓝、绿概念混淆的情况也常见于一些相对较落后、与其他民族交往少的白族地区。当把蓝、绿两种实物放在上述地区的面前，他们能知道两个事物是不一样，有差别的，但需要用汉语语言表述时却蓝、绿混用，或者用"青色"来定义。纳西族、白族的母语文化影响了相关人群的颜色知识的获得与表达。这些例子也能实证具身认知的观点：认知及其结果（知识）是由"身体"和"身在环境"通过对话共同塑造的。

空间关系概念是我们理解世界最基础的概念，也是我们知识系统的重要组成，又以空间关系概念（知识）的产生为例说明知识的身体根源。雷柯夫认为空间关系概念（方位知识）是具身的。如我们在使用"在……左边""在……右边"和"在……上""在……下"等概念时，最原初的方位是以身体为参照和原点的。

托尔曼曾经提出了"认知地图"的理论。实际上"认知地图"是人对世界的自身性隐喻与理解，"头脑"中的"认知地图"，必须以身体为基础的参照，如果没有身体，则没有"认知地图"。这些知识一旦生成，就成为我们认知、理解、解释世界的基本出发点。并且当我们身处新的情境中或当有人不理解这些空间概念时，"身体"又会"直接出场"，以确定空间关系概念和知识。如中国航天员在神舟十号进行太空授课时就指出，在外太空由于失重是没有"上下"感觉之分的，宇航员是以"头"和"脚"的指向来定义"上"和"下"的。在飞船中，人为地把"脚"指向地球的方向定义为"下"，反之为"上"。人以身体的投射塑造了空间关系概念，如远近、高低、里外、前后等。正如梅洛－庞蒂所言："如果要表征空间，我们必须首先通过我们的身体进入空间。"说明知识的身体根源，并不是要说明知识完全源于生理的身体，而是对知识的产生采用了一种既非主观也非客观的中间路向。人以身体的方式寓居于世界，成为身体主体，"身体是我们拥有世界的一般方式"。世界的意义（知识）既不是主观的，也不是客观的，是由主客－世界共同呈现的。"海浪，对于一个注视着、观察着它涌来的人来说，才是一个'海浪'；在大海里中，它不过是一些在垂直方向上不断翻腾的水。"主体与世界的关系不是主体和客体的关系，而是同生共存、互构互属的关系。如果没有世界存在，则没有身体主体的存在；没有身体主体与世界共同呈现意义，世界则没有意义，身体主体与世界共生共存。我们要感知事物，首先必须体验事物。正如"薛定谔的猫"，没有实例存在，无法用实验证明，也无法用身体感知，这样这个假设就成为无法解开的谜题和"存在即合乎理性"的"纯粹理性"假设。

人以身体寓居于世，不仅要知觉某一特定的环境，也要知觉无限可能的环境，世界的本质是开放的，身体主体与世界对话也是开放的和未完成的。这样世界的意义由此而产生的知识也是可变的、无限的和发展的。在这个意义上，知识不是某种定论和结果，更不是普遍同意的真理。所以在课程与教学中，传授科学知识，实质上传递的应该是一种发现科学知识的方法和态度，而并非仅仅是知识本身。把知识当作真理灌输给学生，把知识视为仅仅是书本上的定义、定理、结论，并灌输给学生，这些做法是偏颇的。

2. 知识的身体表达

知识是通过学习、实践或探索所获得的认识、判断或技能。按波兰尼的观点，能够被语言、符号所表达出来的知识属于"显性知识"，但这些知识是人类知识的冰山一角。与之相对，有一些知识属于"默会成分"，即这些知识是难以言表的和符号化的，称为"缄默知识"。波兰尼对知识的划分，实际上涉及的是知识的表达问题。对于人来说，他是一个具有表达能力的身体主体。身体主体的表达，使得人不再是世界中沉默的万物中的一员；身体主体的表达，使得人所生活的世界产生了内容和意义。知识的产生，在一定程度上，就是身体主体表达的结果。所以，所有的知识，无论是"显性的"还是"缄默的"，都可以用合适的、身体的方式进行表达。显性知识的自身表达。

如前所述，世界意义的产生（包括知识的产生在内），本源是身体主体与世界的互动对话。口头语言的表达是我们传递世界意义的一种途径，但由于口语总会受到时间、空间的限制。为更好地记录、传承类经验和类知识，我们又发明了文字、图形等符号作为载体。能够被语言、符号所表达出来的知识则成为"显性知识"。正如夸美纽斯所言，"一切知识都是从感官的感知开始的"。反过来，知识的表达，最原初的，必然也是身体的表达和身体感官直接所能理解的表达。所以，世界上最早的文字都是象形文字，强调的就是要直观、形象、真实，基本上能够"望文生义"。

文字及其代表的知识，是基于身体的显性表达。哲学也不能例外，我们今天能读到的哲学思想都是通过文字的记载，显性表达和传承下来。尽管"人类一思考，上帝就发笑"，但哲学的思辨，其产生和表达确实是基于人身的，并非上帝的赋予。以朴素的宇宙观为例来看，无论是中国还是西方，身体都在其中占据了及其重要的内容，不仅内容和渊源是涉及身体的，其表达方式也是基于身体的。

中国古代朴素的宇宙观是以"身体"为隐喻来认识世界的万事万物及其相互关系的，这种朴素的宇宙观深深促进了中国文化的发展。儒家天人合一的思想也是从"身体"出发，以身体隐喻宇宙，赋予天地以人格化的意志。"天亦有喜怒之气，哀乐之心，与人相符"。（董仲舒《春秋繁露·阴阳义》）这就是一种天人合一的世界观。无独有偶，四大古文明之一的古埃及，也有类似朴素的宇宙观。古埃及人不仅以"身体"隐喻宇宙、太阳、地球、月亮、星辰等自然万物的存在形态；他们更是从"身体"出发，解释昼夜更替、生死轮回等自然现象和万物运动、变化的规律。"身体"是古人感知世界、认识万物的出发点和落脚点。

以达·芬奇创作的素描《维特鲁威人》为例，通过圆形与正方形中人体的简单描绘，他向世人展示了符合"黄金分割"的完美人体比例。这不是单纯的身体美学，而且也在暗示身体与宇宙之间存在着某种神秘关系。身体会通宇宙，在人的身体中驻扎了宇宙的精神。几何学、解剖学、建筑学、艺术创作等都可以从维特鲁威人的身上获得启发。达·芬奇非常善于利用身体进行创作和表达，在《蒙娜丽莎》《最后的晚餐》等旷世经典作品中，他都巧妙地利用"身体"，表达出了弘扬人性的人文主义思想，向压抑身体的禁欲主义发出了宣战。通过上述的例证可以看到，一切传承至今的显性知识，包括天文学、物理学、数学等知识，都并非是先验、客观的真理存在，它们都是人以身体的方式在世界的活动中不断产生、生成和发展的。知识，实际上既非客观的，也非主观的。霍金在《大设计》中也提出了类似的观点——"依赖模型的实在论"。他认为"现实的世界实际上是身体感知到的世界"，并且人在认识世界的时候，总是喜欢建立一种"模型"。这种"模型"总是来自于已有的身体经验（如皮亚杰的认知图式、梅洛-庞蒂的身体图式与身体意向等）。这和雷柯夫主张的"隐喻"思维方式理论有一定的类似。隐喻，最直接的含义就是用"A事物"解释、理解、映射"B事物"。尽管在知识发展的过程中，越来越多的知识变得抽象，但并不是说这些知识是可以"离身"的，因为抽象思维，其内容和形式都是具身性的。雷柯夫认为概念（大部分的抽象概念）形成与建构是隐喻性的。由于接连不断的隐喻，知识变得越来越符号化和抽象化。隐喻始终受身体和环境的影响，不能脱离人的身体经验。人脑与机器智能相比，接连不断隐喻的能力，正是机器智能所不具备的。

缄默知识的具身表达。由于显性知识可以被符号化、语言化，这使得它们容易被分享，具有成为社会共有的知识的基础。缄默的知识大多指的是一些通过亲身实践而获得的身体智慧、技能、技巧等。我国的传统思想中虽从未直接出现过"缄默知识"一词，但一些经典故事实际上讲的是同样的道理，比如"庖丁解牛""王羲之和墨池"等。若想获得出神入化的功夫和超凡入圣的智慧，必须以身体之。缄默的知识难以用语言、符号的方式来加以表达，反而对个体身体的依存性比较强。比如舞蹈完全就是身体的艺术，我们难以用书面的语言和符号去完全描述和记录。例如当我们在欣赏迈克尔·杰克逊的表演时，只能以身体的方式获得"在场感"和"沉浸感"。"我并不是以理性的推理来理解另一个人的心灵活动，我是直接地理解了它"。这种理解的基础是因为我们彼此都是身体的，存在、表达和理解都是身体的、整体的。梅洛-庞蒂的理论也有同样的观点。又如一件"匠心独具"陶瓷艺术品，我们可以用摄像机记录下它的整个制作流程，但却难以通过机器再创造出同样的珍品。从这个意义上讲，唯有具有身体的人才能创作和表达艺术。

正因为缄默知识对身体特别是对具体个人的依存性非常强，所以如果个体的生命结束，基于身体的缄默知识可能就此失传。比如我们再也难复制出一个喜剧表演大师卓别林。罗素认为知识具有个人存在性的特性。个体只能生活在特定的时间和空间里，这样人类的理解总是具有时间性和空间性。所以个体因亲身经历所占有的、具备的知识，是那些与之身体经验不同人难以彻底理解和共享的。甚至是同一人，面对同一种事物，可能因为生活世界或时空的转变，也会产生不同的世界意义（知识）。比如面对花开，有时会"感时花溅泪，恨别鸟惊心"，有时又会"春风得意马蹄疾，鸟语花香正当时"。

波兰尼说过，"任何一种知识、任何一种思想都是具身化的，它们只能以身体为生……"因此，知识在建构的时候，总是以问题情境中的人为中心去构造的。但在人类构造的知识体系中，能够被语言和符号所表达的知识是比较有限的，而在显性的知识中，能够通过层层的筛选进入课程内容，成为教材知识的更是凤毛麟角。我们现在课程与教学中的做法是，几乎从不说明知识产生的具体情境、适用情境和身体根源，而只要学生去学习背诵一些定理、公式或方程。如果把学生的身体长时间地限制在狭小的时空中，限制他们的身体活动，忽视他们的身体状况；课程与教学仅仅把传授书本的知识视为唯一要务，认为他们读好书就掌握了真理，就能改变命运，这种做法是偏颇的。

### （三）体知知识观与建构主义知识观的比较

1. 两种知识观的相似点。

两种知识观都主张知识具有境域性，也可以理解为知识的情境性。

建构主义认为"人的心理是在社会情境中的发展"。知识是心理活动的产物，所以，我们所知觉到的意义（知识）不可能脱离特定的情境。比如托勒密的"地心说"曾经是一种被人广为信奉的知识体系。在基督教思想占统治地位的特定社会里，"地心说"被视为天文学的标准，并且在航海上体现了它的实用价值——如果没有地心说，或许就没有哥伦布的大航海。但是把"地心说"放到 21 世纪的社会情境中，它充满了谬误，只能被更"更科学"的知识革新了。具身认知认为"生活世界"就是我们特定的境域（时空），我们只能以身体的方式生活在"此时"和"此地"，我们所有的意义逻辑活动（包括知识在内）都建立在身体经验上。人的认识活动往往会受到情感因素、时间因素、空间因素等的影响，由此而产生的知识也具有情境适用性和适应性，正如"南橘北枳"的隐喻。

两种知识观都主张知识具有文化性。受笛卡儿主义影响，传统的知识观认为知识是文化中立、"普遍同意"的。建构主义和具身认知都主张知识是价值关涉和文化关涉的。比如关于"牛"的知识，印度教把牛视为"圣兽"。甘地说过"牛是印度千百万人的母亲"。所以，神牛在信仰印度教的地区不能打、不能杀，更不能食用，只可以让它们参与耕作。在印度被殖民的历史上，曾发生因英国军官诱骗印度教士兵食用牛肉而引发兵变的事件。印度教徒对牛的认识与感情，那是亚洲其他国家的人以及西方文化下的人永远也无法体会到的——除非他们从小被印度教的文化熏陶。

又以中西方关于"龙"的知识为例来看。龙在现实中并没有真实存在过，但中国和西方都根据自己的地域文化、宗教思想、生活经验等建构了各自不同的关于"龙"的知识。在中国的传统文化里，龙是一种吉祥和神圣的"兽"，甚至是皇权的专属象征。比如一些成语，人中之龙、龙凤呈祥等所表示的是偏向褒扬和吉利的理解。龙甚至是中华民族共同的图腾——中国人把自己称为"龙的传人"。在基督教传统的文化里，关于龙则是另一番解释。Dragon 的词源为古希腊语 drakon，意为"大海中的怪兽"。Dragon 是 Satan 的化身，即代表邪恶势力魔鬼的化身。西方典故中以征服和战胜龙来颂扬勇士所具备了智慧、勇敢、正义的品质。以建构主义的观点看，文化对知识建构的影响属于社会建构的范畴；以具身认知的理论看，文化、宗教的概念系统其本质都是隐喻性的。中国的龙形象来自于牛、骆驼、蛇、鹰、狮、鱼等的组合象征，西方龙的形象来自蝙蝠、白垩纪的恐龙等的组合隐喻。象征性的隐喻为宗教与文化的概念提供了必不可少的条件。以此为例，我们可以看到，由于生活世界和身体经验的影响，因人而产生的知识具有强烈的文化差异性。

两种知识观都主张知识是生成性的。建构主义主张知识并非静态的一成不变，而总是处在动态的建构过程中。以个体来看，皮亚杰认为，认知图式总是在同化和顺应中不断平衡。那么伴随着两种认知过程也必然产生新的认知结果，知识也是在不断生成的。以群体来看，知识必然随着人类认知能力的发展而不断革新和生成。如 20 年前，还很少有人知道有互联网；20 年后，"互联网 +"的观念和知识已经成为时下的显学。自身认知论的研究者则更多从"身体"出发，来解释知识的生成性问题，特别强调知识对身体经验的依赖性。作为自然的身体，身体本身表现出一种不断生长的生成状态；作为经验的身体，身体经验也因与身在世界互动而不断生成。知识并非是客观的存在，它是在作为身体主体的人与其身在生活世界的相互对话中生成的。对于"把知识当作真理来学习"和"把学习知识当作目的"的认识来说，将面临这么一个窘境：知识总是在不断生成的，人类永远也没把握来确定自己现在学习的知识，是不是在过去、现在和将来都永远正确。认识到这一点，我们开始强调问题意识、创新意识的重要性；开始强调能力比知识本身更重要。但我们往往忽略了一点：身体才是我们可靠的感知世界和获得世界意义的最根本方式，所谓能力也是必须基于身体的能力。

两种知识观都主张知识的个体性。建构主义，以皮亚杰为代表，强调知识是由个体主动建构的，这个过程是个体内部认知图式的动态平衡过程。任何公共知识究其根源，都是个体知识的合理化和进一步提升。同时因个体的建构水平的差异，也会导致知识理解的差异。如"一千个读者就有一千个哈姆雷特"。具身认知论所主张的身体，既指自然、个体的身体，也指类的、社会化身体；但"身体经验"的用法更多是在强调自然、个体身体的独特性和对身在世界的依存性。因"身体经验"而产生的知识，根本上也属于个体性的知识，特别是缄默的知识，其个体的属性偏向更为强烈。

## 2. 两种知识观本质的差异

建构主义脱胎于认知主义。如前所述，大多数的认知主义，其前提假设是身心二元论。以皮亚杰的理论为例，他认为在个体的大脑中存在着"认知结构"。实际上是假设了一种心灵实体存在，人的活动（包括认识活动和实践活动）是围绕着"认知结构"的进行的。这种思想在潜意识里认为身体从属于心灵。学习的本质是"认知结构"的改善，这样在课程与教学中，"身体"往往就被忽视了。具身认知，其前提假设是身心合一。这种整合的身体观的提出，其目的就是要突破身一心二元论的藩篱。具身认知论虽使用了"认知"一词，但并不把"认知"视为精神实体的自在；"具身"则是为了强调"认知"并不局限在大脑里，它寓居在人的整个身体，不能与身体分离，而身体又根植于特定的时空环境中（生活世界）。这就特别强调了身体与身在世界对知识产生的意义。

建构主义由于受到二元论思维的影响，认为存在着认知结构和知识两种"实体"，皮亚杰和维果茨基都认为"认知"有内在的发展阶段，而知识作用是外来的影响因子，有知识客观——认知主观的认识倾向，在一定程度上明确了知识是可以脱离于人而自在的。具身认知论则坚持知识（世界的意义）是身体主体与身在世界相互对话共同塑造的，对知识的产生和存在持一种既非主观也非客观，既不是内在也不是外在的第三种观点。

建构主义者认为新知识变得有意义，是因为学习者把对新知识的理解建立在自己已知的知识上，在两种知识之间建立了联系。具身认知论认为新的知识（世界意义）产生，并非新旧知识之间发生联系，而是因为作为身体主体的人与世界不断地相互对话。知识并不能独立地从身体经验中分离出来，它们只能整体性地存在于经验的身体，而身体总是以整体的方式与身处世界对话。

体知知识观，一是强调了身体主体在生活世界和时空中独一无二的、独特地位，突出了身体在认知活动中不可或缺的主体性作用；二是强调了知识的生理依赖性，我们不仅是依赖客观事物本身的信息，更要依赖我们的身体经验；三是强调知识产生的境域性、文化性等，坚持了一种尊重差异、彰显个性的价值取向。教育与知识两者之间存在紧密的内在联系，知识观也能影响人的教育实践活动。以我们正在进行的基础教育课程改革来看，并不是认为知识不重要了，要抛弃知识教育，更不是要弱化知识与教育的关系。知识不是身体的枷锁，知识对人的发展来说具有重要的价值，但这种价值并不体现在知识占有总量上，而是体现在人如何产生、获得知识，以及对知识的组织和利用上。越是能够把握这一点，人就越具备创新的能力，就越能获得更多的自由。所以，可以认为当下的课程改革依然围着"什么知识最有价值"展开探索，试图发现和建立能促进学生全面发展的知识体系。体现知识观的提出将为课程与教学的改革提供一个新的思考路向。

## 二、基于身体的生活与课程整合

人以身体的方式寓居在世，生活就是人的全部世界，这是不辩自明的事实。教育也是生活，但我们却故意要制造出一种教育的"离世"状态——"两耳不闻窗外事，一心只读圣贤书"。这种现象在东方文化圈是比较常见的。在封建社会，读好了书，就有可能从"芸芸众生"中脱颖而出，成为"劳心"的"治人者"，有机会治理"劳力者"。故曰"万般皆下品，唯有读书高"。我们一再对科学理性影响下的教育提出批评，是因为正如胡塞尔所说，"科学的'危机'表现为科学丧失生活意义"。不仅如此，深受"科技理性"影响的教育也正发生了类似的"危机"，课程教学与生活世界相分离正在越演越烈，这种分离使得教育背离了人整全发展的初始追求。杜威曾经说过"教育即是生活"，提出了一种回归生活世界的教育理想。具体到学校教育的情境中，就是要使课程回归生活。强调生活的世界则意味着身体的"在场"。我们说人以身体寓居于世，对于个体来说，从出生开始，就以"身体"处在生活世界中了。个体及其生活是在不断相互生成的，没有一种"现成的生活"等着个体成熟了再去生活其中。教育（主要是课程与教学）不是往学生的头脑中"填充"现成的知识、世界观或精神，直到等"填充"活动结束了，再让他们去生活。我们当然承认学生有生长和发育、发展与成熟的过程，他们有自己的身体经验、生活经验，但这些毕竟是有限的。正因为这样，他们才需要通过学校教育使得身体主体的经验更快、更便捷、更有效生长和更新。学校教育的过程就是他们的生活，而不是生活的准备。如果否认了学校教育就是生活，那么人作为学生这一段重要的人生也就被否定了。身体从降临在世的那一刻起，就开始以身体的方式认知世界，获得身体经验，身体就具有了完整性，处在了生活中。理解这一点，对于课程与教学活动来说是非常重要的。我们必须始终基于生活的、整全性的观点来衡量课程与教学的实践。课程的内容实际上是人类文化（类经验和类知识）的精选。对文化精选、传承目的不仅仅是为了把它们自身保存下来，更重要的价值在于使得后人在前人经验的基础上，能生活得更自由、更解放和更幸福。回归生活是文化传承的根本目的，课程作为人类文化传承的重要手段，更不能去除生活的根源，与真实的社会生活相分离。

人作为身体主体，总是在体验，不断获得整体经验的生长。梅洛-庞蒂说过"我们所有的意义逻辑活动都建立在对（生活）世界的体验上"。课程的内容只有与学生主体的生活世界发生实质性的关联，才能实现它的价值。这种关联，不是在"头脑"中形成关联，而是要发生在生活的世界中。因为经验、知识、世界的意义，不是上帝加诸"人的头脑"中的抽象意识，从最根本上说，它们是人以身体的方式与身在时空（生活世界）相互"对话"而形成。以"品质养成"为例来看，学生的生长，不是通过"书本知识"塑造自己的品质。他们是在真实的生活世界中，通过亲身的体验，把"知识的要求"与自己的亲身经验相联系，通过亲身行为的比照、检验、斗争、妥协等一系列的过程，来逐渐养成基于身体的习惯，做到知行合一。这样在课程中，一方面人类的文化经验得到了传承；另一方面也使得个体自身的经验得到生长。如果知识是远离学生生活经验的，或课程内容是学生不能理解的，那么此类知识不会真正成为对他们的生长来说是有价值的知识，可能仅仅为了考试、甄别、选拔。除此以外，没有其他的意义。

以学科课程来看，它的根本出发点是为了更好地传递知识是"知识中心"导向的。课程的研制则将知识（更多的是科学知识）以书面文本的形式确立下来。由于在有限的学校时间内，不可能向学生传递所有的科学知识。所以，课程的内容必须选择各学科中最有代表性的部分以供师生学习。这样，深受科学主义影响的学科课程，在选择内容的时候就已经有了自己的"尺子"。如这些经验是否是科学的？必须去除那些"不科学的"和"伪科学的"。这些知识是否能代表学科的基础？必须选择那些最基本、最有价值的学科知识。

学生"身体"整全性和"生活世界"的整体性是生活与课程整合的依据。这种整合意识要求课程的整个过程——从经验选择到组织实施，都必须要从封闭的、单一的"书本知识体系"中解放出来；把课程的整个过程放到身体主体与身体主体间、身体主体与身在世界（自然、社会、文化等）的一系列对话和活动中。课程不是为了传递知识本身而提供给学生，课程必须要与学生的整体经验（身体经验、生活经验）进行整合，这样的课程将为学生整合的发展提供一种可能性，这样他们或许能在完整的生活世界中获得更多的自由和幸福。

课程改革中，国内还存在一种误区：从基础教育开始，我们就要引进国外原版教材，要吸取国外最新成果，似乎这样我们的课程改革就能跟上国际的前沿。殊不知这种不加思考和分析的课程引进，也有可能是另一种形式的"课程与生活的分离"。正如前所述，知识的产生其根源是身体主体和生活世界的对话。西方的课程、教材，它们承载的知识、文化、价值观等都是源于国外特定的生活境域和生活时空。作为身体主体，人只能生活在特定的时间和空间里，这样人对知识的理解必然受到其生活世界的限制，并且因此而产生的知识也是那些与之身体经验不同人难以彻底理解和共享的。西方文化与中国文化之间存在着巨大的差异，这个现实是不可否认的。将西方的课程、知识直接"嫁接"到与之生活境域和生活时空大不相同的中国学生身上，实际上是脱离了学生生活的实际，必然会产生"水土不服"的现象。在此我们并不是抵制对国外知识、课程的学习与借鉴，而是反对一种脱离学生身体经验和生活经验的"盲目照搬"。

## 三、课程与教学的身体整合意向

从认知论上看，现代教育中课程与教学分离是由于二元论思维方式造成的。西方传统的二元论思维制造了一系列诸如身体心理、主观客观等的分离与对立，课程与教学的关系也未能摆脱这种思维方式的欠缺。最常见的理解是把课程视为目的，把教学视为手段。如课程是关于建筑的预设方案和图纸；教学是关于建筑的实际施工和建设。在这个隐喻里，课程被视为是预先安排的内容、计划（即目的）；教学则是为到达目的而进行的过程和活动（即手段）。前者需要考虑的问题是"教什么内容"，后者主要关心"用什么方法教"。

在教育实践的发展中，课程与教学没有清晰的界限。如夸美纽斯在《大教学论》中既对"把一切事物交给一切人的艺术"的具体操作进行了详细的论述，也拟定了母语学校、国语学校、拉丁语学校、大学等较为完整的学制构想、阐述与之对应的课程、教学体系。虽然夸美纽斯的世界观是二元论的，但由于当时的社会还处于古代社会向近代社会的转型阶段，没有"科技理性"的出现，其教育目标的定位还是追求培养"最崇高、最完整、最美好"的完人。泰勒的课程目标模式实际上促成了课程与教学的分离。虽然在《课程与教学的基本原理》中，泰勒没有把课程、教学进行严格的区分，但他把科学目标管理模式引入到了课程与教学的研究中，特别强调对课程与教学目标的预设与选择。当目标确定以后再根据目标进行经验选择、组织教学和评价目标的实现情况等环节。虽然其本意并非是要"目的"与"手段"的分离，但客观上却造成了这种分离的现实。

20世纪教育实践的发展是以课程与教学的分离为特征的。课程与教学的分离，使得无论是课程还是教学都立足于为传递知识服务，而不是为身体主体人的发展服务。课程研究关注的问题从"什么知识最有价值"发展到"谁的知识最有价值"。这样的问题取向决定了课程研制者将选择什么样的经验作为课程内容。在阶级社会里，被选择进入教科书中、成为书本知识的，往往是占统治地位的阶级认为有价值的知识。在课程研发的过程中，不需要教师的参与，不需要学生的发言。据此编制的教材有可能和教师、学生主体的身体经验都是相分离的。当"教什么内容"被确定下来以后，教学的过程就成了忠实、高效地传授书本知识的过程。教学有效性就是检验教学实际执行与预设目标的吻合情况。行为主义者认为用"刺激—反馈"的教学原理最为有效；认知主义者认为"信息加工"的教学原理最可靠；总之为了实现知识传递的目的，教学可以"不择手段"。对于师生的评价还有"更科学、合理、高效的方法"——绩效考核。在这个过程中，教师、学生主体都失去了他们本该拥有主体性地位，知识变成了真正的主体；人变成了对象，成了被统治塑造利用的工具。

杜威发现了课程与教学偏重目标管理所造成的弊端，为解决这些难题，他提出"教育就是不断生长""教育过程在它自身以外无目的，它是它自己的目的"，试图把教育目标融合在教育的过程中，即尝试着把"目标"和"手段"结合在一起，把课程目标融合在教学的过程中。同时，杜威也发现了工业社会强调社会分工和专业化造成课程与教学分离，最终导致人片面发展的现实。他试图以经验来统整课程与教学，培养民主主义社会的人。但科技理性对整个人类社会发展影响之深远，是个人力量难以与之抗衡的。"教育即生活"，但面对的生活却是已经被"科技理性"掌控的生活，民主主义的理想面对的却是冷战对峙、新保守主义右翼势力的兴起和资本主义的文化霸权。可以看出，现代教育中课程与教学的分离，在认识论上受到了二元论哲学的影响。但更深刻的原因，"既有社会制度的根源，又有'唯科学主义'价值观的根源"。从根本上来说,"唯科学主义"其哲学观也是二元论和无身认知论的。

"科技理性"对人性光辉的肆虐,促使我们需要对其进行批判和反思,否则人类有可能毁灭在自己的科技中。后现代主义的话语正是产生在这样的背景之下。后现代主义的意识也影响到了教育领域,在课程研究的中出现了课程研究范式的转型。脱胎于现代工业社会的"课程开发"范式转向了后现代多元话语的"理解课程"范式。理解课程是"基于广义的人本主义取向"。这为重新思考课程与教学的关系提供了契机。以具身认知论来看,这种思想强调了人的身体主体性,但又不是"唯人中心"主义。二元论的理性主义在处理身心关系时,容易偏向心灵中心主义;在处理人与自然关系时,容易偏向人类中心。而具身认知论首先反对"大脑中心主义",认为认知寓居在整个身体而并非仅仅是在大脑中产生。身体是意识乃至生命停泊的港湾。具身认知论把身体放在生活世界中来看待,认为身体与身处世界共同塑造了认知以及世界的意义,这样也就去除了"唯人至上"的思想。正如硅谷思想家凯文·凯利所阐述的一样,人类与整个世界的发展,应该从"大脑中心"到"祛中心"发展,我们对世界的态度应摒弃"精确控制"的意识,而逐步引入生物进化和生物系统论的思想复杂、关联、混沌、失控,而不是单调、线性、清晰、控制。具身认知论也有同样的观点,首先不存在身心、主客的二元论;其次身体主体不是控制世界的中心。

上述思想为课程与教学的研究提供了非常有价值的参考。作为"目的"(课程)与"手段"(教学),它们并非预先安排,然后一成不变、线性地发生,课程与教学关系不是对立分离的二元关系。对于课程来说,它与内容相关,但内容并不意味着是知识与师生身体经验、生活世界无关,是体现统治阶级意志的、静态的、先验的知识,以及课程是设计好的"跑道"等。对于教学来说,它与手段相关,但手段并不意味着是教师所采用的方法与手段,并且教师只能循规蹈矩地执行预定方案,机械地说教课本知识,学生则在教学中没有发言权,只能等着被知识灌输和行为塑造。课程与教学目的并不在于向学生灌输旧有的知识、世界观等,过分强调这一点反而让他们变得因循守旧、思维僵化。学生不是待加工的产品,教师不是教学的机器。教师和学生都是生活世界中,具有自己身体经验的、具有主体性的人,身体是他们拥有世界、寓居于世的根本方式。学生的知识、世界观并不是从静态的文本中继承获得,它们是从对话中创生出来的。这个过程中,"内容"与"手段"总是融合在一起的,"内容"是因"手段"而获得内容;"手段"是因"内容"而使用的"手段"。"教学作为课程开发过程"而有价值,"课程作为教学事件"而有意义。它们虽然有区别,但所谓"目的"与"手段"之间并不是两条平行线般的关系。世界的意义总是在身体主体间及身体主体与身处世界共同对话而不断地生成。这样,课程与教学活动,是教师主体和学生主体基于各自身体经验,在教学生活里,通过相互对话,生成、创造着世界意义的复杂对话活动;而不是教师主体对学生客体实施的"目标—组织—实施—评估"的线性控制事件。课程与教学是互相的。课程与教学不可能在相互独立的情况下各自运行,所以,对课程与教学的研究也不能将它们之间割裂开来。谈论课程，总是要涉及教学的问题；思考教学，总是和课程发生关联。以身体的意识统整课程与教学，首先是对消除长期以来教育领域中存在的身心、主客二元论做出一种尝试；其次是消除科技理性控制主义的影响，回归对师生主体性的尊重与解放，鼓励他们的积极性和创造性，使课程与教学获得真正的生命力。课程研究者韦德建议用整合的术语"课程教学"来替代"课程""教学"的分离称谓，以便研究者更好地理解课程与教学的统整。

# 第六章　体育具身化课程的实践探索

## 6.1　体育具身化课程设计

### 一、具身化课程的设计原则

根据具身认知理论的基本内涵，结合课程理论与实践的研究，研究者提出具身化课程的设计的几个基本原则。

#### （一）以"身体设备"为原点，由具体到抽象

具身认知论已经充分说明身体"身体我们拥有世界的一般方式"，身体既是人存在于世的基本方式，也是认知世界的基本方式，而并非仅仅是生理的躯体。这里所指的身体，既是生理的，也是心理的，同时也是文化的和经验的。所以课程活动并非是一种可以离开"身体"的纯粹"理性活动"。"身体设备"是我们课程设计、实施的"阿基米德原点"。课程内容的选择、活动的安排或课程设计等，实际上都不可能仅仅从一种理想主义的学科需要或者社会需要的层面去选择和组织，而是要从身心合一的"身体设备"出发。具体而言，课程的设计应该尽可能从视、听、触、嗅、味等可以直接感知的学习经验开始，由具体（身）的经验扩展到抽象的事物。同时要注意的是，课程设计要尽可能调动视、听、触、嗅、味等感官整体、系统地参与，始终把学生视为活生生的、有血有肉的"身体主体"，而不是一种"视听接收器"或"行为反馈仪"。

#### （二）以"生活世界"为中心，由熟悉到未知

"具身"理论里的"身体"的含义，不把身体囿于生理的躯体，而是在历史、社会、文化背景和环境中的理解身体的主体性及其活动能力。这样，学生总是以"身体的方式"处在复杂的环境中，整个"生活世界"是他们认识活动、实践活动的先验的、不可脱离的背景。他们能够感知这个世界，同时他们身处的生活世界也决定了他们的经验和视野。课程的设计与组织应尽可能以身体和"生活世界"为出发点，由学生熟悉的内容、领域开始，拓展到他们不熟悉的领域。不仅语文、品德等人文课程要围绕着学生身边的生活世界，数学、物理、化学等自然科学的课程也应该由熟悉的、已知的内容开始，而且包括课程的实

施，比如活动课程的安排，也应该由与学生生活密切相关的活动开始，逐渐延伸到他们不熟悉的领域。

### （三）以"亲身活动"为载体，通过活动以展现和发展思维

笛卡儿认为"思在一体"，实际上，"身在"才是根本。思，乃是身体之思。维特根斯坦说："身体是灵魂的最佳图景"。心智和身体"镶嵌"在一起，不仅是一种哲学的、心理学的理论假设，也能够反映人"在世"的基本状态一身心不可分离。具身哲学的观点认为，抽象的思维来自于隐喻性思维的层层推进，而基础性的隐喻总是和身体动作紧密相关的。这样，具体到课程活动中来说，学生的学习过程和他们的身体活动是不可分离的。在课程设计、组织和实施中要为学生主体的身体性活动留下充足的空间和时间。通常来说，身体性的生存，使得学生无须努力就能够自由地展示和进行身体的活动；一方面，身体活动不仅仅是在表达思维，我们常用"身体语言"这种用法，说明了身体具有完全的思维表达性；另一方面，身体活动本身就构成思维，通过身体活动有助于学生把"抽象的知识"迁移到"具体的情境"中，或者说，通过身体活动把"外在"的知识信息、方法途径转变为"内在"的学生的认知结构、身体经验。

### （四）以整全身体观为依据，突出课程的统整性

具身哲学强调了人是身心合一的整全性存在，身心不可分离。所以在这样的前提下，学生的发展必须是整全性的发展。课程是教育理想的学校实现形式，因此课程的存在不仅仅是在传递一种知识和世界观，课程的设计、组织要能够促进学生的发展。在以往的课程研究中，我们也可以听到关于课程统整的话语，如学科课程间的统整、正式课程与非正式课程的统整等，其哲学的原点应该是从人的整全性出发。以具身哲学为理论基础，结合以往的课程理论研究，至少有两个关于课程统整的方向：一是关于知识的统整，通过课程设计与组织，消除不必要、原本并不存在的学科界限；二是关于经验的统整，通过课程设计与组织，消除教育与生活、人与知识之间的间隔。

## 二、具身化课程的环境设计

具身认知的理论认为无论是身体、身体经验，还是具身认知能力，都不是纯粹的、独立的有机体内部事件或心理发生机制；身体及其认知应放在一个更广阔的环境（生活世界）中来看待。特别是与课程教学关系最为密切的认知活动的发生机制，其发生有两个最基本的事实：一是认知发生只能基于人的身体，认识是具身性的认知；二是认知发生既不像行为主义者认为的那样是"刺激—反应"之间建立的联系；也并非信息加工论者所主张的是"脑对信息的内部加工过程"。认知不仅属于脑，认知发生是身体主体和环境之间的动力交互作用。

这样课程活动就不可能是在一种"真空"的理想环境中进行，课程设计不能仅仅着眼

在知识呈现方式、知识传递方式等要素上。从具身认知论的角度上，学习者的生活世界，即他的身在环境，在学习活动中处于核心的位置，因为环境构成了认知。学生作为身心合一主体的存在，其主体性能否得到充分实现，他们的具身认知水平发展的如何等问题，总是与他们身体所处的生活世界，包括物理环境、社会环境、文化环境和心理环境等有直接的关联。

对于身体主体与身在环境的关系，正如海德格尔的观点，我们不能像看待"容器"与"置于容器中的物品"关系一样来理解"世界"与"人"的关系。也是就是说，所有的学习环境（学校环境）并不是一个独立于学习者的物理空间，学生与整个学校环境的关系不是"铁打的营盘，流水的兵"的关系，而是一种"在场"关系。身在特定的环境中，学生总是在听、在看、在想，在学习、在成长、在发展。这种"在"是身体性的、与时间空间互嵌性的。所以，学习环境的设计应尽可能为促进学生的主体性活动服务，而并非约束身体活动与身体行为。

## 三、"具身德育"理念下的体育课程建设

### （一）体育课程的目标

"具身"理论认为人是通过身体与世界的互动，通过身体对客观世界的作用而产生知觉和认识世界的。强调身体在认知过程中的重要地位，认为身体的结构、活动方式、感觉和运动体验决定了个体如何认知自身。根据《全国普通高效体育课程教学指导纲要》和《幼儿园工作规程》的相关规定，结合学前教育公费师范生要面向农村就业的职业岗位特点，要落实"以人为本""以生为本""以幼儿为本"的基本要求。学前专业体育课程的主要目标为增强体质，完善与幼儿教师岗位相适应的身体储备和知识能力储备。具体目标为了解体育运动的基本知识、特点、锻炼价值、基本的竞赛规则，能促进幼儿身体正常发育和机能的协调发展，增强体质；了解运动损伤和处理方法，能提高幼儿保健意识，促进心理健康；掌握1~2项运动技能，能鼓励幼儿参加体育活动，形成终身体育能力。

### （二）体育课程的内容设计

具身德育主张德之根在心，人之本在劳，强调正心立德，劳动树人。心理的发展有其自身的规律，所以在公费师范生体育课程内容的设计上要体现内容的丰富性，连续性和层次性。首先在内容的组织上遵循趣味性、科学性与实效性，课程内容应有大学体育最基本的健康体质达标项目的训练，比如跳高、跳远，也有规则和运动损伤的处理，比如篮球、足球、排球、乒乓球和羽毛球等，也应有特色课程的安排，如武术、健美操，徒手操等。其次，在内容的安排上则遵循连续性、层次递进的原则，结合公费师范生的专业特点，从共性到个性，从最基本的大学体育逐渐进入到幼儿体育；从最基本的会跳徒手操，到会安排队列队形、集合口令和行进间口令的指挥。这样的课程内容设计，一是能帮助学生形成

良好的体育认知，了解自己；二是能帮助学生认知幼儿的身体特征、运动特点，能将这些认知更好地融入自己的言谈举止和生活细节中，更好地帮助公费师范生在幼儿园中开展幼儿体育活动。

### （三）体育课程的实施过程

具身认知认为，心智嵌于大脑，大脑嵌于身体，身体嵌于环境；环境影响身体的感觉运动，身体的感觉运动影响大脑的生理活动，进而影响心智活动；人为诱导的身体姿态、动作，会有意无意地影响人的认知、情感活动。所以，公费师范生体育课程的实施过程，更应该注重教学环境的塑造和教学方法的灵活性。

在课程大教学环境的塑造中，要充分利用学前教育专业园校合作的条件，邀请一线幼儿园教师讲授幼儿体操、团操等课程内容；要以赛代练，鼓励学生以团队形式参加各类大学生体育大赛，获得自信和自我效能感。在课程小环境的塑造上，要充分利用多媒体和学校的模拟实训室开展运动损伤及保健，模拟幼儿园体育活动实施等内容。在教学方法上，充分考虑学生的身心发展规律和特点，采取观摩教学、自主探究、示范教学等方法，增加与学生的互动，增强学生的运动体验；充分考虑到学生的心理健康，通过身体的感知训练，锻造学生坚持不放弃，勇于拼搏的体育精神，为立德树人奠定基础；要加强体育教师自身的素质修养，利用言传身教和身体力行传递德育精神，利用专业的素养，端正的态度和富有感染力的教学为学生塑造德育的标杆。

### （四）体育课程的评价

具身德育认为德育的过程是道德内化成品德过程中实现身体行动与认知、情感、情景、意志的有机统一。所以，公费师范生体育课程的评价应是"以身为本""身心结合"的过程性评价。在评价的内容上，不仅要将学生的健康体质达标项目作为考核的核心内容，还应将在课堂各个环节中的体育素养、体育精神、学习态度等作为考核的内容。在评价的方式上，要整合课堂中的随堂练习、各个板块的成绩测试、技能的掌握以及学生在各类体育大赛中的表现，充分考虑到学生身体素质的差异性。在评价的主体上，结合工学结合和园校合作的情况，幼儿园一线教师和体育专业教师多方评价，提升评价的公平性。

## 四、课程建设展望

在"具身理论"理念引导下的学前专业体育课程建设，应规避德育的悬空、虚化和说教，做到身体素质和心理健康的合一、理论讲授和实践体验的合一，主观能动与客观要求的合一，使德育能渗透进公费师范生体育课程建设的方方面面。

### （一）教学团队建设

优秀的教学团队是进行课程建设的基石，所以要打造一支"自身有德，自身有技"的双师型体育课程教学团队。积极采纳兼职教师和幼儿园一线教师到教学团队中。团队成员应具有高超的技能和专业的教学水平，能较好地激发学生的学习，获得学生的尊敬；教学态度认真，积极思考教学，认真备课；在教学中，能与学生良性互动，能运用生动的语言、富有感染力的激情，以身作则引导学生对体育的认知；在体育比赛中能尊重对手，照顾队友，与学生同甘共苦，强化学生对体育精神的领悟和体验。

### （二）体育环境建设

结合学前专业教学的需求，以课堂教学为基础，积极打造第二课堂，创建更有利于德育开展的课程环境。以学前专业学生岗位需求为导向，以课堂教学为基础，充分利用多媒体资源和校内模拟实训室资源，提升学生在组织幼儿园体育活动的体验。以课外教学为辅助，综合考虑学生个人兴趣爱好和专场，组织开展丰富多样的体育教学活动。如每年的春秋运动会、趣味运动会、球类运动会等；如以体育协会为中心开展各类社团活动，举办各类小型竞技类比赛；如全国体育类的各类大赛。通过第二课堂活动的开展，鼓励更多的学生，体验运动精神，增强体质。

### （三）体育文化建设

在课程建设的过程中，要充分发挥体育育人的作用，深化体育课程改革，形成具有特色的校园体育文化。首先，充分利用现代化的信息教育手段，如微课视频和大学慕课等共享教学资源，进行碎片化教学，让学生能够更加直观地学习专业动作，提高体育人文素养。其次结合学校特色，实施融合职业特色、地方特色的体育精品课程，如幼儿团操、徒手操等。最后要利用校企合作的资源开展体育名人专家讲座或体育名企的宣讲会，拓宽学生的知识面，树立高职的人才培养理念。

基于具身德育理念下的学前教育专业公费师范生体育课程建设，应根据学生的实际情况和岗位需求，设置丰富灵活又科学的课程内容，注重课程环境的熏陶和建设，以身体素质为核心，加强德育和心理健康，通过各类活动和比赛，提升公费师范生的综合素质，使其师德好能有专长，能留得住。

# 6.2 体育具身化课程实施案例与应用

北京十一学校以"创造适合学生发展的教育"为核心理念，在基础教育课程改革的实践中已经形成了自己的鲜明特色，并取得了令人信服的成绩。学校改革被作为国家级教育体制改革试点的"深化基础教育学校办学体制改革试验项目学校"项目立项。该校在"个性化课程设计"上的改革探索和实践经验已经引发了研究者的较多关注和讨论。笔者将基于具身性课程哲学的视角，讨论"个性化课程设计"对学生身体主体性的解放与弘扬。

## 一、"研究课程是学校的核心事件"

一般认为"教学是学校工作的核心",课程改革必须要落实到具体的课程教与学方式的变革,才能真正产生实效。所以很多学校的课程改革也是从"转变教学方式"上开始的。从一定的角度看,类似这种观点具有合理性和真实的可操作性;从另外的一种角度看,在原有的课程体系与评价体系没有发生根本性变革的情况下,仅仅从教学方式,即从微课堂的教与学方式的转变上入手,其着眼点确实太小。容易导致"课改"变成了"教改",而"教改"又变成了"教学"方法的改革,使得课程改革在学校中严重窄化,这也是初中课改难以有起色的重要原因。注重课程建设,提倡"研究课程是学校的核心事件",并非要"贬低教学抬高课程"或制造课程与教学的对立,而是秉持了一种"大课程"的理念。十一学校正是从"大课程"着手,把"课程"视为特色学校建设的核心事件和关键环节,逐渐探索学校新的育人模式,带动学校形态的根本性变革。

"个性化课程设计"以学生为本,课程定位不是向学生传递一种"客观、中立的知识",不把学生培养成为"千人一面";课程活动不以考试为根本导向。"个性化课程设计"选择了尊重、解放和发展学生身体主体性的立场,强调课程与学生生活世界相联系、与学生的经历和体验相结合,针对的学生发展水平和个性差异,提供不同的课程选择。在具身认知论看来,学生的生活世界、成长环境、文化背景等影响和构成了他们的认知方式和认知内容,也就是说学生的学习并非在一个"真空的""理想的"环境中进行,而是在真实生活世界中,由活生生的人所进行的主体性活动。

以"大课程"或"课程教学整合"为"个性化课程设计"的课程论基础,围绕学生的发展需要,开发适合学生的课程,这样从心理学视角上看,是充分遵循到了具身性认知规律,从具身哲学的视角上看,是真正尊重了师生的身体主体性。

## 二、确立学生的主体性地位,注重课程的校本开发

当前很多学校的课程改革,却总是突破不了"课程"的限制,似乎"国家课程"是一个不能触动的根本,学校能够提供学生的往往是全班一样的固定课程表。这样"课程改革"往往是从课堂教学方式转变上做文章,所以无论学校的改革怎么改,提供给学生的课程及课程资源的选择总是有限的。总体上,这是一种课程实施的"忠实取向"。我们在课程改革中遇到困难,总是会归因于教育体制的问题以及赋予学校的改革空间太小,寄希望于更高层面的顶层设计。作为课程改革的主体,学校对课程实施并没有选择一种"相互调适"或"课程缔造"的取向。实际上,希望通过一种顶层设计或宏观设计,开发一种全国、所有学校"普适"的课程既不可能也不适宜。特别是针对个体来说,以具身认知论的观点看,个体认知(心智)总是在一个复杂的、生物的、历史的、文化的、社会的背景中形成和建构的,这些因素直接影响和构成了个体的独特的个性,每个个体,他的个性以及具身性的

认知都是独一无二的；再以多元智能理论来看，每个个体具身性的智能优势也是与众不同的。统一的课程，在现实上，无法做到满足不同个体的不同需求。因此，课程的实施，必须尽可能进行深度的、多元的、因地制宜、因人而异的二次开发。

十一学校既注重校本课程的设计，也注意国家课程的深度校本化开发。课程改革的生命力在于，它必须与学校的实际相吻合，课程设计充分尊重学生的主体性，与学生的生活经历、身体经验相联系。"为每一个学生提供德、智、体、美等多方面的切实可行、富有效果的学习经历，促进学生知识与技能、过程与方法、情感态度与价值观的和谐发展和健全人格的形成。"

根据查找的资料，以十一学校小学部为例，在课程的时间管理上，传统一个学期被划分为两个大、小的学段，其中小学段为 2 周的时间。在小学段内，学校提供给学生大量的选修课程。除此而外，还专门在大学段内安排每周 3 课时，以保证学生能够进行集中、自主的校本课程学习。这样的课程管理给学生留下了充足的学习空间。对于选修课程，学校和教师不再用"考试"作为评价的方法。以高中部为例，学校设置了 30 多种分科课程，70 多个考查课程，共 200 多种课程，以供学生根据自己的个性、兴趣、爱好进行选择。这样可以做到一人一张课表，在这个有 4000 多学生的学校里，就有 4000 多张课表。这种个性化的课程设计，不仅仅是在课程资源上给予了学生选择的自由和空间，以课程改革为核心，也带动了学校管理体制和课程组织上的变革。比如班级的管理不再是传统固定的班级和班主任管理，而是围绕课程和活动的学习进行服务和管理。

## 三、为主体活动创造自由的时空，增加体验学习的内容，解放师生的身体

"个性化课程设计设置与管理"，尽可能地淡化了传统分科课程管理，不再以传授外在于学生的、固定的知识为目的，而是以综合性的、实践性的活动课和体验课为主。通过活动课程，尽可能做到围绕生活进行知识（课程）的整合。在活动课程的具体实施中注重学生的身体主体性活动，丰富他们的体验、经历和经验。这种课程设计、组织管理的变化，必然带来师生教与学方式的根本性转变。

另以十一学校的高中体育课为例。学校提供了球类、田径、马术、击剑等 18 个课程模块。除了"田径"是必选课外，其他都是自由的选修内容。这样体育课程的改革，不再是以考试达标为目的，而是一种围绕身体体验和感知、在活动中促进学生身心整体发展为目的的综合性的课程。正如英国公学的理念"体育的本质是人格教育"，通过活动的课程，针对学生的体质、特长、兴趣、爱好，不用统一的体育标准去衡量学生的体育成绩。这种个性化的、尊重学生主体性的体育，不仅能让学生对体育活动产生兴趣，通过活动与练习，锻炼了好的身体，还培养学生良好的精神品质和体育精神。

## 四、体育具身化课程实例

### （一）指导思想

本课以全面推进素质教育，深化体育教学改革、以"健康第一"为指导思想，激发学生的学习兴趣，提高学生学习技能，发展学生灵敏度、力量、协调等能力，培养学生的合作精神为设计目标。针对学生年龄特征确定相关的水平。

### （二）目标

面向全体学生，以提高学生身体、心理和运动技能与社会适应能力整体健康水平为目的，做到人人会锻炼，人人会学习，自主探求动作要领，掌握运动基本技术动作为主要内容的学习，掌握体育运动的基本技术要领，培养学生终身喜欢体育意识，陶冶学生的生活情操。

### （三）学情分析

本课的主教材内容是上步投掷垒球技术动作，重点是投掷用力顺序正确，动作协调。难点是出手快速完成动作，上下肢配合用力。

通过障碍：重点是学生通过障碍的能力，难点是提高学生的合作能力。

教师在练习中要适当掌握练习时间和运动量，防止学生难解动作概念，特别是体质差的学生的运动量，全面提高学生学习的积极性，学会生活的自理能力与掌握运动技能的方法，提高学生对体育运动的参与意识，根据学生的年龄特点，采用不同的教学方法，培养学生克服困难的意志品质，学生的合作精神，学会自主练习的能力，提高学生热爱体育运动的积极性，全面增强学生身体健康水平，营造良好的课堂氛围，让学生在练习中探索运动的快乐。

### （四）设计思路

本课根据学生特点合理安排教学内容，针对学生的运动水平，学生的认知水平，体育运动基本能力，本课的课堂常规安排与学生做游戏，通过小游戏练习，集中学生的注意力，调动学生的学习情绪，使学生有良好的学习情绪，为上好课做好准备。学生在教师的带领下进行了各种的投掷动作练习，学会自主体会动作，掌握动作要点，学会动作方法，掌握动作要领，在合作伙伴的协调配合下了解投掷动作的全过程。初步学会游戏方法，掌握动作的难点，学会通过障碍的能力，使学生在日常生活中能培养战胜困难的意志品质。采用"一物多用"的原则，利用垫子做投掷标准物，游戏的障碍物，提高学生的练习兴趣，分解练习与完整练习相结合，自主练习与集体练习相结合，个人练习与小组练习相结合，学生不断探索与思考问题的能力。学生在游戏过程中能全身心投入到活动中，积极锻炼身体，体验成功乐趣，达到事半功倍的教学效果。

# 第七章  基于具身认知原理的体育媒介形态

## 7.1  校园体育活动组织与实施

### 一、学校体育活动的概念、定位

学校体育活动是在学校办学理念指导下，根据学校体育资源（软件资源、硬件资源、外部环境）等情况，构建全校师生共同认可的体育活动文化建设体系，并在长期的体育活动实践中形成、发展，具有个性化特征，同时具有教育性、普及性、相对稳定性等特征。学校体育活动是学校文化的重要组成部分，可通过丰富多彩的内容和形式，通过体育运动会、体育节等大型、小型活动、体育课程拓展，通过主题、专题活动强化其文化价值，使师生在体育活动中参与、体验、合作、交流，分享快乐、增进友谊、强化体育知识与技能，培养道德情怀和礼仪修养，所以学校体育活动是学校文化不可忽视的重要内容。

### 二、学校体育活动的实施案例分享

## 【案例分享一：北京市金台书院小学】

面临问题：体质健康测试赛中，学生的耐力、灵敏、肺活量偏低。经学校认真研究决定，根据学生体质情况和学校场地特点，因地制宜地选择利用跳绳发展学生身体素质，激发学生的运动兴趣。但实践操作过程中，老师们遇到了难以预料的问题，因为学生的基础太差，根本不能完整连续跳。

解决策略：在学校领导决策和安排下，体育教师们迎难而上，制定了近期目标、中期目标和长期目标，近期目标就是"让每个学生都会跳单摇，让跳绳成为体育课的'课课练'内容"。经过一段时间（在体育教师的正确指导下，学生练习积极性高涨），在全校范围内进行人员的选拔，学校组建了第一支跳绳队，更激发了学生们对跳绳的喜爱和"追随"。具体措施如下。

第一步：以跳绳为突破口，提高学生的身体素质学校将"单摇"练习引入体育课堂教学，不仅在冬季进行跳绳训练，在日常的每一节课中都利用 3 ~ 5 分钟让学生进行"单摇"练习。2010 年的具体目标：1 ~ 3 年级学生都会跳单摇，4 ~ 6 年级学生每分钟"单摇"在 100 个以上。同时，经过对学校学生跳绳成绩的摸底考试，2010 年学校组建第一批跳绳队，当时入队的测试达标成绩为"双摇"每分钟 30 次。第一次测试能够达标的同学有 6 人，均为 6 年级学生，其余入队的队员能力参差不齐。

第二步：学校以跳绳为依托开展活动，激发学生的练习兴趣 2010 年冬季，学校开展"每天跳绳上百个，阳光锻炼我快乐"活动，活动中提出"金台学生在小学阶段至少掌握两种或两种以上跳绳方法"的口号，自此，学生练习跳绳的热情更加高涨，学生通过积极参加跳绳锻炼，每名学生每天至少跳绳 100 个以上。各年级学生身体素质得到了明显提升，而且学生肥胖率得到了较好的控制。

第三步：学校以跳绳为主项开展丰富多彩的比赛，提高跳绳技术学校组织丰富多彩的比赛（跳绳单项挑战赛、擂台赛、校级跳绳比赛），激发学生的练习兴趣，并逐渐形成规模。

第四步："课课练"升级为"课课测"，强化跳绳技能在日常的课堂教学中，学校又将之前的"课课练"升级为"课课测"，通过学生之间的互相数数、教师数数、学生自查等多种形式，逐步提高学生的跳绳水平。这个阶段学生的目标由原来的会跳，提高到 1 ~ 3 年级学生每分钟 100 ~ 120 次，4 ~ 6 年级学生每分钟 130 ~ 150 次。在 4 ~ 6 年级学生中，达到满分的同学进行双摇的练习。

第五步：跳绳在体育课程中形成规模，进一步提高跳绳"技艺"迫在眉睫通过专家、教研员以及研究课，学校初步尝试引入了花样跳绳的教学，在领导和专家的引领下，体育教师进行了课题的研究。2012—2013 年学生的跳绳竞赛活动，由最初的跳绳单项挑战赛，逐渐发展成有规模的体育节、亲子运动会等比赛，不仅让学生参与到比赛中来，而且让学生带动家长一起参与到锻炼中来。学校还进行了家长开放日活动，以便更好地与家长沟通，既增强了家校协同发展的有效性，同时也获得了家长的理解和支持。

第六步：跳绳"水到渠成"的成为学校的体育活动在学校领导、全体师生和家长的共同努力下，在 2013 年暑假，学校首次为学生发放了家庭体育锻炼卡，为学生布置了暑假体育作业，而且针对抽测年级，还安排了暑假的集中测试。2013—2014 年，学校学生不仅在跳绳项目上有了长足的进步，而且在身体素质上也得到了明显的提高。在"课课练"内容持续升级的基础上，学校 4 ~ 6 年级学生"课课练"的内容为一分钟双摇，1 ~ 3 年级学生也分单、双摇项目进行练习，为全员普及、全员参与、健康快乐提高身体素质，也为学校的"跳绳队"选材打下了扎实的基础。目前，学校"跳绳队"已连续五年获得东城区中小学生跳绳比赛团体总分第一名，并在 2014—2015 年连续两年获得北京市中小学生跳绳比赛团体总分第一名。2014 年初学校在体育课中引入了跳绳操的教学，希望通过绳操的练习，提高学生的耐力素质，提升学生跳绳的技艺。

专家点评：北京市金台书院小学以发展学生身体素质，激发学生体育学习兴趣为出发点，以跳绳为具体活动内容，经过多年的努力，提升了全体学生的身体素质，形成了以跳绳为基础的体育课程体系，丰富了课外体育活动内容，并扩展了体育课程活动资源，促进了家校共同教育的实践探索，学生的跳绳内容在学校、在校外都成为一种常态的活动，其做法值得小场地、资源相对匮乏的学校参考。

## 【案例分享二：清华附小】

面临问题：体育与健康课程改革面临如何真正落实"以学生的发展为中心"的难题，在操作过程中有许多需要解决的问题，如课时少，教学内容多、杂，班级容量大、学生学习积极性不高的问题，有时造成体育课学生的运动负荷不能达到理想状态的现象。

解决策略

（1）在学校"健康、阳光、乐学"的办学理念引导下，在"有趣、出汗、安全、技能"的体育课程目标指导下，基于学生学段特点及学校的教学资源（软性资源、硬件资源），把体育作为核心课程，构建完善的课程体系，为学生的全面发展奠定坚实的基础。

（2）以足球项目为突破口，从一年级开始，班级就开始建立足球组织，班班都有代表队（男足、女足）；在班级足球队的基础上，进一步组建了年级的男女生足球队（12 支年级足球队），形成了浓厚的校园足球文化。

（3）经过几年的努力，清华附小基于学生的体育核心素养，构建并实施了"1+x 课程"体系，并提出"三个一"，即"每班每天 1 节体育课、每天 1 个健身大课间和晨练微课堂、每人 1 个体育自主选修项目（足球、篮球、排球等 9 大项目）。体育课比国家规定的课时每周多 2 节，并按照"有趣、出汗、技能、安全"的原则，立足课堂，激发了学生体育学习情趣，夯实校园足球的根基，同时引入校外资源。

专家点评：清华附小以学生的发展为本，使学生成为学校的中心，让学生站在学校的中央、操场的中央、舞台的中央，并根据小学生的身心特点和学校的资源，创造性的构建"1+x 课程"体系，使孩子们自主选择自己喜爱的体育项目及体育学习内容，将体育课堂、体育大课间、体育晨练微课堂、体育联赛有机地融为一体。培养了学生积极、向上、热情、主动的良好精神风貌和健康的体魄，践行了少年强则中国强的思想理念，丰富了学校体育文化的内涵，形成了校园体育文化特色，巩固和扩大了校园体育文化影响，形成了清华附小体育特色课程、体育活动品牌，体育课外活动资源，使学生终身受益。

## 【案例分享三：府学胡同小学】

面临问题：活动的班级多、场地没有合理分配和利用；负责班级活动的老师（班主任为主）组织学生们锻炼的方法不当；体育教师在大课间中的作用与任务不明确；学生活动的内容不够丰富，练习积极性不够高。

解决策略：学校校长负责督导体育大课间活动；体育组制定学期活动计划，各班固定场地，安排丰富的活动内容，同时有具体的实施措施、组织形式严谨；固定的身体素质练习内容（跳大绳、跳小绳、跑软梯、仰卧起坐四个内容），运用循环练习的方法；同时各班级有自主活动空间，并在本班所在的区域内以班级为单位练习；并由班级选择集体练习和活动的内容（此内容各班自主设计，但必须经体育组认定），学校每学期以班级自主选定的项目为内容，在体育节和运动会中展示、比赛、分享。

专家点评：北京东城区府学胡同小学采用固定活动地点和活动内容的方式，运用循环练习法解决场地小、人员多，班主任组织体育活动经验不足的现状，采用统一规划，技术指导和把关（体育教研组组成专家组，对活动内容、安全性、可行性进行论证）的方式，使班级集体活动便于组织，使学生积极参与练习，使大课间活动效果好、效率高。尤其值得关注的是每学期班级自主选择练习内容的方法非常有创意，它既凝结了班级智慧，又提高了集体参与活动的积极性，提高了学生的身体素质，同时形成了以班级活动为特色的集体锻炼内容，丰富了活动形式和内容，激发了师生的想象能力。

# 【案例分享四：立新学校小学部】

面临问题：学校场地资源较好；同时学校开展定向越野活动和定向运动有一定的基础，也参加北京市及全国的各项赛事。但全校师生对定向越野比赛和定向运动的认识不足，参与性不足。

解决策略：组织全校师生共同参与"定向运动"展示、宣传、推广活动。

第一个环节（准备环节）：全体师生、家长、嘉宾就位后，播放有关学校定向运动的视频、定向运动花絮及北京市定向运动的传统校比赛图片；介绍学校的场地设施安排，并播报学校近年获得的成绩，使大家了解定向运动项目的特点、比赛方法、锻炼和教育价值，并由学生担任现场解说。

第二个环节（过渡环节）：各班级参赛学生入场，并由学生介绍各班级定向运动队的情况，以及学校预赛的程序和结果，最后由学校的体育教师介绍定向运动和定向越野的成绩记录方法和比赛规则。

第三个环节（核心环节）：学生参赛队（每队8人，4名后备学生）邀请2位家长共同参加比赛活动。

第四环节（扩展环节）：现场邀请嘉宾、家长体验（提供简单的体验路线，使他们亲身体会定向运动的乐趣）。嘉宾和家长体验时由解说员（学生担任）进行常识性讲解，学生辅助指导、参与者体验。

专家点评：定向运动集参与性、体验性、娱乐性、益智性为一体，是一项符合学生身心发展、寓教于乐的运动方式。学生在快乐的体验和游戏中脑、身、心活动达到完美结合，学校以亲子运动会方式，展示、宣传、推广定向运动，为实践性课程提供了空间。

### 三、学校体育活动的实施策略

学校体育活动、学校体育课程与体育活动品牌的形成，是在教育目标统领下，基于学生的发展、学校的资源、学校的文化氛围和学生与教职员工共同的价值追求和理想，以上案例是学校、教师、学生在实践中共同创造的实践智慧的结晶，是基于学生健康成长、以学生的发展为中心的活的教材资源和经验分享。学校体育活动实施策略如下。

"以学生的发展为本"，科学选择符合学生发展需求、根据学校资源、解决教学与活动组织中的问题，将体育课程与体育活动有机结合，将体育课程内容、体育活动内容、体育大课间活动整合，逐渐形成学校体育活动，形成体育课程开放性、课程资源发展性、课程动态生成性的良好循环。

学校体育活动实施需要根据学生不同发展阶段要求以及学校师生、家长共同认可的体育价值文化追求，制定长远规划、确定具体目标，按步骤、分阶段逐渐实现目标，促进学生身心健康发展，促进学校文化环境的发展。

学校体育活动的形成过程也是不断解决问题的过程，如学生的锻炼兴趣、教师的专业知识与技能、学校的理念与定位、学校的资源、家长的态度等。本书希望通过优秀案例分享，与大家共同探讨实施特色活动过程的策略，丰富体育活动设计思路，改进和完善实施过程中的问题，促进体育活动的开展，进一步促进学校课程资源的扩展，为校外体育活动的设计、开展、实施提供参考，使学生终身受益。

# 7.2  校园体育景观设计

## 一、总体规划

考虑环境所属景观性质、使用功能等来确定每个功能分区的主题词和功能形式，然后根据不同的功能区别进行地块分区的布局。在课题中根据功能性需要、通过规划，将地块划分为"一心、一环、二轴、四区、七园"来进行空间整体布局，通过景观轴线的系统组织，主要节点空间的精心处理，共享景观区和绿化带的构架来行形成点、线、面结合的整体体育馆景观环境，见图 7–1。

图 7-1　校园景观鸟瞰图

### （一）一心

设计时运用中心轴空间布局，将"中心体育场"放置在核心地带。中心体育场共分三层：第一层，为运动员、新闻媒体、仪器等用房；第二层，为贵宾室、观众看台等；第三层，为技术用房。体育场第二层有疏散平台，分东、南、西、北四个方向和四个方向的广场连接，这种设计方法是为了处理应急事件，最快程度的疏散人群。中心体育场外观色调以灰色为主，配有大面积的玻璃，简洁大气，气势不凡。

### （二）一环

即"绿植环保生态环"。除游泳馆东面和北面因为要表现游泳馆的建筑特色，而采用了低小的灌木林适当点缀了些许乔木的布局方式外，地块的其余边界区域都采用了高大的乔木进行绿植的隔断围绕，以这种方式将地块区域空间和校园以及市区周围区域进行隔断形成天然的植物屏障，在营造地块的空间感和生态感的同时阻隔外界的灰尘和噪声，使处在其中的人群感觉到这个地块完全处于"绿色生态"环境当中，营造出一种整洁、宁静、和谐的原生态运动、休闲、空间。

### （三）二轴

以东西方向景观主轴和南北方向景观副轴构成。其中东入口广场、中心体育场、西入口广场构成东西方向景观主轴；北入口广场、中心体育场和南入口广场构成南北方向景观副轴。

### （四）四区

按照的功能需求，对地块进行了相关分区。包括西北面的"运动健身区"；东北面的"水上娱乐区"；西南面的"综合办公区"；东南面的"生态养生区"。

### （五）七园

将重要景观节点划分为"运动锻炼园""老少同乐园""水上活动园""休闲休憩园""体育文化广场""室内外运动休闲园""迷宫生态养生园"七个园区。

## 二、功能分区

校园体育景观环境大概共分为"运动健身区""水上娱乐区""综合办公区""生态养生区"四大功能区域。各个区域之间在保持自身相对独立性的同时，也注意到了区域之间的相互联系、相互渗透，从而形成一个统一的地块整体性。

### （一）中心地带

该区域位于地块的中心位置，包括四个入口广场和中心体育场，以体育文化为主题，设计风格以规整式为主，以期营造出庄重、大气的景观效果。

1. 中心体育场中心体育场位于场地核心地带，田径场南北长193米，东西宽116米，场地四周围钢筋混凝土框架结构。主田径场看台分上中下三层结构，上层设置2600个座位，中层设置2100个座位、其中贵宾席150个；下层看台设置3600个座位，其中无障碍座位20个。看台下还布置了贵宾休息室、130米室内塑胶跑道、器材室、卫生间、运动员休息室等配套设施。

2. 主入口广场（东入口广场）运用了中轴对称的手法进行设计、非常简约，在广场的两边边缘区域设计了大型乔木树阵，乔木下面设计的是带有休息座椅功能的树池，更用景观柱、条形花池等景观元素在装缀以突出中心广场的庄重大气。广场中部设计也考虑到了大型活动举办时广场人流的集散，场地宽107米，长52米，主要采用硬质铺装的方式，在右侧的中央设计了升旗台，安排了3个旗杆，旗台左面两侧地面，布置了两个奥运五环图案，用来加强广场的体育文化氛围；旗台的右下方中间位置放有景观文化石，上面书写有"湖南工业大学体育学院"，用以作为场地的标识。

3. 三个副入口广场（北入口广场、西入口广场、南入口广场）均采用对称布局方式，设计简单明了。副入口广场的中心地带均设置了一条长条形花池，周围结合景观座椅，中间设置适合区域特征的景观雕塑小品（如南入口广场设置体操小品、西入口广场设置球类小品、北入口广场设置跳水小品）来增强各个入口的文化内涵和标识特点。广场前端两侧区域同样布置为景观树阵区域。

### （二）运动健身区

运动健身区位于新体育馆地块的西北角上，包括了生态停车场、室外足球场、室外羽毛球场区、室外篮球场、室外健身器械锻炼区、运动休息园六个部分，该区域的设计着重体现"运动"这一主题词，区域内点缀和融合了球类、健身等多种体育文化的景观小品和元素，充分体现了在绿色丛中运动和健身的意境，设定为动态的功能区域。

其中"运动休息园"，位于区域的东南面，面积比较小。该场地的设计主要是针对室外运动后的健身功能和休息功能的需要，所以在场地内部开设了游道、布置了小广场，配置有健身设施和休息坐凳，景观小品等元素。

### （三）水上娱乐区

水上娱乐区位于新体育馆地块的东北角上，它包括了有"扬帆起航"屋顶造型的室内游泳馆、室外游泳池、儿童戏水池、生态停车场、以水景喷泉为主题的观鱼池、平台活动区。考虑到本区域可能在适宜的时间段会对外开放，所以在游泳馆的四周开辟了环绕道路便于通行，在区域的西北面规划了多余其余三个区的生态停车位。而且游泳馆的北面区域有两处水池，分别为室外游泳池和适合儿童戏水玩耍的戏水池；在这个区域考虑到运动者游泳后需要休息，考虑配设一些休闲座椅。西南部分空间里面设置有观鱼池、平台活动区、也将设置一些以水上运动为主题的雕塑小品与室内游泳馆遥相呼应，区域内还会放置有景观椅的乔木树池来提供来客的休憩。整个分区的绿化准备以低矮灌木、草坪植物为主用来衬托室内游泳馆的建筑风貌。

### （四）综合办公区

综合办公区位于地块的西南角，它包括了综合楼、教师休息区、生态停车场、景观休闲亭、彩色生态园圃。其中多功能综合楼内强调了建筑的多功能使用，设有舞蹈房、健美操房、散打房、瑜伽房、力量训练房、形体房、跆拳道房等，既适合日常训练，又能举办各种正式比赛。主馆内场净尺寸为 $32 \times 45$ 米，可满足篮球、排球等训练和比赛的使用需求，主馆内部设计为四边看台，底部设置活动看台，全馆共设有座位 2979 个。另外，四边共布置活动座位 1008 个，最多容纳 3987 名观众。

### （五）生态养生区

该区域位于地块的东南角，围绕"休闲、游乐、养生"为主题来进行，区域内将通过植物群落、区块划分、为何来完成区域空间的营造，达到"生态养生"的主题。

1. 开敞式的休闲草坪位于区域的西北角上，地势没有太大的高低起伏，主要通过地被植物和疏林的方式进行区域内部地块——草坪区域的环境营造，为受众提供了一处可以尽情享受阳光恩泽的休闲区。

2. 校徽生态养生园区域的东南角上开辟了一处以湖南工业大学校徽 LOGO 为路径的

生态养生园，众所周知绿色植物是吸收二氧化碳，释放氧气的绿色加工厂，根据这一思路，通过密集的绿植营造一处让游人心旷神怡的"生态小氧吧"。

3. 带有景观廊架的儿童游乐区位于开敞式休闲草坪之中，地势平坦，以木质景观廊架作为空间围合中间区域放置一些简单的儿童游乐设施。

4. 轮滑区位于开敞式草坪中的一个小广场，广场地面以色彩鲜艳的铺装来体现轮滑区域的现代气息与运动感，用绿植作为隔断作为本区域和周围区域的分割，创造出一个相对独立的空间。

5. 演绎活动中心半对外营业的演绎活动中心位于本区域的西南角，较为独立。一层设有能承接大型会议和大型演出的活动会场，二层设有羽毛球场、乒乓球室、室内网球场，同时附有淋浴、更衣等附属用房，三层设置有健身器械场地和瑜伽房、健身房，同时也附有淋浴、更衣等附属用房。

## 三、交通流线和停车场设计

### （一）交通流线

在进行体育场交通流线设计时候应该要充分考虑动静结合、人车分流、步行为主原则；考虑校内人员与校外人员分开、日常教学、训练与对外营业分开等因素，使各条流线能实现互不干扰又能够互相补充，将整个体育场馆的道路交通系统分为 3 级进行。

1. 主要车行道：基本是围绕着四个区域的四个生态停车场进行组织，连接中心体育场东南西北四个入口广场的来设置，行车主道设计宽带约为 8~12 米。

2. 行人主道：环绕着中心体育场馆进行设置，中心地段为环形，位于中心环形车行道的里侧，然后由中心环形行人主道连接东南西北几个入口广场。

3. 行人散步道：在 7 个景观区域内，根据行人的需要、出入方便、场所设施的放置、方便的行步途径等情况进行灵活的设置和安排，并且可以根据具体场所具体分析来选择设计对于行人散步道路的地面铺装材质。

### （二）生态停车场

体育场馆四个分区都设置了一定数量的生态停车场，以满足人群停车需要。其中因临近天元大道的东广场以及南面校园主路设置为主要的车行入口，并且考虑到水上娱乐区和生态养生区到社会市民开放，所以在这两个功能分区里也设置了较之其余两个区多些的生态停车位。

## 四、植物规划设计

### （一）绿植筛选原则

俗语曰十年树木，百年树人。在课题这个环境中，虽然体育建筑占据了环境的重要位置，但环境中的一草一木也是协调建筑景观的重要组成部分，通过合理的搭配，如乔木加灌木、常绿树木加落叶树木等，通过对植物景观的搭配，营造出多层次、多姿态、多色彩的景观空间，对区域精神环境的营造也具有重要的意义。

1. 对绿色植物选择的原则"乡土树种为主，外来树种为辅"绿化的目标是对环境进行改善，以及在此基础上的审美效果追求，"生态优先"是景观环境规划设计的第一原则。本地树种能自然繁衍成林从而构建其具有当地特色的城市绿地植物群落，而且适应性广、抗逆性强、易于维护管理，理所当然地成为最佳的生态优先选择；为成为城市特点识别的重要标志，故采用乡土树种为主辅以外来树种点缀，进行合理配备，体现美观、使用、舒适的设计思路。

2. 合理搭配乔木、灌木、草本、地被植物多层配备的原则，增强区域绿植空间的丰富性，营造出高低起伏、错落有致具有流动感、丰富优美的绿植空间。

3. 变照"生态"和"美观"的要求筛选植物。随着国民经济的发展，国民的生活水平得到了改善和提高，但赖以生存的生态环境却在不断恶化。噪声过大、不良空气质量、被污染的水源、土壤的消退和各种辐射危害等都严重地影响着人群的健康身心。根据研究表明能够散发"精气"的绿色植物，具有消毒、灭菌、治病等多种功能，所以可以从这个角度出发对种植的绿植进行相关筛选来营造出适合养生的生态空间。

### （二）绿植配备

1. 主要车行道：以常青乔木树种为主，下植耐荫植物，开花常绿灌木，营造具有丰富层次的带状景观。设计配置香樟、栾树、广玉兰、红继木、杜英等植物为主。

2. 人行主干道：在人行道营造出人性景观达到春季开花、夏季遮阴、秋季观叶的效果，以落叶开花、观叶的大乔木为前景树种常绿乔木为背景树种。以桂花、银杏、白玉兰、紫薇、日本晚樱为主。

3. 两条轴线则设置配备香樟、桂花、杜鹃、银杏、红叶石楠、花卉植物等来营造出植物空间的多层次感。

4. 行人游步道：则以冠幅打乔木作为空间的上层结构，以常绿阔叶绿植为背景，以色彩明艳的植物作为主要景观点缀，再通过植物组团的各式搭配来营造不同的植物景观，以龙爪槐、日本晚樱、紫薇、桂花、山茶、竹子、三角枫、紫叶桃、红枫等为主。

5. 地被植物：采用使用性草坪和观赏性草坪相结合的原则，来增加人群的亲近感。主要以马尼拉草皮、细叶麦冬、月季、马蹄金等为主。

6.生态养生植物：在对景观区绿植选择的时候，尽量选择那些对人体身心健康有益的而且能释放"精气"的植物，有栾树、白玉兰、桂花、樟树、紫薇、茉莉、迎春花、香樟等。

# 7.3 校园体育文化的设计与监管

## 一、加大校园体育物质文化的建设

### （一）改善并合理利用体育场馆设施

很多学校存在着体育场馆设施不足，体育设施落后，体育场馆破旧的情况，不能满足学生体育锻炼的需求。学校的体育场馆是学生进行体育活动的主要场所，体育设施如果落后，不利于在校大学生的身心健康发展。学校可以设置专门的体育场馆维护和维修工作人员，对破旧、老化和容易出现危险的体育设施及时进行维护。此外，面对体育场地的不足，不倡导盲目的一场多用，如网球场地踢足球，羽毛球场地打排球等，但是可以合理地运用为数不多的场地，例如羽毛球场地和排球场地可合二为一，将排球网的支撑杆和网架起来便可进行排球活动，需要进行羽毛球活动时，把排球设施收起，在排球场地铺上正规的橡胶羽毛球场地就可进行羽毛球活动。像这种合理化的在相同的场地进行不同的运动，可以最大限度地发挥场地的利用率，弥补目前学校场馆设施的不足。所以应全面建设学校的体育场馆设施，加大体育经费投资，以培养师范生的体育水平作为出发点，完善对体育硬件设施。

### （二）开放体育场馆并延长开放时间

学校学生在进行体育活动时，时常面临场地供不应求的情况，而学校的体育学院、体育系拥有相对完善和较多数量的体育场馆。因此，学校的体育学院专用的场馆可以在不影响体育院系学生正常上课和训练的情况下，对全校学生进行开放，保证学校学生有较多的体育场馆可用。此外，延长一些室内体育场馆的开放时间，多数学校学生只有在晚上和周末、节假日有自己的业余时间去进行体育活动，所以学校应延长体育场馆的开放时间，确保学生在体育场馆进行活动时没有时间的局限性。

### （三）增加学校体育经费

目前国家注重教育行业的发展，对学校的建设力度较大，但是体育专项经费不充足，而校园体育不同于商业体育背后拥有强大的资金链，但是校园体育可以借鉴商业体育的模式，在不影响正常教学和学生生活的情况下，寻找赞助商，以增加经费来源。

### （四）优化校园体育环境

学校体育环境能对学生产生潜移默化地影响，学校应优化体育环境，例如校园广播台应开设体育栏目板块，或者定期每周播放有关体育比赛新闻、体育健康小知识等，此外在学校宣传栏中增加学校体育比赛、体育活动等校园体育的宣传，使学生在校园中随时随刻都能感受到浓厚的体育氛围。经过优化校园体育环境，能够让学校的学生有完善周边环境的能力，在今后的工作中，能更好地优化教育事业。

## 二、落实校园体育制度文化的细节

### （一）体育规范细节落到实处

学校应在遵循国家体育政策的原则下，制定出适合本校的体育规范，学校的体育领导、体育教师和学生都应该遵守学校的体育规范，并且要把体育规范细节化，落到实处，做到有效实施，执行到位，校园体育的每一项活动都要严格遵守相关政策和规范，例如体育教师工作守则应落实到体育教师的每一项工作上，不止落实到教学上，在学校的每一项工作都要按照工作守则进行；体育课堂规范制度要落实到每一节课堂上；适当修改体育场馆管理条例，应根据学生的业余时间，学生的爱好对体育场馆进行适当的管理等。学校通过落实体育规范，可以让学生时刻遵守规则，有一定的约束作用，能够让这些未来的教育工作者在以后的工作中爱国守法、爱岗敬业。各师范院校应通过体育文化以培养师范生的遵守规则和执行能力为根本，在未来以爱国守法为基本原则执教。

### （二）增加有特色的体育传统项目

学校应组织了运动会、体育文化节、体育竞赛等活动，但组织具有特色的体育活动相对较少，学校应根据自身优势组织富有特色体育活动。例如多开展民族体育教学、民族体育活动、民族体育竞赛等；可以加大对武术教学、武术竞赛的组织，让这些有特色的体育项目成为学校的体育传统。

## 三、完善校园体育行为文化的开展

### （一）优化体育课程设置

在对学校大学生体育课程的调查中了解到，多数学生选体育公选课时，想选自己喜欢且感兴趣的，存在着学生选不到自己所喜欢的课程，调剂到其他的体育课程的情况。所以，学校在学生进行体育选课之前，应进行学生预选课或者预调查，了解学生的兴趣爱好之后，对课程设置进行优化，最大化的使学生选到自己感兴趣的课程。例如师范类院校中女生数量多，可以多开设一些轮滑、空竹等运动强度低、对抗性弱、有趣味的课程，这些项目没有场地限制，而且深受女生喜爱。此外，学校体育教师应该优化体育课程的考试内容，消除学生对考试通过率的顾虑，不会选择自己不喜欢但是考试易通过的课程。学校通过优化课程，不仅使学生学到了自己想要学到的知识，可以让学校学生在以后的工作教学中能够优化配置自己的教学计划，使学生获得更多的知识，为国家培养更多的人才，因此，学校应改变传统的教学方式，要选用符合师范生培养的教学计划，并且督促教学计划的实施。体育老师应因材施教，根据学生的个体差异，采取灵活多变的教育方式，以培养师范生能优化配置教学方法和目标为计划，在未来可以优化教育事业。

### （二）丰富体育竞赛内容

学校应丰富体育竞赛的内容，多开展一些受广大学生喜爱的体育竞赛项目。例如多举办一些跳绳、拔河等既简单有趣，又能使广大学生参与的体育竞赛项目。由于目前学校学生身体素质相对不高、女生人数较多，在组织竞赛时可以对一些进行时间较长、运动过于激烈的运动，适当缩小场地或者更改规则让不善于运动的学生积极参与，如缩小足球场地和比赛人数，利用半块场地进行比赛；取消篮球计分规则，只按进球数量的多少来判定比赛结果等，这些方式都可以使运动技术相对不好、体力相对不足的学生参与到竞赛中来。

### （三）扩大社团数量并进行严格管理

学校在组织成立体育社团时，应多结合自身优势，发展富有特色的体育社团，增加社团数量，使同学在参加社团时，有更多的选择性。河北师范大学根据自身特色，开设了体适能健康协会、康复保健协会、啦啦操社团等，受到了广大学生的欢迎。对此，其他院校也应根据自己的特色扩大体育社团数量。此外，各学校应健全体育社团管理条例，对不同类型、不同种类的体育社团都进行严格的管理，社团一旦出现管理混乱、不进行社团活动或者出现浑水摸鱼的情况，应取消社团申请资格，禁止社团纳新。同时，对一些比较优秀的社团进行一些体育器材、体育优秀社团称号等方面的奖励，能够有效促进各类体育社团发展。

### （四）增加运动队数量并改变选拔方式

学校在进行校运动队建设时，应增加运动队的数量，不止局限于建设自身有优势项目的运动队，可以增加一些学生和运动员有极大兴趣爱好的运动队，这些运动队经过训练之后，也可以成为学校的体育代表队。另外学校在进行运动队队员选拔时，可选拔一些素质较好的非体育专业的学生，这些非体育专业的学生很可能经过科学地系统训练之后，发挥出巨大的潜能，为学校争夺荣誉。此外，学校也可以选取对体育运动有极大爱好的非体育专业学生到校替补队，可以临时接替受伤或有临时状况的队员，为学校体育的发展贡献出一分力量。此外，各师范院校应扩大自身的体育优势，加强对高水平运动员招生资质的申请。在高水平运动员入学后，高水平运动队可以和学校运动队一起进行训练，两者之间相互学习、相互促进，在教师的科学指导下，提高体育成绩，能够未来的比赛里，取得优异的成绩。

### （五）引导学生科学化进行课余体育活动

进行科学化的课外体育活动，才能使身心得到有效的锻炼，目前学校学生在课余体育活动时没有遵循科学化的原则。因此学校体育部门和体育教师应进行正确的引导，使学生在进行课余体育活动时尽可能地科学化、合理化：刚开始进行体育活动的学生可以每周运动两次，每次至少运动半小时以上；对进行过一段时间体育活动的学生来说，应适当加大运动频率和运动时间，做到每周至少三次，每次运动在一小时以上的身体活动；对于身体素质较好的学生，应持续坚持体育运动，保证每天健康运动一小时的标准，学校可以通过指导学生进行科学的锻炼，提高高等师范生的身体素质，使师范生能够有一个好的身体状态投身到教育事业。

### （六）加强对大型体育赛事的承办

目前，学校对大型体育赛事的承办能力远不如省内的高等非师范院校，大型体育赛事可以促进学校之间的交流，有效的传播体育文化，提高学校的文明形象。因此，学校应努力做好大运会等大型赛事的前期筹备工作，同时积极向河北省教育厅和河北省大学生体育协会提出承办申请，努力做好申请大运动赛事承办的前期工作。此外，还要依靠赞助和社会各界力量，尽可能地多承办企事业单位的大型体育比赛，构建学校和社会一体化的体育新趋势，提高学校自身的体育知名度，从而更好地传播和交流师范类院校的校园体育文化。

## 四、加深校园体育精神文化的传播

### （一）增加体育知识的传授类型

学校体育教师在进行体育技术知识的同时，应提高对理论知识的传授，学校可以开设体育理论课程或者体育理论知识讲座，提高学生对体育的认知度。此外，教师在学期教学计划上，可以安排上对理论知识的传授，每个学期可以用一些课时，进行理论知识的教学。学生可以通过多种类型体育知识的学习，学习多种教学方式，使自己在未来工作的过程中可以通过多种思维，用多种方式进行教学。

### （二）提高体育精神相关文化的认识

学校应引导学生加强对体育精神文化的认识，提高学校园文化的凝聚力。学校组织学生进行自主制定健身计划、组织比赛、开展体育专题讨论等，不仅提高了学生的体育创新意识，还增加了体育活动的趣味性。同时，学校应培养学生的体育纪律性，使学生在运动中时刻约束自身行为。学校的学生作为未来国家和社会的教育工作者，创新意识和组织能力是必不可少的，学校的学生可以通过体育精神文化的提高，使自己的创新能力、组织能力得到提升，能够为未来教育事业做出贡献。

### （三）树立学生正确运动动机

目前学校多数学生在进行各项体育活动时没有形成一个正确的运动动机，学校的体育教学、社团活动以及体育讲座中，都应引导学生树立正确的运动动机，让学生在进行体育活动中明确自己的目标，使学生体育课程、体育竞赛和课外体育活动都有一个新的认识，自身在参与体育运动时，应明确自己的目的，根据自己的实际需要去选择合适自身的运动项目，促进学生的全面发展。学校广大学生可以通过正确的运动动机，树立正确的人生观和价值观，这对学校培养人才的理念是一致的，学校的师生只有树立了正确的人生观和价值观，才能够在未来工作岗位中正确影响着一代又一代的人。

## 五、学校校园体育文化发展路径探究

校园体育文化包含了校园与体育之间的各种文化总和，其中物质文化是基础，制度文化是保障，行为文化是外在表现，精神文化是灵魂与核心。校园体育文化是一个复杂的整体，它所包含的每一种文化并不是分割的、独立的，而是发展的、联系的。因此，本文在校园体育各项文化的联系和协调下，对学校校园体育文化的发展路径进行了一个整体的研究。

### （一）重视运用反馈，提高学生体育水平

建设学校校园体育文化的发展，促进校园体育文化的传播，其根本目的是为了提升学生的身体素质，使学生在大学生活期间增强其体魄、树立其终身体育观，为以后的工作提供一个健康的身体基础。学生是学校体育运动行为的主体，学校中的体育场馆、体育教学和考核、体育社团、运动队以及课余体育活动都在影响着学生体育活动的行为，学生在体育活动中是积极、主动的个体，并不是被动、受制约的个体，学生的体育行为也可以能动地反映出学校的各项体育文化。因此，在建设校园体育文化过程中，要充分利用学生的反馈信息，从而进一步地提高学生体育水平。在学校体育场馆、设施方面上，要充分地观察和调查学生对场馆、器材的满意程度，根据学生对场馆、器材的反馈信息，有效地完善和改进体育场馆、设施；在体育教学和考核方面上、体育教师要多进行阶段性考核，根据学生阶段性的学习成果，了解学生是否掌握该教学阶段的基本技能，从而合理安排下一阶段的教学计划；在体育社团方面上，建立社团意见箱或者是意见本，利用学生的反馈，找出社团自身的优缺点，同时充分利用自身优点，指导学生进行社团活动；在学校运动队方面，建立学生个人信息档案，根据队员训练的反馈信息，对队员进行全面分析，同时记录在档案中，在之后的训练中，教练可以根据队员的档案信息，调整训练计划；在课余体育活动方面，要指导学生学会利用自身的反馈，从而合理有效的改进自身的课余锻炼计划，避免盲目、跟风和形式运动，从而更好地提高运动能力。

## （二）在各方面中渗透体育文化，促进体育文化的传播

学校校园体育文化是广大师生经过长期的实践所形成的一种文化，一旦形成往往代代相传，具有不易消散的特性，良好的校园体育文化可以促进校园体育文化的传播，对学校的广大师生起到了潜移默化的影响。总结来看，学校校园体育文化的传播，无外乎四种横向方式的纵向渗透，包括文字渗透、言语渗透、网络渗透以及学校机构渗透，文字渗透包括条幅标语、宣传栏和学校图书等，文字渗透摆脱了传播参与者之间需要直接面对的局限，增加了体育文化的传播范围，而且能够详细地叙述身体运动动作原理，深刻全面的表达各项体育文化；言语渗透是体育文化在传播时手手相交、口口相传的传播形式，是最古老、最常见的传播方式，具体包括校园广播、同伴交流和教师的传授等，能够传递体育文化丰富的情感；网络渗透是随着科技的进步、时代的发展新兴的一种快速传播文化的方式，学校通过网络新形式向学生传授前言的体育知识和体育新闻，实现体育信息的速递，包括微博、微信、论坛等，学生的选择更加多样化、自由化；学校机构渗透在传播体育文化中有着举足轻重的地位，可以开设体育讲座、体育竞赛、评选体育先进个人等，同时学校体育机构可以制定出先进的体育文化发展目标，为学校体育文化的发展提供持续的动力。

## （三）发挥特色优势，面向全体学生、促进学生全面发展

体育经历了从自挑战自我、追求人的身心协调和全面发展到追求竞技的人性化、人类文化的多元和谐、人与自然的和谐共存的历史演变。体育不仅仅是为了强身健体和显示一种壮观的场面，更是为了人的全面、自由的发展，尊重人的个性化发展。当今体育文化发展的新理念是以人为本，学校的学生是校园体育文化的主体，所以以学生为本的体育发展也是学校体育文化发展的趋势。以学生为本的体育内涵就是要以学生的健康发展为中心，面向全体学生，充分利用学校的优势和特色体育项目，抓住学生对体育的兴趣，结合学生的自身爱好发展体育，使每一名学生都能扬长避短，得到最佳的发展。学校在开设体育课程或体育社团时，应多提供给女生一些技巧类、舞蹈类、隔网类等一些运动强度小、效果好的运动项目，提供给男生一些对抗类、耐力类的能够展示体育魅力的运动项目。此外，各学校可以根据地方或自身的优势、特色，研发校本教材，开设校本课程，让教师参加校本教材的编写，让学生参加体验体育课程的设计，充分利用现场体育资源，增加富有特色、具有吸引力的运动项目，可以让每位学生根据自己的不同喜好选择自己喜欢的体育课程和体育社团，丰富自身的体育知识、技能。学校对体育文化不仅具有筛选、整理、传递和保存的作用，同时对体育文化也具有选择、提高、更新和创造的作用。在学校发展的历史长河中，学校的体育文化也在不断地发展着。所以，学校应对学校自身的体育文化进行整合和筛选，保护好历史保存下来的优秀体育文化，在此文化的基础上科学的进行改进和提升，以此适应高速的社会发展和现代学生的需要。

### （四）加强体育管理，建立互监督机制

学校校园体育文化具有主体三位性，即个人、群体和领导部门，个体是校园体育文化中，参与体育运动、具有体育能力、有生命力的个人，包括体育教师、学生、体育领导和体育工作者等；群体是具有共同的体育观、有相同的体育目标、有组织的、结构相对稳定，为同一目标参加体育运动的一群人。群体有正式群体和非正式群体，正式群体包括体育教学、体育社团和运动队等，非正式群体包括体育爱好小组、自发组织的协会等，是学校体育发展的重要组织形式；领导部门主要是指学校的体育主管部门，是学校体育发展到一定阶段的必然产物，包括政治和经济两大功能，个人和群体都在领导部门的规范下进行着各项体育运动，是体育文化发展的保障。校园体育文化的发展需要校园体育系统的各要素相互协调，这对学校体育的统筹和谐有着重要意义。个体、群体与领导部门三者之间的关系是密不可分的，首先，领导、教师、学生和工作人员都是以个体存在；其次或多或少的个人组成了不同的群体；最后，个人和群体受领导部门的制约。所以，校园体育文化的主体三位性想得到长期共同发展，就需要主体三位相互监督，相互制约。这就要做到个体之间相互监督、个体与群体的相互监督、群体与领导部门的相互监督以及个体与领导部门的相互监督，保证三者之间的信息有效流动，达到相互制约、两两互动、一起管理和有效监督，确保校园体育的行为得到有效实施。

### （五）校园体育产业化、多元化，提升自身实力

在全球化发展的社会，体育的产业化、多元化逐步成为学校校园体育文化发展的一条重要途径，校园体育产业化、多元化的发展不仅是自身的校园体育文化"走了出去"，也使校园外的体育文化"走了进来"，校园体育与社区体育的交流也越来越紧密。因此，发展校园体育的产业化和多元化，应发展各级各类的体育赛事，学校不仅要多承办大学生运动会，也要积极承办社会中的各项企事业的体育赛事，实现学校体育与社会体育的互通。体育主管部门应尽可能多的给予学校体育经费，弥补学校在体育发展中资金不足的短板，大力提升自身的实力，为学校体育事业的持续发展提供动力。这就要求学校做到吸引社会投资和赞助，提升资产来源。学校可以通过冠名、合作、赞助、广告和特殊经营等方法，增加社会对学校体育场馆、体育赛事等活动的开发，有效推动体育产业化。此外，学校可以为社会团体有关体育活动、体育拓展及体育赛事的方案，为社会团体提供体育服务增加学校合法收入，只有学校有充分的体育资金来源，才能扩展场馆建设，增大承办体育赛事的能力，为广大师生提供优良的体育环境，提升学校校园体育文化的自身实力。

# 第八章　基于具身认知原理的体育认知知干预

## 8.1　认知理论与体育观形成逻辑

### 一、体育观的解读

#### （一）体育观的概念

体育观在本质上就是世界观的具体化，就是人们的世界观在体育上问题上的具体表现和展开。是指人们在研究与分析体育现象、体育问题和参与体育运动的过程中，所形成的对体育的一种认识与一种观念。体育观是人们对体育的本质的认识，它引导着人们参与体育活动的行为，指引着体育的发展方向。体育的核心是体育价值，体育价值观的基本构成就是对体育本质的认知和对体育功能的了解。很多学者认同体育主要有以下功能，以国家为本、社会为本、个人为本的"三位一体"的政治、经济、文化、教育、健身、休闲功能等。在众多的理论研究中，大多数学者将体育的核心内容、人的本质、体育价值观三者紧密联系。陈埼等提出体育价值观内容体系是由体育经济、体育教育、体育休闲、生物体育、和人文体育价值观构成。

体育观的发展与时代的变迁是密切相连的。体育观念的发展在体育教育这一系统中表现是最为明显的。在学校体育的发展历程中，主要经历了身体练习—运动教育—终身体育这三个阶段，我国目前处于的第二个阶段——运动教育，将体育与教育相结合，关注学生内在需要，让学生在运动中收获成长，体验运动本身的乐趣。

#### （二）体育观的属性、特征

体育观的内容，体育系统观、发展观、价值观所包含的内容是客观存在的，体育观的来源是体育实践——体育活动、赛事、教学，体育观的形式是主观的，不论是正确的还是错误的都是对体育实践这一客观存在的反映。体育观是体育的表现形式与体育实践的统一，是主观与客观的统一。

体育的本质属性是运动实践。体育观要经历认识过程的两次飞跃，从体育实践到形成对体育的认识，从感性认识到理性认识，再到实践，经历多次反复实践才能最终形成（在这一过程中体育现象和体育实践为认识提供了丰富的材料）。

它具有能动性的特点。体育观具有目的性和计划性，每一种体育观的提出都是为了解决一个问题，有明确的目的性，自觉选择性和创造性，不同的学者根据自己对体育实践的认识和研究提出不同的体育观。

### （三）体育观的功能

影响人们对体育的认识，影响人们参与体育运动的行为。在当代社会，体育已经成为一种生活习惯，一种休闲方式，将体育融入生活已经成为人们提高生活品质的一种手段。

体育观为人们认识和思考事物问题提供了不同的视角。在当今多元文化的背景之下，人们在体育价值取向上会出现多元和个性化的理解。从对技术层面的追求上升到对精神层面的追求再上升到文化的交流融合方面，更加科学与理性地看待社会现象与问题，多角度更全面的分析问题。

体育观为体育教学明确了发展方向。体育观是人们在看待体育问题所表现出的世界观，人们通过对体育实践这一客观事物的分析、总结、反思，来评判和调整自己的行为。所以，为了学校体育的发展，为了使体育运动为学生带来实际的帮助，就要辩证的分析体育观的发展，用科学、正确的体育发展理念、体育价值观来引领学校体育的发展，使学校体育蓬勃发展。

## 二、体育观的发展历程

新中国成立以来，体育随着时代的发展有着不同的内涵，从事体育研究的学者们根据自己对体育实践经历和对体育现象的认识提出了不同的体育观，从最开始提出的体质教育观、体育健康观、体育人文观、体育教育观到现在的休闲娱乐体育观、"分享运动"人文体育观、运动教育观、终身体育观、快乐体育观。体质教育观核心观点认为体育是身体的教育，通过身体练习，增强体质；体育健康观核心观点把"健康第一"作为体育教育的目的；体育教育观核心观点认为体育是一种教育，通过体育来实现德智的教育、促进学生身心发展，培养健全的人；人文体育观核心观点以人为本，发展建设体育本身的文化内涵；休闲娱乐体育观核心在运动休闲中进行身体娱乐以获得身心健康；"分享运动"人文体育观强调人的社会性，通过分享运动，促进人与人之间的交往，共同建设一个文明、有生机、积极向上的运动环境；运动教育观强调运动本身就是目的，人们可以亲身体验，在体验的过程中感受，反思，形成自己的东西；终身体育观强调的是培养一种健康积极的生活态度；快乐体育观核心通过运动本身的体验获得快乐以及保留其游戏性。

## 三、从自然辩证法的角度分析

### （一）根据自然辩证法

关于科学分类的观点，可试想把现代体育科学体系划分为两大组成部分一部分是以自然科学为基础，它的研究对象是人体在进行身体锻炼条件下的规律性。另一部分构成一个科学群，属于社会科学的门类。构成的科学群也是分层次的，从它当前发展的情况来看，可设想把它分为理论和应用两个层次。

人体自然观给我们的启示是，人是一个生命有机统一体，是运动的主体，只有科学合理地进行人体活动，才能促进这一机体不断发展。竞技体育不能直接应用于学校体育和全民健身中。竞技体育目的是通过科学的训练不断提高人体运动水平，突破人体生理极限，创造优异成绩，取得奖牌；学校体育目的是通过科学的系统的体育课程让学生对体育有深入的认识，培养学生参与体育运动的良好习惯，培养终身体育的意识；而全民健身目的是通过科学的训练提高人们健康水平和增强人们的生活品质。所以科学的参与体育运动，要遵循人的身心发展规律，促进人的身心发展，创造良好体育锻炼氛围，使学生积极参与并形成良好运动习惯。

人与自然的关系。人与自然要和谐相处。自然界教会人们很多道理，需要人们在实践中体会、感受、领悟、总结与反思。自然环境是人们进行体育活动的一个重要环境，是人认识自我、认识世界的窗户。体育活动的一个独特性就是在户外进行，在大自然环境中开展活动，通过与大自然亲密接触，体验、感受大自然的独特魅力与伟大，拥抱自然，发现自我，实现自我。

### （二）自然辩证法在体育教学中的应用

自然辩证法主张用全面、发展、联系的观点来看待和分析问题。是对自然界和科学技术发展关系的一般规律的认识的科学。体育教学的目标是通过身体练习、体育精神的培育、体育文化的熏陶来促进学生身心健康发展，人与自然界的互动是一种有效地实现体育教学目标的手段，人与自然要和谐相处，在教学中，要遵循人的身心发展规律，认识学生之间的差异性，因材施教，科学合理地安排教学内容。

### （三）以体育技能实践为主的观点和以体育理论知识研究为主的观点

既对立又统一自然辩证法中的系统方法论指出整个世界是以大小不同的系统所组成，并且是相互作用普遍联系的。体育观就是这些大小不等的系统之一。理论与实践是相互影响、相互作用的。体育实践与体育理论是一个主体的两个方面，体育教学理论在实践中形成，反过来又以观念的形式影响人们的体育实践，进而影响人们的体育教学思维，体育教学理论的发展是扬弃的过程，是对旧的落后的理论的否定，对新的先进的理论的肯定是辩证的否定。事物是不断变化发展着的，体育理论的研究也将在实践的基础上不断推陈出新，向前发展。科学技术是一把双刃剑。积极效应：运动技术与运动装备的提升，竞赛水平和运动员水平的提升；器械的升级；场地的发展；科学的训练方式与监测系统；科学的训练后恢复方法；促进运动项目理论研究的发展；促进训练选材的科学化。负面效应：运动受到科技的控制过多，使运动员过度依赖形成反作用，如兴奋剂的使用。辩证地看待科学技术与体育运动之间的关系，使二者协调发展，相互促进。

## 四、体育观形成过程中主体和客体的矛盾运动

体育观形成的过程，实质上是主体人对客体体育现象认识的过程。体育观形成过程中，主体和客体的矛盾是人类在体育实践和认识过程中产生出来的矛盾，离开了体育实践和对体育实践的认识，也就无所谓主体和客体。

### （一）体育观形成过程中的主体——人

辩证唯物主义认识论中，所谓主体，就是认识者。没有人就没有体育，也没有对于体育的认识，也就没有体育观。马克思主义认为，主体是指具有实践能力和认识能力，并从事社会实践活动和认识活动的个人和社会集团。也就是说，并不是人都能成为主体，而是需要一定条件的。这就是既要具有实践能力和认识能力，同时还必须从事实践活动和认识活动。否则，还只是可能意义上的主体，还不是现实的主体。仅仅具备认识体育现象主体的必备条件还是远远不够的，还必须积极参与体育实践，积极主动地认识体育现象。主体人是能动的存在，能动性是作为认识主体的根本属性。只有结合自己的实际情况和认识水平，积极参与体育实践活动，并认识体育现象，才能形成科学正确的体育观。

### （二）体育观形成过程中的客体——体育

现象辩证唯物主义认识论中，所谓客体就是被认识者，也就是认识对象。要形成科学的体育观，还必须有认识的对象，没有体育现象、没有体育存在，也就没有体育观可言。体育是人类社会的一种现象，一种存在，这种存在就是我们认识的对象，认识的客体。马克思主义认为，客体是指进入主体的实践活动和认识活动范围，并和主体发生联系的一切现象。体育正是主体人为了自身的生存和发展，而自主选择的一种实践活动，是人类实践认识的结果，而且和主体人有着密不可分的联系。

体育观形成过程中的客体，包括人自身客体，社会客体和精神客体。也就是说，人在认识体育现象，建立体育观的过程中，既要认识自我的客体，包括生理、心理、思维等各方面的发展规律，同时还要认识自己个体和社会成员及群体的关系。精神客体作为人类精神活动的产物，主要是指主体的精神活动过程和由这些活动过程所创造的关于体育的科学文化知识。也就说，要树立科学的体育观，除了积极参与体育实践外，还必须要学习掌握关于体育的科学文化知识及其技能和方法。

### （三）体育观形成过程中的主客体——人和体育的对立统一

马克思主义认为，主体和客体的关系是对立统一的辩证关系。人和体育互为体育观建立的前提，它们互相依赖、互相制约、互相作用，体育观建立的过程是主客体相互作用的过程。在这个过程中，人既是主体也是客体，既是认识者，也是被认识者。体育观建立的过程中，不仅要认识体育现象、体育存在的本质及其发展规律，也要认识自己，认识主体人身心发展的规律，认识体育和自身的关系。亦即体育对我们自身的作用和意义，对生命、生存、发展等价值。不能光眼睛向外只看到体育现象，也要向内看自己，看到自己和体育的关系。

### （四）体育观形成过程中认识和实践的矛盾运动

从认识和实践的矛盾运动看，体育观形成过程中，表现为由实践到认识，由认识到实践过程中知和行的统一。实践的观点是辩证唯物主义之第一和基本的观点。正如马克思所说："社会生活在本质上是实践的"（《马克思恩格斯选集》第 1 卷第 18 页）。体育是人类社会实践总体中不可缺少的重要组成部分。主体人生存发展的需要和需要满足的矛盾，必须依赖于作为对体育认识的体育观和体育实践矛盾的解决。

1. 体育实践是体育观的基础

实践性是体育的本质特征，没有体育实践也就没有作为认识的体育观，体育实践是体育观的来源。人类通过自身的身体器官，从事各种社会实践，并和客观外界事物接触，获得丰富的感性认识，经过大脑的思维加工，形成对事物的认识和看法。在长期的体育实践中，人们逐渐认识到自己的身体活动，对自身生存发展的作用和意义，并认识体育现象的本质和发展规律，在此基础上，形成了关于体育的观点。体育实践是体育观形成、发展的动力，作为对体育认识的体育观，是随着体育实践的发展而发展的。体育实践不断提出新的课题，这些课题的解决，需要不断地探索、研究、认识。人们对体育实践出现问题的解决，加深了对体育实践的认识，丰富了人类文化科学的知识宝库，同时也促进了科学体育观的形成和发展。

体育实践是检验体育观是否科学正确的标准。体育实践不仅是体育观的来源和动力，同时也是检验体育观是否科学的唯一标准。对于体育的认识，看法是否正确，要看能否促进体育实践的发展。人是目的，是一切价值的尺度。主体在体育观的指导下参与体育实践活动，如果对主体人生存发展具有积极促进作用，证明它是正确的、科学的，否则它就是不正确的、不科学的。

2. 体育观要指导体育实践

在建立体育观的过程中，不能为了认识体育现象，而认识体育对象，而是为了更好的指导体育实践，参与体育实践，促进体育实践的发展。参与体育活动、指导体育等实践是建立体育观的目的。认识体育是为了更好的从事体育实践。也就是说不仅要知，而且要行，光说不练，光看不练是不行的。而要在科学体育观的指导下积极地参加锻炼，坚持锻炼，只能这样才能促进人类自身的生存和发展，这才是建立体育观的根本目的。只有在科学体育观指导下的体育实践，才能促进体育实践的发展，使体育更好地为人、为人类社会发展服务。从事体育实践必须以科学体育观为指导。

### 3. 体育观必须在体育实践中不断发展

人类的生存条件、客观世界等是不断发展变化的，体育实践也是不断发展变化的，主体人的需要也在发生变化，因而作为对体育认识的体育观也必须不断发展。科学的任务就在于认识客观现象，揭示客观世界的本质及其发展的规律。体育观不是僵死的、固定的、一成不变的，而是随着社会的发展，体育的发展，人自身的发展而变化的。社会的发展需要人们不断地更新传统观念，也必须更新体育观念。我们要从未来社会的发展，人自身的发展的视角从新审视体育，建立科学、正确、符合时代和未来发展需要的科学正确的体育观。

## （五）体育观形成过程中主观和客观的矛盾运动

思维和存在的关系问题，是哲学最基本的问题，在认识论中，表现为主观和客观的矛盾。体育观建立的过程是主观和客观相互作用，逐渐走向一致的过程。

### 1. 体育存在决定体育观

体育观的建立离不开人的意识，离开人的意识，也就无所谓体育观的建立。同时也离不开体育存在，没有体育现象的存在，也就失去了反映认识的对象。体育观和体育存在之间的关系，在马克思主义认识论中，表现为主观和客观的矛盾关系。

在唯物主义看来，主观是指人们所特有的意识，包括人的感觉、思维、愿望、情感、意志、态度等。其中感觉思维表现为认知的形态，愿望、情感、意志等表现为情意形态。作为客观是指不以人的意识而独立存在的客观世界。马克思主义认为，主观和客观不仅相互区别，而且相互联系，客观决定主观，主观反映客观，并反作用于客观。

### 2. 体育观反映体育存在

体育观建立的过程，就是人的主观对体育客观认识反映的过程。没有体育客观存在，就没有对体育客观反映的体育观。这种反映既不会自然反映，也不是被动反映。也就是说，体育客观存在不会自动进入人的主观，主观也不是被动地接受体育客观存在，而是主观要积极努力地接触体育客观存在，主动参与体育实践，认识体育客观存在，只有这样才能科学反映体育客观存在。

### 3. 体育观反作用于体育存在

要建立科学的体育观，就要尽量做到主观和客观相一致，这是马克思主义认识论的基本原理。体育观要客观准确地反映体育存在，必须积极主动地认识反映体育存在，并反作用体育存在。只有这样才能逐渐地做到主客观的统一，形成科学正确的体育观。促进体育存在的发展，使体育更好地为人类自身、为人类社会的发展服务。

体育观的建立，从本质上来看，就是主体人在改造自己的体育实践中，克服主体和客体，认识和实践，主观和客观的对立达到三者统一的过程，认识体育观形成过程中矛盾运动的规律，有助于科学体育观的建立。主动努力地认识体育现象，建立科学正确的体育观是科学发展的必然，是人自身生存发展的需要，也是社会发展的需要。只有对体育现象有了科学正确的认识，才能使体育成为自我生命的组成部分，才能把经常参加体育实践，变为发自内心的自觉积极的行动。

## 五、中国特色社会主义体育道路的形成逻辑

回望来时之路，我国体育发展取得的伟大成就早已充分证明，中国特色社会主义体育道路得到了中国人民的认同，开辟了体育发展新境界，是中国体育实现跨越式发展的根本保障。蕴含在这条道路之中的政治逻辑、历史逻辑、法治逻辑、文化逻辑和创新逻辑等，促使人民将忠党、信史、明法、崇德、谋新有机统一起来，形成持久深沉的信服力，坚定不移在中国特色社会主义体育道路上奋力前行。

### （一）政治逻辑：坚持党对体育工作的领导

马克思主义理论是武装中国共产党的重要武器，坚持马克思主义的指导地位并与中国国情紧密结合是中国特色社会主义道路成功的精神之源。中国特色社会主义最本质的特征是中国共产党的领导，中国特色社会主义制度的最大优势是中国共产党的领导。中国革命、建设和改革等取得伟大成就最为关键的因素在于坚持党对一切工作的领导，这是党和国家的命脉所在，也是全国人民的幸福所系。我国体育事业发展一百年来取得辉煌成绩，中国特色社会主义体育道路越来越完善、越走越宽广的根本原因，在于始终坚持党的领导。体育事业是党的事业，从新民主主义革命时期体育的初步兴起，到社会主义建设时期体育工作的深入开展，到改革开放后体育事业的全面推进，再到新时代体育发展取得一系列令人瞩目、振奋人心的成就，朝着2035年建成体育强国的远景目标奋勇前进，充分发挥党的领导作用始终是推动我国体育事业发展的根本力量。回首过往，党的历代领导人高度重视体育工作，对国家体育发展给予了无限关怀，为体育改革注入了强大动力，为实现体育高质量发展奠定了坚实基础、开辟了光明前景。加强党对体育工作的全面领导尤其是政治领导，是把我国体育发展方向，不断开启体育事业发展新篇章的关键所在，是在新的百年推动体育事业破浪前行、行稳致远的"定海神针"。

### （二）历史逻辑：发展以人民为中心的体育

中国特色社会主义道路是一条把人民放在最高位置，得民心、顺民意、惠民利的初心之路。中国共产党始终将人民的利益作为自身追求的唯一目标，坚持人民至上，在开展体育工作中站稳人民立场，充分相信群众，密切联系群众，在体育发展中注重发挥人民价值主体、参与主体和共享主体等的重要角色，不断满足人民群众日益增长的美好生活的多元

体育需求。体育发展为了人民，从本质上体现了中国共产党通过大力发展体育事业，实现增强人民体质、促进人的全面发展等的根本目标，始终将为人民谋幸福，满足人民群众对美好生活的向往作为初心和使命的坚定决心。体育发展依靠人民，充分彰显了通过集结人民力量、汇集人民智慧、凝聚人民伟力发展体育事业的强劲驱动力，全方位激发人民群众在促进体育发展中的巨大潜力，矢志不渝构筑起体育发展"人人参与、人人尽力、人人享有"的强大信心。体育发展成果由人民共享，系统诠释了人民的"主人翁"地位，在与人民群众的密切联系中，把诚心诚意为人民谋利益作为党领导体育事业发展的不变恒心。"必须坚持以促进社会公平正义、增进人民福祉为出发点和落脚点"。在体育发展中保障成果的普及性、广泛性和公平性等，描绘了体育服务人民、惠及全民、造福人民的鲜亮底色。

### （三）法治逻辑：加强依法治体和制度建设

坚定不移走中国特色社会主义法治道路，在法治轨道上推进国家治理体系和治理能力现代化，是中国共产党治国理政的基本方略。依法治国和依法治体本质上具有高度一致性，依法治体是依法治国在体育领域中的具体实践和深刻体现。中国共产党始终将依法治体作为党领导体育事业发展的基本方式，不断丰富和完善各项体育法律制度。从1982年《宪法》中对发展体育事业，开展群众性体育活动提出明确要求，到1984年中共中央《关于进一步发展体育运动的通知》的出台，再到1993年颁布《关于深化体育改革的意见》，特别是1995年《体育法》的颁布实施，结束了我国体育发展长期无法可依的不利局面，为我国体育改革发展纳入法治化轨道奠定了坚实的法律基础。之后，《全民健身条例》《学校体育工作条例》《"健康中国2030"规划纲要》《关于加快发展体育产业促进体育消费的若干意见》等一系列政策法规文件相继出台，全方位覆盖竞技体育、群众体育和体育产业等领域，用制度建设筑牢我国体育改革发展的铜墙铁壁。截至2019年，我国已形成了1部法律、7部行政法规、32部部门规章、203件规范性文件的体育政策法规体系，并不断加快《体育法》修订进程，在新发展阶段提高立法质量、提升司法水平、加大普法力度，有效应对体育发展出现的新任务新问题新矛盾，为体育事业高质量发展保驾护航。

### （四）文化逻辑：继承和弘扬中华体育精神

中华民族五千年的文明发展进程，孕育出博大精深的灿烂文化。文化是一种无形的观念，却能深刻影响有形的存在。习近平总书记提出，"要把跨越时空、超越国度、富有永恒魅力、具有当代价值的文化精神弘扬起来"。体育文化是社会主义文化不可或缺的组成要素，是坚守中国特色社会主义道路自信、文化自信的重要依托，也是实现中华民族文化大发展大繁荣、建设文化强国的构成要素。改革开放以来，尤其是党的十八大后，围绕国家体育发展中心工作，体育文化不断繁荣，中华体育精神、女排精神等入人心扉，影响着一代代国人对体育的认知和理解。例如中华体育精神对爱国主义、集体主义、团结协作等优良作风进行了高度诠释，虽在不同的历史背景被赋予了不同时代意义，但其中蕴含着为国争光、自强不息的核心价值，展现出勇于拼搏、积极进取的人生态度，散发出夺目耀人的光彩，辉映着新时代的风采，激荡着伟大的中国力量，点燃了亿万国民砥砺奋进的梦想火炬。此外，在创新体育文化工作方式中，注重树立"大体育文化观"，结合自媒体、融媒体等新兴传播途径，讲好中国体育故事、传递中国体育声音、释放中国体育能量，向全国人民和世界友人展现真实、立体、全面的中国等。提升中国体育文化的影响力和软实力，通过赛事叙事、生命叙事等，彰显体育文化的叙事价值。激活蹴鞠、武术、太极拳、龙舟竞渡等传统体育项目的发展潜力，不断促进中国和世界各国体育文化的交流互鉴。

### （五）创新逻辑：全面推进体育治理现代化

体育治理现代化是国家治理体系和治理能力现代化在体育领域中的具体体现，也是走符合国情的中国特色社会主义体育发展道路，实现建设体育强国目标、成就中国"体育之治"的重要组成。当前，全面建成小康社会取得决定性成就，我国国家治理体系显现出巨大优势。新时代体育发展应进一步着力提升治理效能，让人民成为体育治理的依靠着和主体力量，不断满足人民日益增长的美好生活的体育需要，彰显中国体育治理的强大生命力。竞技体育方面，发挥新型"举国体制"的优势作用，加大政府、市场和社会等的合作治理力度，提升竞技体育综合实力，全力筹办好北京 2022 年冬奥会、冬残奥会；群众体育环节，广泛开展群众性体育活动，构建更高水平的全民健身公共服务体系，加快"六个身边"工程建设，提升人民群众体质健康水平，增强人民群众获得感，不断促进人的全面发展；体育产业领域，优化体育市场环境，促进体育消费升级，做大做强体育产业，实现"体育＋旅游""体育＋康养""体育＋娱乐"等多业态协同发展，推动体育产业成为国民经济支柱型产业。坚持以新发展理念为引领，打造"共建共治共享"的体育治理新格局，通过源头治理、依法治理、系统治理、综合治理等，满足人民群众对体育发展的最美期待，书写新发展阶段体育治理现代化的奋进之笔，更高质量、更有效率、更加公平、更可持续地将体育事业发展不断推向新高度。

### （六）中国特色社会主义体育道路的实践优势

中国特色社会主义体育道路是立足基本国情，从中国实际出发，把握体育发展阶段性特征，被历史、人民和实践所充分证明的促进我国体育事业快速发展的正确道路，具有无可比拟的生命力、创造力和推动力。从学理上深刻理解这条道路所独具的实践优势，深入阐发这条道路为什么"能"、靠什么"行"、凭什么"好"，对于坚守中国特色社会主义体育道路自信具有重要价值。

1.一切为人民服务的目标优势为体育发展提供了先决条件

习近平总书记指出："我们党来自人民、扎根人民、造福人民，全心全意为人民服务是党的根本宗旨。"中国共产党自成立之日起就义无反顾地扛起为人民谋幸福、为民族谋复兴的大旗，党除了人民利益没有任何自身的利益，人民是中国共产党的力量之源和胜利之本。回首中国体育事业取得的辉煌成就，中国共产党始终将"人民至上"作为根本价值立场，将满足人民日益增长的体育需求作为体育发展的出发点和落脚点。体育工作紧紧依靠人民，汇集人民体育力量、吸纳人民体育智慧；不断造福人民，提供更高质量的体育供给、推出更高水平的体育服务；牢牢根植人民，在体育发展中与人民群众形成心心相印、浑然一体的血脉联系，这是贯穿体育改革的一条"生命线"，也是成就体育伟业的一盏"指航灯"。中国共产党领导体育事业发展的总目标总指针总任务，就是促进人民身体健康，满足人民幸福生活，让全体人民共享体育发展成果。在中国特色社会主义道路上，谁深深扎根于人民之中，谁就有力量、有智慧、有办法做出让人民满意的突出成绩。将人民的利益摆在至高无上的地位，牢固树立人民体育观，创造"人人参与、人人尽力、人人享有"的良好氛围，是中国共产党人做好体育工作、推动体育发展的崇高使命。

2. 集中力量办大事的制度优势为体育发展提供了坚实保障

坚持党的领导是中国特色社会主义制度的本质特征，在国家建设和社会治理中形成了高度的组织力、动员力和执行力等，从根本上形成了治国理政的强大聚合力。这种聚合力所展现出的"集中力量办大事"的独特优势、"全国一盘棋"的整体布局和"振臂一呼、应者云集"的组织威力，是我们党带领人民长期实践探索的智慧结晶，也是我党的一贯主张和优良传统，成为推动体育事业发展的制胜法宝。特别是在竞技体育工作中，我国建立起了一套有效配置资源、国内练兵一致对外的"举国体制"方式，形成竞技体育领域的上下合力，将竞技体育发展规律与中国国情有效结合，对于促进竞技体育快速崛起发挥了重要作用。北京 2008 年奥运会的成功举办，我国首次位列金牌榜榜首，实现了中华民族的百年期盼，"举国体制"制度优势成为推动竞技体育勇攀世界高峰的动力之源。此外，全民健身、健康中国国家战略的落地实施，大幅提升了人民群众的身体素质，2019 年我国居民人均预期寿命由建国初期的 35 岁提升至 77.3 岁。"46 号文件"出台后，体育产业蓬勃发展，体育消费日趋活跃，不断满足着人民群众日益增长的多元体育需求。"积力之所举，则无不胜也；众智之所为，则无不成也"。集中力量办大事，是我们党团结带领人民在长期发展实践中总结形成的智慧结晶，为国家体育发展凝聚了众志成城的澎湃力量。

3. 发挥好适合国情的认同优势为体育发展提供了价值选择

"一个国家的发展道路合不合适，只有这个国家的人民最有发言权"。要找准中国革命、建设和改革中的基本问题、核心问题、迫切问题、难点问题，必须坚持符合国情、立足国情、把握国情，并与时代潮流同向同行、同频共振。中国特色社会主义道路的形成和发展是将马克思主义同中国实践相结合，不断推进马克思主义中国化的成果。离开了本国土壤、离开了民心相拥，这条道路必将成为无源之水、无本之木。从新中国百废待兴中举步艰地发展体育事业，到体育实力与日俱增，彻底甩掉"东亚病夫"的帽子，中国体育扬眉吐气屹立于世界东方；从豪情满怀建设体育大国，到党的十八大后全民健身活动广泛开展，竞技体育综合实力和国际竞争力与日俱增，体育产业发展朝气蓬勃，朝着建设体育强国目标奋勇迈进,体育发展的每一个脚印、每一步攀登都深刻体现了中国特色之"特"。这种"特"体现在中国人民深信只有中国共产党才能领导中国体育事业发展走向辉煌,深信中国共产党领导的社会主义体育道路是通向体育强国的光明大道,人民对这条道路的认同经过历史的检验、实践的检验、时代的检验,已经转化为无比坚定的信念和高度自觉的意识,形成了扎根于内心深处的理性认同和衷心信服。中国人民的价值自觉必将成为推动中国特色社会主义体育道路焕发强大生机活力的深沉力量,让中国特色社会主义的光辉照亮体育事业这艘巨轮朝着体育现代化前进的道路。

4. 统筹和协调并举的结构优势为体育发展提供了内在支撑

矢志不渝沿着中国特色社会主义道路前行,需要对这条道路有更自觉、更深刻、更全面的认识,需要对发展方向、发展目的、发展基础、发展环境、发展方式、发展空间、发展动力等方方面面进行全面统筹、协调推进。统筹和协调犹如在前瞻性思考、全局性谋划、战略性布局中推动体育发展的"鸟之两翼""车之两轮",成为实现体育各领域各区域繁荣兴旺、全面发展的"助推器"和"加速器"。特别是党的十八大以来,以习近平为核心的党中央深刻把握"两个大局"的内在联系,全面统筹"五位一体"总体布局,协调推进"四个全面"战略布局,深度谋划将体育发展质量、规模、速度、效益等统一起来的有效路径,让崇尚创新、注重协调、倡导绿色、厚植开放、推进共享等成为体育发展的主基调。党和国家注重体育与经济社会协调发展,将体育发展融入国家经济社会发展大局;坚持竞技体育与群众体育、体育产业等领域协同发展、持续发展,着力突破体育发展瓶颈、补齐发展短板;实现不同人群间、城乡间、项目间协调发展,重点关注青少年体育,促进新兴项目与传统项目、个人项目与集体项目平衡发展;推动东中西部以及老少边穷岛等地区体育均衡发展。例如在精准扶贫政策引领下,我国东西部体育发展形成了支援与协作的深度合作机制;海南省近年来探索"体育强岛",一年赛事超 600 场,建成 8 个全民健身中心、2270 个全民体育健身工程、75 个全民健身点,户外运动天堂的声名深入人心。

5. 与时俱进开新局的动能优势为体育发展提供了路径依赖

马克思主义政党的重要政治品质在于与时俱进,中国共产党永葆生机和活力的源泉在于与时俱进。勇于推动创新,是中国共产党从胜利走向胜利的一条根本经验。党的百年历史进程的主流本质即是不断探索适合中国国情的革命和建设道路,不断唤醒民众、不断开创新局的过程。紧扣新的历史特点,把握新的历史方位,肩负新的历史使命,是我国体育发展获得不竭动力的重要前提。实践深刻表明,创新是发展的第一动力,中国共产党在领导体育事业发展中,正确认识了体育强国梦与中国梦、民族振兴梦之间的关系,竞技体育、全民健身与体育经济发展之间的关系,举国体制与市场机制之间的关系,对体育强国建设、办人民满意的体育、体育高质量发展、体育发展规律等问题进行了系统探究,大胆探索体育理论创新。通过开展灵活多样的体育活动,举办丰富多彩的体育赛事,满足不同人群的体育健身、体育竞赛和体育消费等需求,推动实现体育实践创新。促进体育与互联网、大数据、区块链、人工智能等新兴技术的深度融合，加快完善"体育+""+体育"的发展新模式，全面引领体育科技创新。深化体育体制机制改革，加大政府"放管服"力度，积极引入市场竞争，大力拓展社会参与渠道，发挥政府、市场和社会在体育发展中的协同作用，着力深化体育制度创新。这些不同领域的创新实践，成为促进体育事业不断发展的动力之源。

### （七）中国特色社会主义体育道路的发展指向

中国共产党百年峥嵘岁月、百年光辉历程的历史贡献，在中国人民实现从站起来、富起来到强起来的伟大飞跃中，换来了清醒而豪迈的道路自信，形成了强大而坚定的道路自觉：只有社会主义才能救中国、才能发展中国，只有走中国特色社会主义道路才能建设现代化国家。中国特色社会主义体育道路成就了体育兴国、体育富国大业，中国人民正阔步于这条道路，在全面建成体育强国的新征程上浓墨书写"奋进之笔"。要进一步发挥中国特色社会主义体育道路的实践优势，为人民幸福、国家强盛和民族复兴注入源源不断的磅礴之力。

1. 中国特色社会主义体育道路是实现人民美好生活的"创造之路"

"治国有常，而利民为本"。人民生活幸福是国家治理的根本目标，也是社会发展的永恒主题。"人民对美好生活的向往，就是我们的奋斗目标"。人民的幸福生活之路，必定是人民自己的选择。习近平总书记指出，"体育是提高人民健康水平的重要途径，是满足人民群众对美好生活向往、促进人的全面发展等的重要手段，是促进经济社会发展的重要动力，是展示国家文化软实力的重要平台"。坚持走中国特色社会主义体育道路，就是要在体育发展中突出人民主体地位，让人民成为这条道路的坚定信仰者和忠诚实践者，实现体育发展一切成果归全体人民共享。通过大力实施全民健身、健康中国国家战略，突出健康中国战略作为人民幸福生活基石的地位，大力推进"以治病为中心"向"以人民健康为中心"转变，不断提高人民群众体质健康水平，满足人民日益增长的体育需求，提升人民群众获得感、幸福感和安全感。中国共产党人始终把"人民"写在自己的光辉旗帜上，始终在领导体育事业发展中保持与人民同呼吸、共命运、心连心等的精神品质，始终将"人民至上""生命至上""健康至上"作为发展体育事业矢志追求的价值取向。永远保持对人民的赤子之心，永远保持为人民体育利益和体育事业不懈奋斗的担当精神，是中国特色社会主义体育道路的伟大成就，也是这条道路的必然成就。"江山就是人民，人民就是江山"，人心是最大的政治，毫不动摇走中国特色社会主义体育发展道路，通过各项具有鲜明中国特色、优势明显、行之有效的治理制度，中国共产党必将团结带领亿万人民，在体育发展中创造更加幸福的生活，共同开辟更加美好的未来。

2. 中国特色社会主义体育道路是推进体育强国建设的"奋斗之路"

旧中国积贫积弱、山河破碎，民族体质日趋衰弱，经济状况千疮百孔，体育事业发展迟滞。新中国成立之初，中国体育发展道路曾历过一段时间举步维艰的探索，并取得了一定成绩。改革开放以来，随着中国特色社会主义制度的确立，中国特色社会主义体育道路不断完善，为体育改革发展明确了指向、锚定了方向、校准了航向。进入新时代，我国体育发展实现了一日千里的伟大飞跃，体育事业面貌发生了翻天覆地的变化，朝着2035年建成体育强国的宏伟目标奋力疾行。竞技体育蓬勃发展，全民健身如火如荼，体育产业如日方升，青少年体育欣欣向荣，体育法治日趋完善，体育人才持续涌现，体育领域各项事业全面推进，为构筑"体育强国梦"奠定了坚实物质基础和强大精神支撑。"体育强则中国强，国运兴则体育兴"，习近平总书记的话语振聋发聩、催人奋进，吹响了新时代全面建设体育强国的冲锋号。近代以来，探索体育强国之路是无数仁人志士孜孜以求的历史夙愿，是国家实现"强起来"伟大飞跃的重要组成。中国特色社会主义体育道路在与中国体育发展实际的紧密结合中应运而生，根植中国大地、符合中国国情，深刻把握体育发展大逻辑、大创新。通过不断探索、勇于试错和自我纠错，立足时代基础、顺应时代大势、回答时代之问、引领时代潮流，既坚持体育发展的"顶层设计"，又注重"摸着石头过河"，以循序渐进的方式推动体育领域全面改革，保证体育发展的持续性、连续性和稳定性，是建设体育强国的必由之道和必然选择。伟大壮丽的社会主义体育道路，在新时代以它最波澜壮阔的实践，赋予了体育事业新的历史高度和发展速度，在新发展格局中呈现出前所未有的光明前景。必须在新发展阶段坚定不移走中国特色社会主义体育道路，在总结过去实践优势的基础上，推动中国特色社会主义体育道路在一往无前地不断完善和发展为建设现代化体育强国贡献理论智慧和实践典范，成为引领中国体育腾飞、实现体育强国梦想的康庄大道。

3. 中国特色社会主义体育道路是成就体育复兴伟业的"光明之路"

历史深刻昭示，中国特色社会主义道路不是沿袭传统，走封闭僵化老路的旧版，也不是西方发达国家发展道路的翻版，而是实现中国特色社会主义现代化强国和中华民族伟大复兴的王版和新版。从"广泛开展全民健身活动，加快推进体育强国建设，筹办好北京冬奥会、冬残奥会"的时代宣言，到《体育强国建设纲要》的颁布，对体育强国战略任务进行总体部署和全面安排，再到"2035年建成体育强国、健康中国"的豪迈宣誓，从厉兵秣马、集结出征，到团结一致、发起总攻，中国体育在最好的时代被赋予了全新的内涵和外延，正逐步成为中华民族伟大复兴的标志性事业。在中国共产党的正确领导下，中国体育事业紧沿着中国特色社会主义体育道路指引的方向，仅用了几十年的时间，就走完了西方发达国家几百年的发展历程，实现了其他社会主义国家长时期难以企及的梦想。体育事业取得全方位、历史性、开创性成就的根本缘由在于始终坚持中国特色社会主义体育道路，根本动力源于持续发展中国特色社会主义体育道路。不断弘扬中国特色社会主义体育道路自信与价值自觉，以历史的积淀、理想的坚守、开拓的勇毅创造中国特色社会主义体育事业新成就，是实现中华民族体育复兴伟业的深层密码。"雄关漫道真如铁，而今迈步从头越"。

一百年来，中国共产党团结带领中国人民进行的一切奋斗、一切牺牲、一切创造，归结起来就是一个主题：实现中华民族伟大复兴。今天，站在体育发展新的历史高点，继续前行在无限广阔的中国特色社会主义体育道路上，理想的旗帜鲜艳高扬，发展的动力强劲雄厚，人民的地位充分彰显，团结的力量一往无前，体育复兴伟业正展现出前所未有的光明前景和无比强大的前进动力，我们比任何时候都更有信心、更有能力实现体育复兴梦想，在将中华民族伟大复兴融入体育复兴伟业的新征程上铸就彪炳史册的宏伟篇章。

# 8.2 体育观形成的方法与实践

所谓体育观念，是指人们在长期的体育实践过程中，对体育事业逐渐形成的认识、看法和观点的总和。它存在于人的思维中，体育观念形成后，可以从根本上影响、制约和指导人们的体育实践活动。由于受历史、文化、习俗、价值观或意识形态等多种社会因素的制约和影响，人们的体育观念也是林林总总、形形色色。体育的改革与现代化进程，需要体育观念的更新。然而，不同的体育观念对体育的理论与实践所发生的影响是不同的。事实证明，崇高的体育理念和体育精神、科学的体育决策和指导，总是同正确的体育观念密切相关的。

在现代体育发展中，体育观念起着明显的导向和示范作用，是一种内在的驱动力。

首先，体育观念是推动体育发展的主导意识，贯穿于体育事业的方方面面，特别是在关乎发展目标和社会责任等重大问题的决策上起着定向和指导的作用。

其次，体育观念还是体育决策者们进行决策、组织和经营活动的主导意识。作为体育决策者，他们所持有的体育观念都会或多或少，或深或浅地对其管理行为产生影响，而影响程度取决于他们所持有的体育观念的深度，以及用以指导体育实践的自觉性。尤其是他们对体育目的的理解，直接影响到对体育主体及其需求的认识，以及对体育目标的设置和为实现这一目标而采取的具体措施的选择。

最后，体育观念也是形成和决定体育群体意识的主导意识。符合体育群体实际情况能满足某一群体需要的体育观念，可以指引甚至决定这一群体采取什么样的体育行动、怎样开展各种活动，促使群体活动成为高度自觉的、有强烈意识的、有明确目的的社会活动，进而形成体育的整体性和凝聚力。

体育观念以主观意识出现，存在于人们的头脑之中，它指导和规范现实的体育活动。只有建立在正确体育价值观基础之上的体育观念，才能反映体育本质属性和时代特征，指明体育的发展方向，引导和鼓舞人们为体育事业而奋斗。如果没有正确的体育观念，体育目标的确立就会片面，体育行为就难以长久，体育的发展将受到阻碍。体育目标是体育观念的体现，又是体育行为的向导，如果没有正确的体育观念，具体的目标就会因体育决策的随意性和主观性而顾此失彼，从而导致体育行为的偏颇或失误，影响整体体育目标的推进和实施。现代体育的目标应该是多元化的，既要满足自身生存发展的需求，也要满足社会、国家和民族的需要，这样体育才能持续发展。

体育观念也有宏观、中观和微观之分。有关体育全局的宏观性的体育观念，有体育整体观、体育价值观、人文体育观和科学体育观等。

# 一、体育整体观

## （一）体育整体观的提出和意义

按照系统论原理，整体性是系统的主要性质。因此，体育整体观常用来表述体育的系统思想，它是唯物辩证法和现代系统论在体育领域的应用，是现代体育实践中所需要的一种重要的体育观念。

关于事物的整体性或系统性的一般认知，实际上自古以来一直存在。两千多年前，希腊哲人亚里士多德有一句名言：整体大于它的各部分的总和。意思是说整体的各部分单独发挥的作用，即使加起来也小于整体发挥的作用。在我国，形成于两千多年前的传统中医理论体系，可谓整体观念应用的典范；而扬名世界的《孙子兵法》，也处处闪烁着整体性思想的光辉。

欧洲工业革命以后，随着社会分工的发展和科学门类的不断分化，一方面，人们对许多自然和社会现象的认识更加深入、细微；另一方面，孤立地片面地观察和研究问题的形形式式价值观也有所滋长。但是，整体观作为一种科学的哲学思想仍然得以彰显，且不时驾驭着近代科学的历史航程。19世纪德国古典哲学大师黑格尔在《哲学全书》中曾经说过："不应当把动物的四肢和各种器官只看做动物的各部分，因为四肢和各种器官只有在它们的统一体中才是四肢和各种器官。"恩格斯肯定了黑格尔的上述辩证观点，并进一步指出："交互作用是我们从现代自然科学的观点考察整个运动着的物质时首先遇到的东西阐明了事物的系统不过是相互作用的要素所构成的综合体。"

如果说古代的和近代的古内哲学所蕴含的整体性思想还主要是源于人的直觉和经验科学，因而显得朦胧和笼统的话，那么，在现代系统工程与大量科学实验的基础上进一步发展起来的、体现唯物辩证法光辉的现代整体观或系统论，则是人类理论思维的一个巨大的飞跃。根据系统论原理，任何复杂的认识对象（事物）都是由诸多相互联系、相互依存的要素所构成的，这些要素以追求整体利益为一致目标，彼此协调而形成一个有序的集合体或统一体。这种整体观或系统论思想，注重从整体角度来观察和分析问题。作为现代科学的一个组成部分，它所提供的认识事物的方法，极大地推动了整个现代科学技术的发展。自20世纪80年代中期以来，我国学者开始应用"三论"（系统论、信息论、控制论）思想研究包括体育在内的各种学术问题，体育整体观也随之提出，且用以指导体育基本理论的研究，并取得了一定的成绩。

体育整体观的提出和应用有着特殊的现实意义。

首先，我国是一个发展中的社会主义大国，经济还不发达，国家的财力、物力有限，全国各地的经济、社会发展极不平衡。因此，我国现代化事业尤其需要处理好全局与局部之间、局部与局部之间的利益关系和由此而带来的各种矛盾。在体育事业方面也不例外。体育整体观的应用有助于处理和解决好体育发展中的这类矛盾和问题，从而有利于我国体育整体功能的发挥。

其次，由于国情所致，我国体育（特别是竞技体育）管理体制的基本特征是政府集中统一领导，即通常所说的"举国体制"。虽然随着社会主义市场经济的建立与发展，以及改革的不断深入，体育体制正在不断地改革和完善，但集中统一领导这一基本特征并未改变，相当长一个时期内也不会改变。在这种情况下，体育整体观的应用无疑更有助于发挥我国体育体制的优势和作用。

最后，体育整体观的应用可促进体育基本理论的研究，深化我们对于体育的进一步认识，特别是对体育的定位、体育的结构，以及体育要素协调发展诸多问题的认识，从而有助于提高自身的理论修养和科学水平，有利于做好体育工作。

## （二）体育整体观的应用

体育整体观既是一种观念，又是一种思维方式。在分析和认识体育问题，特别是体育宏观问题时，体育整体观可以发挥其独特的指导作用。以下是几个实例。

### 1.体育定位的分析

体育整体观的应用，有助于我们对体育的定位分析，从而在体育工作中更好地摆正体育的位置。

自近代西方体育传入我国以来，"体育在吾人之位置"（毛泽东语）的问题长期未能解决。旧中国积贫积弱，民不聊生，体育在人们心目中本无地位可言。即使在教育工作者中，也有不少人认为体育不过是"豆芽科""小四门"，因而"可有可无而另一方面，在国家、民族危难之际，却有人鼓吹"体育强国强种""体育救国"，任意拔高体育的位置。新中国成立以后，在党和国家的关怀与重视下，体育运动取得了前所未有的巨大成就，中国人民洗雪了"东亚病夫"的辱称。然而，由于多种原因，特别是长时间"左"的思想影响，人们对体育的认识与行动上也曾多次出现偏差。突出的事例是 20 世纪 50—70 年代，在"政治挂帅""突出政治"等口号下，一方面，体育运动特别是学校体育和群众体育活动被不断掀起的政治运动所挤占的情况，在全国各地屡见不鲜；另一方面，用搞政治运动的办法去"突击"开展体育运动的事例也时有所闻"。

20 世纪 80 年代以后，人们把发展体育运动同"振兴中华"的强烈愿望联系起来，并倾注了空前的爱国热诚，这本来是无可非议的但有些人过分热衷于"体育的政治功能"而置体育（主要是竞技体育）于不适当的地位，一度产生了貌似"爱国"的"唯金牌论"思想。在这种思想主导下，一些人为了在世界大赛中夺取金牌而不择手段（如非法服用兴奋剂和违禁药），一些人则无论中国在世界大赛中是赢是输都要"爱国"一番。在他们眼里，似乎体育就是金牌，而且把金牌简单地同政治画上等号。因而在国际国内一度产生了不良影响。

可以说，无论贬低或夸大体育的功能，降低或拔高体育的地位，在历史上都是不乏教训的。直到现在，如何正确认识新时期体育的作用和地位，仍是一个需要面对的新课题。

诚然，要解决体育的定位问题，需要有历史经验的借鉴，需要有多学科的视野和知识等，然而对体育的客观实际进行整体观的分析也是很有必要的。

体育本身是个宏大的系统，它的各个要素或局部，都要围绕其总目标（目的和任务）运行，体育的各个子系统都要通过发挥各自的功能来为实现体育的总目标服务。体育的局部必须服从于体育的全局。同样的道理，体育是文化教育的组成部分，体育事业是我国社会主义现代化事业这一更大系统的组成部分（要素）。体育工作在促进社会主义物质文明和精神文明建设中发挥着十分重要和不可替代的作用。实践证明，只有全面而充分地发挥体育的功能，履行好体育自身的职责，才能适应我国文化教育事业的需要，也才能真正地或更好地为社会主义现代化事业服务。否则，为现代化事业服务、为政治服务，都是一些空话，至少要大打折扣。只有从这个意义上去辩证地认识体育，才能在思想上和行动上摆正体育在全局中的位置。

在当前新的历史时期，为实现全面建设小康社会的目标，必须提高全民族的思想道德素质、科学文化素质和健康素质。体育将逐步成为人们生活的一个组成部分。随着2008年北京奥运会的成功举办，体育为全面建设小康社会的目标服务，为具有中国特色的社会主义现代化事业服务，必将发挥更大的作用。体育也会越来越受到重视。但是历史的经验告诉我们，任何时候都需要摆正体育的位置。这也是体育整体观的题中应有之意。

2. 体育构成的分析

体育是一种多形态、多目标、多功能、多序列的复杂的社会活动，但并不是杂乱无章的。用整体观或系统论观点分析，体育是由许多总体目标一致又相互作用、相互制约的要素所构成的，从空间维度讲，体育的构成以体育教育目的和体育手段为其要素。体育目的又以体育方针为其要素，体育方针又以体育实施任务为其要素；体育手段以身体练习为其要素，身体练习又以各种技术动作为其要素；等等。上述各层次要素的集合，就是体育（在空间维度）的构成系统。

需要指出的是体育各层次要素之间并不是彼此孤立的，而是相互关联、相互协调的有机整体，这是体育整体观的一个重要体现。

从时间维度分析，体育是一个过程。其过程要素（环节）包括体育观念、体育动机、体育目标、体育实施（体育教学、体育锻炼、运动训练）和体育效果（身体的、心理的、社会的）等。而每一环节又都有自己的过程要素。各过程要素（环节）前后相依，彼此关联，按时序构成一个系列，这就是一定范围内体育实践的一次过程。每一过程又连接着一过程，如此循环往复，螺旋上升，由小过程而集成大过程，从而实现体育由低水平向高水平的发展。可见，体育过程也是一个有机整体，每一过程要素（环节）的状况都跟整体发展相关，"欲图体育之效"和体育事业的不断发展相关，各要素（环节）都必须围绕整体目标运行，并充分发挥各自的功能，以维护整体的，同时也维护自身的利益。

对体育各种内在的时空要素相互关系的研究，以及体育与其外在的社会要素相互关系的研究，进一步探索体育的结构、功能和发展规律，这是加深对于体育的认识和改进体育工作的一条重要途径。

## 二、体育价值观

### （一）体育价值观概述

1. 体育价值观的含义与决定因素

体育价值观是体育的价值在人们头脑中的反映，或者说是关于体育价值的基本观点和基本看法，是指导人们对体育问题作价值判断和价值取向的基本原则。

体育价值观是价值观的重要组成部分，也是世界观的组成部分之一。它的形成受多方面的影响。

第一，体育价值观受人（个体、群体）的立场、观点和方法的影响。由于价值观是主体关于客体价值的基本观点和基本看法，因此主体的经济实力、政治地位、人生观和世界观等，直接决定对体育的价值评价，进而影响体育价值观的形成。在阶级社会里，不同阶级、阶层和社会集团，其体育价值观既有区别，又有共同点。由奥林匹克创始人顾拜旦所倡导的奥林匹克理想，强调通过体育运动来实现人的和谐发展，并通过体育运动在世界范围内促进不同国家、不同民族、不同文化的人类之间建立起友谊的桥梁，进而为建立一个和平美好的世界。这一理想与人类社会正义事业所要追求的目标一致，在一定程度上满足了现代人和现代国际社会的需要，反映了人类至高至纯的体育价值追求，是人类共有的、高尚的体育价值观。

第二，体育价值观受主体的体育经历、体育知识、体育感受和体育审美等影响。比如个体的人，他（她）的一生，特别是少年时期的体育经历如何，参与或在多大程度上参与体育活动，是一般性的为了某种需求而参与，还是因从事体育工作而参与；是有意识有目的地主动认识、利用体育，还是只凭感性经验被动接受体育等。这些都直接影响到个人对体育的认识能力和方法，进而影响到体育价值观的形成。

第三，体育价值观还受社会文化的影响。体育是一种重要的社会文化现象。富有一定特色的内涵的社会文化观念、思维模式和行为方式，是体育价值观形成的文化土壤。如以

"天人合一"观念为基础，以整体观念为主的中国传统文化，价值取向中重人格，认为人的存在更重要的是内在气质、品格和修养，把身体锻炼看成养生的手段，真正的目的是达到内在人格的完美。在这一价值取向的影响下，中国传统文化中把竞技体育看得无足轻重，"胜亦可喜，败则勿忧"（苏轼语），认为"胜"和"败"对人的内在精神的培养所起到的作用是一样的。而在西方文化发源地的古希腊，却注重人体本身的价值，并看重人的体形以及从人体上表现出来的各种力量。由于无论是体形的美还是力量的美，都只有通过比较才能充分体现和展示出来，由此使得希腊人特别重视竞技运动，同时也重视竞技结果，在他们那里，"胜"和"负"、"成"与"败"其价值不是等量齐观，而是有天壤之别的。由此可见，中国传统体育倾向养生，而西方传统体育崇尚竞技，这是两种不同人文环境下产生的对体育认识差异。

第四，体育价值观的形成也受客观上体育功能发挥情况的制约。当体育发展水平还较低下、体育功能的发挥还不充分之时，人们对体育的感知就相对肤浅，认识程度和范围也很受局限，不但对体育的多种功能和价值没有全面理性的认识，而且往往过分看重体育某单方面的价值而导致片面体育价值观。在很长一段时间里，人们多从生理学的角度看待体育的作用和价值，而对于体育活动所具有的其他价值则较为模糊和轻视。随着社会的进步、科技的发展，体育功能本身也在不断丰富和发展，这就为人们综合、系统、全面地把握和说明体育的价值提供了客观依据。

2. 体育价值观的基本内容

体育价值观涉及体育价值目标、体育价值选择、体育价值取向、体育价值标准和体育价值评价诸多内容。其中，最基本的内容有如下几种。

（1）体育价值目标

体育价值目标指人在特定条件下所追求和期望实现的体育价值理想。不同的人（个体、群体）在不同的条件和状况下对体育有不同的追求和期望。比如不同体质、不同年龄、不同性别、不同职业、不同文化修养、具有不同客观条件的人，都有各自的体育理想。如有的关怀自身，有的放眼社会，有的立足现实，有的展望未来；情况千差万别，层次有高有低，显示出体育价值目标质的差异。现代奥林匹克运动奠基人顾拜旦在1912年发表的《体育颂》中，用诗一般的语言表达了他的体育价值观。他激情满怀地歌颂体育是生命的动力、青春的使者，是美丽、正义、通气、荣誉和乐趣，是培育人类的沃土，是全世界的进步与和平。《体育颂》从体育对个人的健身健美价值、培育内在精神品格价值谈到体育对生活、社会以及全人类的价值，充分表达了顾拜旦的奥林匹克理想，展现了人类崇高而又丰富多彩的体育价值目标。

（2）体育价值实现手段

体育价值实现手段指实现特定体育价值目标的方式、途径和方法。其基本手段有经济手段、政治手段和舆论手段三大类。经济手段是实现体育价值的基础性手段，包括物质条件、物质奖励及其约束机制等。政治手段是实现体育价值的必要手段，包括行政、法律和政策手段等，具有规范性和约束力。舆论手段包括宣传教育、优良道德的弘扬及各种舆论工具的应用等。

（3）体育价值评价标准

体育价值评价标准是对体育价值的质和量进行评价的依据和尺度。它是一元和多元的统一。社会全面进步、人的自由全面发展，这是人类唯一的、最高层次的价值评价标准，也是体育价值评价标准最高指导思想。在我国，体育的价值在于最大限度地满足人民群众对体育运动日益增长的需要（健身、娱乐、发展的需要），同时也满足这种需要的过程中不断提高人的身心素质，使人的自身价值也得以提高，并能更好地实现。当然，也应看到，不同的文化背景、不同的主体，体育价值评价标准也是不一样的。体育价值评价标准的合理性与科学性应当体现在既能满足社会和国家的需要，又能满足个体和群体的需要，并使两者完美结合。

3. 体育价值观的特点与建设体育价值观的必要性

体育价值观作为主体的一种观念，必然带有判断、取向及选择等主观因素。评判性、自调性、定向性、驱动性等，是体育价值观最主要的特点。

（1）评判性

评判性指体育价值观形成过程中对体育的价值进行评估和判定。不对体育价值进行评判的体育价值观是不存在的。作为观念形态的体育价值观，由社会根据其政治和经济等因素的需要来判定体育的价值；作为具体人的体育价值观，则由个人的经济状况、政治地位、文化修养和体育经历等综合因素来判定体育价值。

（2）自调性

自调性指体育价值观（无论正确与否）都具有内在的自我调节功能。体育价值观为人所特有，无论在生理上还是在心理上都具有高度的自我调节功能。

（3）定向性

定向性指体育价值观具有一定的向度。只有体育价值观向度正确与否的差别，不存在有无价值向度的差别。具有一定向度的体育价值取向，不仅决定着体育价值观的基本形成，而且制约着人们的体育行为，是支配人的体育行为的精神动力，在体育价值观体系中居于核心地位，起着主导作用。

（4）驱动性

驱动性指体育价值观是支配人的体育行为的价值动力。人的体育行为都是在一定的体育价值驱动下进行的。有了驱动性，才有支配人的体育行为的价值动力。正确的体育价值观促进人的体育行为沿着正确的价值取向推进，不正确的、片面的体育价值观则会把人的体育行为引向误区。因此，加强体育价值观，建设和解决好体育价值动力问题，具有重要的理论和实践意义。

正由于体育价值观反映了对体育的价值进行的评判，而这种评判必然产生对与错的差别，所以体育价值观有正确与错误、全面与片面之分。评判的正确与否、全面与否，归根结底取决于人的立场、观点和方法，尤其是人的人生观和世界观。只有具有正确的人生观和价值观，才能产生正确的体育动机，形成对体育功能的正确判断；作为人体的人，才能选取有效的体育方式以满足自身对体育的需求；对国家而言，在制定体育方针和政策时，才有正确的价值尺度和科学依据。反之，则会产生错误的体育动机，造成有悖体育精神的错误观念。由于体育价值观有对与错、全面与片面的差别，所以加强世界观改进，建设既能体现当代体育精神又具有民族特色的体育价值观，既有必要又有可能。

当前，在全面建设小康社会的新的历史条件下，体育本身所具有的作用和功能不仅有所加强，而且还肩负了促进人的全面发展的新的历史使命。无论个体、群体还是社会，都有责任树立、培育和弘扬正确的体育价值观，废除和克服错误的体育价值观，矫正片面的体育价值观，使人们的体育价值观既丰富多彩、充满活力，又服从于国家和人民的利益，在正确体育价值观的指引下，共同推进我国体育事业快速、健康发展。

## （二）体育价值观与体育理念

如果说体育价值观是人们对体育功利性的某种看法和态度，而且通常是自发的、感性的、不系统的，甚至有时是不自觉的，那么，体育理念则是一个精神和意识层面上的哲学概念，是人们经过长期的体育实践及理性思考而形成的思想观念、精神向往、理想追求和哲学信仰的抽象概括，因而是一种比较自觉的、系统的、理性的认识，是一种展望和追求。简言之，体育理念是在体育价值观的基础上，对体育理论化、系统化、综合化的认识或观念。在现代体育发展中，体育理念起着明显的导向和规范作用，是一种内在的驱动力。

首先，体育理念和推动体育发展的主导意识，贯穿于体育事业的方方面面，特别是在关乎发展目标和社会责任等重大问题的决策上起着定向和指导的作用，影响体育发展的始终。

其次，体育理念还是体育决策者们进行决策、组织、经营活动的主导意识。作为体育决策者，不论他们持什么样的体育理念，都会或多或少、或深或浅地对他们的管理行为构成影响，而影响度取决于他们持有的体育理念的质量，以及用以指导管理体育实践的自觉性。尤其是他们关于体育目的的理念，直接影响到对体育主体及其需求的认识以及对体育目标的设置和为实现这一目标而采取的具体措施的选择。

最后，体育理念也是形成和决定体育群体意识的主导意识。符合体育群体实际情况、能满足这一群体需要的体育理念，可以指引甚至决定这一群体采取什么样的体育行为，怎样展开各种活动，促使群体活动成为高度自觉的、有强烈意识的、有明确目的的社会活动，进而形成体育的整体性和凝聚力。

体育理念存在于人们的头脑中，以主观意识出现，以指导和规范现实体育活动。只有建立在正确体育价值观基础之上的体育理念，才能反映体育的本质属性和时代特征，并指明体育发展的方向，引导和鼓舞人们为体育事业而奋斗。没有正确的体育理念，体育目标的确立就会片面，体育的发展将受到阻碍。体育目标是体育理念的体现，又是体育行为的向导，如果没有正确的体育理念，具体的体育目标就会因体育决策的随意性和主观性而顾此失彼，从而导致体育行为的偏颇或失误，影响整体体育目标的推进和实施。现代体育的目标应该是多元的，既要满足自身生存发展的需要，也要满足社会、国家和民族的需要，这样的体育才能持续发展。我国目前的体育目标是坚持普及与提高结合，坚持群众体育和竞技体育的协调发展和相互促进，在提高全民族健康水平和国际体育竞技水平的同时，平衡区域体育发展格局；在鼓励经济发达地区率先实现体育现代化的同时，积极扶持中西部地区和少数民族地区发展体育事业，发挥多民族人才资源优势，努力促进区域体育的共同发展。这样的体育目标，结合国情，兼顾了国家和民族的利益，最大限度地满足了人民的需求、社会的需求，是能够指引我国体育事业迅速、健康发展的正确的体育理念。

随着社会的进步和体育功能的进一步扩展，尤其是 21 世纪全球经济一体化进程的加快，体育与社会生活产生越来越密切的联系，国家间的体育交往和体育竞赛日益增多，体育比赛规模越来越大，体育涉及的领域越来越宽，体育参与性越来越广泛，世界范围内急剧发展和日益丰富的体育现象，促使人们不仅从哲学的领域来思考和认识体育，而且从经济学、社会学、文化学、人类学等多个角度、多重意义和不同层面、不同内容上进行研究，形成了许多新的、富有时代精神的、不同层次的体育理念，如"以人为本"体育理念、"人文奥运"理念、终身体育理念、大众化体育理念、可持续发展体育理念、国际化体育理念、产业化体育理念、体育素质教育理念、素质教育与体育教学改革理念等。

在众多体育理念中，当代体育发展的基本理念应是"以人为本"毋庸置疑，21 世纪的体育事业将进步融入"以人为本"的基本发展理念，成为人类社会协调和可持续发展中的一项重要事业，将人置于体育发展的明确航向"。"把增强人民体质、提高全民族整体素质作为根本目标"，"坚持体育为人民服务、为社会主义现代化建设服务"这样的根本目标和服务宗旨，就包含了丰富的以人为本的思想。北京申办 2008 年奥运会，将申办与发展有机结合，提出"绿色奥运""科技奥运""人文奥运"理念，其中"人文奥运"是最核心的理念，继承并充分体现了以人为本的内涵。人文奥运会是北京"新奥运"的鲜明特色。

## （三）体育价值观与体育精神

体育既是一种客观物质存在，也是一种精神的存在。作为社会主体的人，既有对体育的物质性需求，也有对体育精神的需求。体育精神，是体育的整体面貌、水平、特色及凝聚力、感染力和号召力的反映，是体育的理想、信念、情操及体育知识、体育道德、体育审美水平的体现，是体育的支柱和灵魂。体育精神作为体育的意识形态和认知结果，对体育实践活动起着导向作用，并规范着体育文化模式的选择。

体育精神作为一种具有能动作用的意识，是体育行为的动力源泉，是一种心理资源。作为一种规范力量，体育精神又具体表现为体育面貌、体育风范、体育心态和体育期望等。优良、健康的体育精神一旦形成，便会在体育运动中起到振奋情绪、激励意志、调整心态和规范行为的作用，它既是体育主体前进的动力，也是体育运动发展中所积淀的精神财富。

体育精神与体育价值观有着密切的联系。体育精神是人类体育文化创造过程中整合、抽象出来的体育价值系统精华，它既是体育内在品质的感性表现，又是一定历史条件下关于体育活动意义的理性认识。正是这种关于体育意义的理性认识和思维，为人类设置了一种基于体育又超越体育、基于现实又超越现实的体育价值坐标，启迪人们在体育理想与体育现实之间驰骋，激发人们向上向前的活力，从而使之在现实生活中有所超脱，并在不断的自我批判与自我超越中升华到更高的生存境界。理性的体育精神的重要性在于，它可以整合体育的价值观，并通过它统一人们对体育的"信仰"，坚定人们关于人的自由全面发展的信念和追求，在群体中、在社会上形成强大的精神力量，从而有助于推动体育价值观的建设。

现代奥林匹克运动在很长时期、在很大程度上代表了西方体育的水平与成就，其蕴涵的体育精神，反映的是西方物质和文化基础上人们的精神追求。《奥林匹克宪章》指出："奥运精神就是互相了解、友谊、团结和公平竞争的精神。"这一精神首先强调友谊、团结和互相了解，其目的就在于为奥林匹克运动提供必不可少的文化纽带和精神境界。在这种氛围和境界中，人们才有可能摆脱自身文化带来的种种局限，以世界公民的博大心胸去欣赏、学习和尊重其他民族，并在深刻认识自己、吸取其他文化优秀成分的基础上不断丰富和发展自己，从而真正实现奥林匹克运动所向往的国际的进步与和平。其次它还强调公平竞争。这是因为，现代竞技运动只有摆脱世俗的干扰，在真正意义上展开公平竞争，各国运动员才能加强团结、增进友谊，奥林匹克运动才能实现它的神圣目标。奥运精神所体现出的包容世界的宽广胸怀和富含竞争意识的活动方式，体现了现代文明的进步与发展，是一种崇高而伟大的精神。

以我国为代表的东方文化，则孕育了极富个性和常有民族色彩的体育精神。19世纪60年代以后，西方体育传入中国。饱受殖民者踩蹒并历经"东亚病夫"屈辱的中华民族，在"国力弱，武风不振，民族之体质日趋轻细"的困苦之中，逐渐接受并融会了西方体育，用以"强国强种"和"富国强兵"这使中国的现代体育一开始就与民族和国家的命运息息相关，在此基础上，形成了以五千年中华文明为深厚积淀，以强身健体、增强民族素质为主要目的的鲜明的中华体育精神。这种精神，以强烈、执着、深沉的为国争光的爱国主义为基本内涵。在我国，几乎每一场国际比赛，都要上升到民族与民族之间较量的高度来认识。1984年洛杉矶奥运会上，当许海峰的射击以2环的优势一举夺得金牌、为炎黄子孙实现奥运会金牌零的突破的时候，举国欢腾，世界震动，当时的《国际日报》载：这次奥运会对中国大陆、中国台湾地区以至全球的中国人而言，在心理上和精神上都产生了历史性的影响。由于中国运动员的杰出表现,在那短暂的一刹那,全球的中国人不分地域和色彩,都凝聚在"中国人"这个口号下。自 20 世纪 60 年代以来,容国团、聂卫平、乔红以及女排姑娘、女足巾帼、被誉为"梦之队"的中国跳水队等一代又一代优秀运动员、运动队,特别是建队 40 年来百折不挠、长盛不衰、一直保持世界领先水平的中国乒乓球队,让我们的五星红旗在异国他乡一次次升起,让世界各地的中国人为祖国而自豪。他们为祖国和人民赢得了巨大声誉,是我们时代的民族英雄。体育,成为中华民族自强不息的有力武器。中华体育精神,已是凝聚中华民族的巨大动力和永不枯竭的源泉。

精神和观念是完成社会变革、走向现代化的一个不可或缺的要素和前提。精神的力量是巨大的。江泽民同志在党的十六大报告中指出:"民族精神是一个民族赖以生存和发展的精神支撑。一个民族,没有振奋的精神和高尚的品格,不可能自立于世界民族之林。"我国正在经历伟大的变革。要实现中国特色社会主义现代化建设的伟大壮举,使中华民族在世界激烈竞争和严峻挑战面前立于不败之地,就需要崇高理想、科学理论的引导和民族精神的高扬,需要爱国主义、集体主义精神的驱动和支持。而中华体育精神,是我国社会生活中一股重要的精神力量。

20 世纪 90 年代,体育界将我国长期形成的优良体育精神概括为中华体育精神,其具体内容为:为国争光精神、无私奉献精神、科学求实精神、遵纪守法精神、团结协作精神和顽强拼搏精神。中华体育精神集中反映了我国体育运动崇高的精神文化价值。多年以来,它不但激发和鼓舞了一代又一代运动员和教练在训练竞赛中,尤其是在国际大赛中,不畏艰险、不断进取、团结拼搏、勇攀高峰,推动我国竞技运动取得举世瞩目的成就,而且也极大地激发了全国各族人民同心同德、与时俱进、开拓进取的意志和振兴中华的爱国热情。中华体育精神顺应和代表了中国先进文化的前进方向,是中国人民的宝贵精神财富。培育和弘扬中华体育精神,是培育和弘扬民族精神的需要,也是社会主义精神文明建设的重要内容,在我国全面建设小康社会的历史进程中有着不可替代的作用。

# 三、人文体育观

## (一)人文体育观的确立

### 1. "人文"溯源释义

"人文"一词最早见于《周易·贲卦·象辞》:"刚柔交错,天文;文明以止,人文也。观乎天文以察时变,观乎人文以化成天下。"另外,《后汉书·公孙瓒传论》有云:"舍诸天运,征乎人文。"

这里的"人文"指礼教文化,看起来与西文的 Humanities 很接近。其实,中国古代的"人文"是对自然而言的,与西方对神学而言的"人文"大不一样。西方的人文学,是西方传统文化的产物,在东方缺少完全对应的历史参照物。

"人文""人本""人道"和"人性"在西方使用的是同一个词，原为一回事，都是人文主义在西方各历史阶段的一贯性表现，我们却常常认为东方不具有相同的根源，正如西方文化中明生的体育，在中国也有可以完全交融互动的传统体系。

人文精神的起源可以追溯到古希腊，当时文史哲学的兴起，在包括体育的全面教育中，强调那些属于人和人的领域，体现了人类对自身的重视和关怀。14—16 世纪意大利文艺复兴时期，世俗的"人文研究"是与正统经院的"神学研究"对立的。用梁启超的话，人文主义者的真正意图是"以复古求解放"——使思想从宗教神学的一元化专制桎梏中解放出来，求得人与文化的世俗自由。因此，以人为本来创造和表达人性化的自由生活理想和价值理想，就是"人文精神"。没有这种精神，就没有原始身体活动以体育为目标的更高层次上的升华，也没有古代竞技运动的复兴。人文精神表现为探索人性、人生、人权、人的本质等以及人在世界中所处的地位，提倡关心人、爱护人、重视人的价值，维护人的尊严，遵循人的本性而生活。

人文精神的温床是人文学科。人文主义就是直接从人文学科派生的，以表示一种和以基督教神学为中心的封建文化相对立的新思潮，成为涉及语言、文学、艺术、教育、伦理、宗教、哲学等领域的新文化。受到人文精神的感召，以人的全面发展为出发点的体育活动在欧洲大面积开展，体育在学校里建立了自己的牢固地位。

1808 年，德国教育学家弗里德里希·伊曼努尔·尼特哈默尔在论文中首次使用"Humanism"一词，来表示一种以文艺复兴时期的人文主义为典范的教育理想。1859 年福伊格特在《古希腊罗马文化的复兴》一书中，把人文主义看作一种以个人主义为主要特点的新的世俗文化，是古典文化的复兴。黑格尔将其理解为人的精神上的努力，肯定人的崇高尊严、人的无可比拟的价值、人的多方面能力，力求保证人的个性等的全面实现。到19 世纪后半期，作为哲学意义上的人文主义概念在西方国家得到普遍认可。在我国学术界，"Humanism"被翻译为"人文主义""人道主义"和"人本主义"三个概念（具体指文艺复兴时期的人文主义、资产阶级革命时期的人道主义、现代西方的人本主义思潮）。"人文""人道""人本"三者一脉相承，实际含义相同，都反映人文精神。

包括马克思主义在内的西方近代哲学重视对人的问题的研究，并形成了关于人性、人的本质、人的自由和平等、人的价值和尊严等全面而又系统的人文观。这种观念深深影响到从西方文化土壤中生长出来的体育。西方人文伦理把个人和自我放在第一位，但强调尊重别人，倡导人道主义原则。每个人都有人的权利、人的地位、人的价值、人的尊严，应满足每个人自由全面发展的欲望和需要，包括体育的需要。所以，发达国家一般都重视公民的体育权利。联合国教科文组织制定的《体育运动国际宪章》中明确指出的"参加体育运动是所有人的一项基本权利"，已成为当今国际社会的共识。

21 世纪的体育，正在从政治领域回归到文化领域，实现以人为本，走向以群体利益为重、长远关注个体和人类发展的立体层次，显示被遏制已久的人文精神，突出它的文化内涵，充分满足人各方面、深层次的需要。

2. 体育呼唤人文精神

所谓人文体育观，其核心就是要主动表现体育对人类生存意义及价值的终极关注，回到以人为本的体育世界。人文体育观强调在对体育的认识中倾注以人为本的人文精神。而传统的生物体育观，则把注意力只集中在体育对人的生物性效果上。在体育发展的历史中，这两种观念所引导的实践有时并存，如古希腊的雅典与斯巴达；有时交替出现，如自然主义体育与军国民主主义体育。由于中国历来缺乏人文体育观，所以人们长期习惯于从单纯生物性角度去理解体育。

21世纪已经到来，人类将面对生产的进一步自动化和信息化，体育作为培训劳动力的手段，开始转为对人的健康、发展的关怀与服务。这势必带来生物体育观的淡出与人文体育观的复兴。

古代的奥林匹克竞技贯穿着人文精神，以至现代奥运会仍引以为典范。在欧洲的文艺复兴和启蒙运动时期，由于继承和发扬了对自己身体精心呵护的人文精神，提倡古希腊身心既善且美的和谐发展教育，直接促进了近代体育的诞生。

在工业社会前期，体育是提高劳动力质量必不可少的条件。体育可以培养劳动力，保护劳动力，增强劳动力，修复劳动力。体育，成为人类抗拒分工的加速导致体质急速下降的有力工具。19世纪解剖学和生理学的发展，证实了体育对人的生物性的改善效果。

当近代西方体育传入中国时，正值西方体育由于战争和殖民扩张而被扭曲为政治工具的一个特殊历史时期。衰弱的中国只能接受"军国民主主义"思潮影响下的体育方式，率先让"兵操"进入学校，盼望洗刷"东亚病夫"的耻辱而"野蛮其体魄"。当时严复等先贤们厉声介导强国强种的体育思想，甚至秋瑾、徐锡麟等革命志士也身体力行，以办体育学堂救国。中国共产党人在战争年代的体育活动一度被称为"赤色体育"，是提高军队战斗力的有效手段。在20世纪中叶很长一段时间里，有组织的身体活动带有浓厚的军事体育的色彩，为强国强种的政治目的服务，这在国家民族利益处于危难之际的时代，体育别无选择。可以说，一个世纪以来中国体育忽视人文精神，有其深刻的历史原因。

毋庸讳言，新中国成立后，由于在某些方面对马克思主义的曲解和受传统社会主义模式的束缚，包括体育在内的几十年社会实践曾经出现过忽视人民群众的物质文化需求，压抑社会成员的积极性、能动性、主体性和创新精神的弊端。尤其是在十年"文革"期间，对研究人的问题设置禁区，把批判抽象人性论变成反对任何意义上的人道主义，任何个人欲望、个人利益、人性自由都受到忽视、排挤和简单粗暴的批判。这也使体育的人文精神无从谈起。

发达国家实现现代化的基本价值观念，起步于文艺复兴时代，与至今西方人的文化心理结构基本一致，一脉相传，其现代化不与传统价值观念和行为方式接触，因此不存在人的观念冲突。中国现代化在西方冲击下起步，人民的价值观念、心理素质、公众意识等都存在着观众难以适应的问题。如果仅仅是从器物层面来接受西方体育，至多再加上一些制度层面的东西而拒绝人文观念的进入，那就正如鲁迅曾经说过的，"可怜外国事物，一到中国，便如落在黑色染缸里似的，无不失了颜色"。体育要是如此，中国体育的改革、现代化、与国际接轨等都难以完成。

从某种意义上说，现代体育是西方文化的产物，是西方人文精神的产物。中国尽管经济上还比较落后，政治体制也需完善，但从本质上看，社会主义经济制度和政治制度是优越的，社会主义文化应该比资本主义文化先进，并善于吸收人类历史一切优秀的文化成果。这就决定了现时中西文化的主导方面应是互相交流，而不是互相对抗。

随着东方体育和竞技的崛起，我们更加需要人文精神。在21世纪体育的所有发展战略或发展规划中，人应该具有最高的价值，人的发展应该是终极目标。每一个人的全面发展，是所有人全面发展的条件。理想社会的目标是为人的潜能、人的理性、人的感情、人的创造力的全面发展提供各种条件。体育必须有利于克服人的异化和人性的畸形发展，必须使人能够得到真正的自由和独立。

体育是人类针对自身所创造出的一种身体运动的文化，归根结底，其结果要落实到身体上。任何对于体育的研究，如果不考虑对于人类体质和健康的终极效果，都难免陷于误区。但是，用一般的表浅眼光，很容易误认为体育只与生物学科有关。这样的理解，是对体育中人文精神的忽视。

人需要关心自然、关心社会，却不可忘了自我。中国香港、中国台湾等地区规定高等教育教学计划中要开设若干门人文学科课程，欧美国家体育相关专业的知识领域就更加广泛，这种做法说明人们正在弥补专业教育的不足。在我国，体育界过去不搞人文学科，影响人才培养整体素质的提高，急需加强人文学科的素质教育，把人文学科知识内化为人文精神。

人文精神进入学校体育，将促进课程改革。学校是培养体育人才的重要基地，我国培养体育专业人才的高等教育主要是体育要广泛地适应社会的需要，必须加重公共基础课程，加大选修课的比重。进入21世纪，单调而枯燥的传统体育教学训练虽然暂时起到增强学生体质的效果，但学生毕业后很难再有学校上体育课时的条件和环境，体育意识将在快节奏的现实生活中消失。要在学校中体现人文精神，必须顺应人类可持续发展的现代趋势，抓好体育专业的改革，与国际接轨。

现代社会的大生产、大科学、大工程的特点，有巨大的进步意义，当然也对包括我们身体在内的诸多方面有不可逆转的负面影响。跨世纪的体育呼唤人文精神，要求人们必须学会关心他人和自己，以人为本，实施关怀。今天，要特别介导人文精神，抗击高度发达的工业社会给人类带来的身心异化，抗击复杂的经济关系和信息网络给人类的精神和体质造成的负面影响，避免体育无"人"的现象，使体育成为维护人类健康的最有益的方式。

体育活动反映人类对自身生物性漫长衰变的抗争，对往昔强悍体力的怀念。过去的半个世纪，大量的高新技术涌向竞技运动，使生物力学的竞争急忙变成了生物化学的竞争。人们崇尚自然健美的身体，尽管科学家可以克隆个体人，但无法改善人类文化。人的本质、健康、意志、善良和爱，这些是无法克隆的。如果在体育中，特别是高水平竞技中滥用科技，降低了人性，就将像兴奋剂一样，成为挥之不去的梦魇。科技要以人文为导向，掌握人类自己的命运和未来。

21世纪的体育是健康生活的标志，体育也要表达我们生而为人的意义。美国趋势预测家约翰·奈斯比特在《高科技高思维》一书中认为："当一种活动原有的功能消失或改变，它的形式会保留下来为另一目的服务。体力劳动，包括我们祖辈认为是苦工的活儿、感兴趣的家务、油漆、种菜、园艺，正在从劳务变成休闲活动。"当体育在提高战斗力和生产力中的分量越来越轻、在人力资源中体力的作用越来越小时，它也会走进生活。健康，体现用体育来表现对自身前途和命运的终极关怀。

体育，是人类进行自身积极维护和美化身体的教育过程。体育要标示着人类对自己身体发展的审美理想。现代体育，就是人类健康的最有效、最有益、最有趣的方式。

## （二）现代体育的人文价值取向

改革开放对中国体育的进步有深刻和基础性影响，然而，体育并非仅被动地接受改革开放的影响，而是通过弘扬现代文明及其体现的人文精神，积极为改革开放，特别是为精神文明建设做贡献。在20世纪80年代，体育为中国人树立了积极参与国际竞争的进取意识，由竞技掀动的金牌意识，以及由此焕发出的民族自信心和爱国主义热情，有力地促进了我国对外开放的进程。在推行市场经济体制方面，体育通过参与者重视契约和诚信的规则意识，采用高效率规范运作取得优异成绩，有利于社会主义市场经济观念的树立。

### 1.竞争观念

竞争的观念是现代人应具备的一个重要的价值观念。在原始社会时期，人们的合理文明竞争观念是比较淡薄的。人类学家的记录证明，社会形态越低级，人们的竞争观念越差。表现在体育运动上也如此。许多原始部落的竞赛活动，并不奖励优胜者，而是排斥经常取得胜利的人。欧美资本主义市场经济的形成和发展，刺激、强化了社会的竞争意识。资产阶级社会学家将达尔文所发现的生物界的生存竞争理论移植到人间社会，认为自然选择、适者生存、汰劣留良的原则同样适用于社会，提出了社会达尔文主义。十分有趣的巧合是，美国的棒球、橄榄球、篮球三大运动正是在这一理论喧器的同时发展起来的。体育运动与保守性格势不两立，强烈的竞争性督促着每一个参与者不断去创新和变革。在体育运动中，不讲门第，不排世系，不序尊卑。在竞赛活动中，不承认除个人身体、心理以外的任何不平等。体育运动最讲法制，不徇私情；最讲现实，不论资历；最讲务实，不图虚妄。这就要求每个人尽自己最大努力去竞争，从而增强了参加者的竞争意识。

竞争是现代体育的灵魂，竞技活动的这方面的社会教育作用是其他任何文化活动难以比拟的。英国政府最近惊呼："许多孩子体弱多病，体重过重，而且懒到极点，那些在年幼时缺乏竞争动力的孩子经常是半途而废，因此，政府呼吁"参加富有竞争性的体育活动是最好的解决方法"。美国福特汽车公司老板每年花费巨资举行一种叫"追、过、踢"的棒球比赛，在 11 万少年儿童中选出 6 名优胜者，予以重奖。飞利浦公司不甘示弱，也从棒球运动中选出"投、掷、击" 3 个动作进行比赛以吸引青少年，其目的就是要培养具有竞争能力的企业接班人。日本松下电器公司著名企业家松下幸之助在谈成功之道时，言及的人才就是那种有进取精神的"运动员型"。

中国历史上根深蒂固的平均主义思想传统，要求在结果上的均等，是恶劣生存条件下的文化产物，其客观后果是有限的生态资源进一步恶化，越来越多的人口容忍生存质量越来越差的状态，走向共同贫穷。体育竞赛是对这种传统心态的逆反，参与时在同一条起跑线上按同一条规则公平竞争，但最终夺冠军、破纪录、拿奖牌、得名次的优胜者只能是少数人。结果的不平等，需要公众的接受，正如市场经济必然会让少数人先富起来一样，不参与竞争的人无论妒忌、愤怒、哀怨、漠然，都无济于事。所以，体育对竞争观念的宣扬，有着重要的价值。

2. 规则观念

竞技体育是一种全世界共同遵守相同规则的活动。它在选材、训练、管理及资源配置等方面需要尊重客观规律，要求公平、公正、公开地遵守"游戏规则"的特点。认同人类共同遵守的规则来进行游戏、接受公平竞争的观众担当起增强民族自信心的角色，非体育莫属。

随着中国与外国及国际体育组织的合作与交流日益扩大，很快适应了按全世界通用的规则办事的契约关系。继 1979 年国际奥委会恢复中国奥委会的合法席位以后，中国已成为几乎所有的国际体育组织的成员，同几乎所有的国家和地区开展体育交往。中国直接参与国际体育事务的管理，全面参加和承办各项国际体育赛事与体育会议。中国向发展中国家派出了大量援外教练员，并为其修建了大量体育场馆。从 20 世纪 80 年代起，中国退役运动员以各种方式流往世界各地。20 世纪 90 年代初外国人担任了中国国家足球队主教练，大批外籍教练员和球员开始进入中国的体育俱乐部。几年后，中国球员到欧洲足球俱乐部踢球，篮球选手也开始进入世界最高水平的 NBA。中国在体育领域的国际地位拔地而起，并不断提高，得益于在经济全球化的背景下按共同遵守的规矩办事。中国加入 WTO，越来越多的人会认识到遵守规矩在现代国际社会里生存的重要性。

体育中的高水平竞技，是人类竞争意识的最公平、最公开、最公正的较量。市场经济给我们带来中国传统文化中从来没有的东西——人与人平等的权利、个人自由选择追求自己利益的权利。市场经济满足个人欲望，可以带来巨大的创造社会财富的推动力，同时也必须用道德和法律来制约个人私欲的破坏性。宣扬这种权利，把行使这种权利的过程加以规范，体育竞赛是最好的榜样。

任何体育竞赛，都崇尚公正的原则，执行时人人都必须遵守共同的"游戏规则"，保障每个人都站在起跑线上的平等权利；一旦裁判员示意开始，个人可以最大限度地表现自己，自由发挥出追求自己利益的能量；比赛结束，个人必须接受不均等的胜负结果。这种参赛的平等，是鼓励竞争的平等，是带来民主与法制的平等，而不是削足适履的均等。人们平等地竞争，从容面对不均等的成绩，克服妒忌的阴暗心理，把精力投入到下一轮竞争之中。

运动场上，人人平等，自由选择，公平选择，公平获胜，不允许托关系、走后门、采用不正当手段，心悦诚服地接受优劣和差距，努力在新的竞争中获利。体育展示的是团结协作的友好竞争而不是破坏性的斗争，不允许破坏规矩，更不能容许假冒伪劣。所以国际竞技场既是一国升起国旗而不会引起其他国家和民族反感的场所，是鼓舞一个国家和民族自信心的舞台，也是倡导人类心灵健康的精神祭坛。遵纪守法、公平竞争，这是体育精神为发展市场经济所作的深层次贡献。

中国体育在 20 世纪 90 年代中期以后的短短几年时间里，如此迅速地转换角色，付出的成本和代价如此之小，取得的成效是如此之明显，这在其他行业里是罕见的，与其具有透明规则的特性有关。

# 四、科学体育观

## （一）科学体育观的形成和认同

现代科学技术的发展日新月异。科学技术是第一生产力，也是现代人生活的重要主导力量。随着时间的推移，这种趋势愈加明显。

在现代科学迅猛发展和应用领域日益广泛的今天，越来越多的人形成一种科学的思维和观念，即用科学的眼光审视、用科学的态度对待世间形形色色的事物，也包括体育运动。所谓科学体育观，就是对于体育的科学精神、科学认识、科学思维和科学态度的总称。它是体育运动实践在人们头脑中的正确反映。与人文体育观一样，科学体育观也是现代体育观念的重要组成部分。

科学体育观的某些成分或因素虽然早已存在，但其完整形态的形成和被人们的普遍认同，则是第二次世界大战结束之后的事。这主要取决于两个因素：一是现代体育科学的快速发展，二是长期体育工作经验的启示。

从某种意义上说，体育运动既从属于又独立于人类的基本实践活动，是改造自然、改造社会这种社会活动的一个特殊组成部分。体育运动的有效性或者说其功能的有效发挥，从根本上说取决于人们的体育行为和体育实践是否符合体育自身发展的规律性和体育的科学原理。人们对体育运动科学原理和规律性的认识及其所形成的知识体系就是体育科学。

由于历史条件和人的认识能力的局限，古代社会不可能产生体育科学，充其量有一些体育科学的萌芽——它们是符合科学原理的经验性的或哲学演绎性的有关体育的零星认识。在近代欧美国家，工业革命和近代实验科学的发展，极大地推动了体育运动的学科化进程。由于实证研究的盛行，体育科学的某些分支学科如体育教育、运动医学某些方面的研究，首先取得了长足的进步。进入 20 世纪以后，特别是二三十年代，一些欧美国家以及苏联在体育领域开展了有组织有计划的科学研究活动，其次在生理学、解剖学、心理学和人体测定学等方面取得了较大的成就。但是，直到第二次世界大战以前体育科学就其整体而言，仍然处于初创阶段。

第二次世界大战结束以后的数十年间，是现代体育科学的快速发展时期。这一时期，虽有数一年的东、西方国家对立和冷战背景，但较长时间相对和平与竞争的国际环境有利于各国生产力的提高和科学技术的繁荣，也有利于现代体育，特别是竞技体育和大众体育的快速发展。竞技体育领域的激烈竞争呼唤科技工作者们应用科学的方法来最大限度地挖掘人的潜力，以提高运动成绩和水平；大众体育的广泛开展要求人们进行科学的锻炼，合理利用闲暇，保持身心健康，防止和减少"文明病"发生，以更好地适应社会需要。体育科学作为一门新兴学科在其发展进程中，不断吸取其他科学领域的知识与方法，其研究和应用的范围越来越宽广。迄今为止，体育科学已在哲学、自然科学和人文社会科学的各学科领域建立起分支学科，并初步形成现代体育的科学体系。体育科学的发展，极大地转变了传统社会遗留下来的、至今还有一定影响的"体育无科学"的有害观念，使科学体育观为更多的人所接受和认可。

从我国的实情看，科学体育观的普遍认同，经历了一个较长的认识过程。

半个多世纪以来，我国体育事业已经取得了骄人的成绩，并蜚声国际体坛，这是同党的领导，正确的体育方针、政策与体育改革，同体育的科学指导分不开的。特别是粉碎"四人帮"以后，我国迎来了科学的春天。介导科学观念，加快科研步伐成为体育系统的一项迫切任务。1978 年的全国体育工作会议提出"大打体育科研之仗"和"体育要大上快上，科研必须先行"的意见，引起了体育界的广泛共鸣。同年，国家体委下发了《关于加强体育科学技术工作的意见》，对新形势下的体育科技工作进行了全面部署。1980 年正式成立了全国性的体育学术团体——中国体育科学学会。在 20 世纪 80 年代的体育改革中，国家体委还提出"以革命化为灵魂，以社会化和科学化为两翼，实现体育腾飞"的方针，以及全民健身战略和竞技体育战略"在实践中协调发展"的观点。20 世纪 90 年代，国家体育总局进一步提出"科技兴体"的指导思想。所以，不仅有力地促进了我国体育科学技术的发展，而且也使科学的体育观念逐渐深入人心。

当然，在我们的实际工作中，在是否尊重科学、重视科学，是否按客观规律办事、按科学原理办事等问题上，也曾走过一些弯路。其中最令人难忘的莫过于 20 世纪 50 年代后期违背客观规律的"体育大跃进"、20 世纪 60 年代前期缺乏医学监督的"大运动量训练"、"文革"期间取消竞技或由领导决定体育比赛输赢的咄咄怪事、20 世纪 80 年代对竞技体育和群众体育"一手硬、一手软"的问题，以及 20 世纪 90 年代个别人和个别组织在大小比赛中所爆出的兴奋剂丑闻，如此等等，都是背离甚至是反科学的惊人之举。当然，这里面既有认识问题，也有错误的指导思想和意识作怪，但其结果无不给我们体育事业造成了巨大损害。

事实证明，在学科学、用科学的问题上，总结体育工作的历史经验，从正、反两个方面提供有益的启示，既有利于大兴科学研究之风，又有利于开展科学体育观的教育。这也是科学体育观在我国进一步确立并被普遍认同的重要因素之一。

### （二）科学体育观的多视角分析

科学体育观可体现在体育领域的各个方面。从体育的宏观决策到体育的微观动作，从体育的实践环节到体育的理论建设等，都有科学体育观能动地发挥作用的空间。那么，科学体育观究竟蕴涵着什么？意味着什么，不妨对其作一个多视角的分析。

1.科学体育观的基本原则——实事求是

毛泽东同志在《改造我们的学习》一文中大力倡导"实事求是"。他解释说："'实事，就是客观存在着的一切事物，'是'就是客观事物的内在联系，即规律性，'求'就是我们去研究。我们要从国内外、省内外、县内外、区内外等的实际情况出发，从其中引出其固有的而不是臆造的规律性，即找出周围事变的内部联系，作为我们的行动向导。邓小平同志强调"实事求是，是无产阶级世界观的基础，是马克思主义的思想基础"。

革命领袖们讲"实事求是"，当然是为了解决中国的革命和建设问题。实际上，实事求作为科学世界观的基础，适用于任何社会的、思想的领域。

实事求是也科学体育观的基本原则和根本体现。这是因为，发展体育运动如同搞革命和建设一样，都需要遵循客观规律，都需要实事求是，一切从实际出发。例如在进行体育决策或制定体育发展计划时，必须从国情、省情、县情出发，不搞一个样、一刀切；在开展群众体育活动中，要根据性别、年龄、体质状况、个人爱好等区别对待，分类指导；在体育科学研究中，要重视生物科学方面的研究，重视实证研究，同时要防止忽视精神、心理因素的纯生物化倾向，如此等等。然而，实事求是是科学的求实精神，也可以说是科学体育观的基本原则。

2.科学体育观的目标导向——体育科学化

科学体育观是体育科学化的基本前提，因为体育实践或体育实际工作中的理性行为，或者说体育的科学化进程，总是与科学体育观直接相联系的。科学体育观的目标寻向不会是别的什么，而只能是体育的科学化。离开体育科学化这个目标的实现，科学体育观就会变得毫无意义。

体育的科学化主要包括体育管理科学化、运动训练科学化和全民健身科学化等。

（1）体育管理科学化

体育管理科学化首要的是体育决策科学化。决策是管理的核心。体育决策是根据一定客观条件，借助一定方法，从若干备选的体育行动方案中选择最佳方案而进行分析、判断和抉择的过程。正确的决策，必然与决策者的自身素质，特别是与管理经验、科学文化水平和民主作风等密切相关。但是重要决策，尤其是关乎全局利益的重大决策，除了需要决策者有较高素质外，还必须经有关专家反复论证和大量相关科研课题研究成果的支撑。例如，20世纪80年代中期我国体育发展"两个战略"的制定与出台，90年代中期我国体育法的制定和颁行等无不如此。领导、专家相结合，一般科学原理的指导与选定课题研究相结合，乃是现代科学决策的必由之路。

体育管理科学化从根本上说是要应用现代科学理论与方法、管理的基本规律，提高体育管理效率和综合效益。现代科学有"软""硬"之分。软科学属新兴的决策科学，是支撑民主和科学决策的知识体系，是自然科学、社会科学、工程技术、数学、哲学等交叉融合而形成的具有高度综合性的学科群。软科学研究以解决社会发展中的决策、组织和管理问题，促进经济社会发展为目标，以辅助各级领导决策为根本目的，利用现代科学技术提供的方法（如系统方法、灰色理论方法和矩阵决策法等）和手段（如电子计算机和网络），采用定性分析和定量分析相结合的集成方法而进行的一种多学科、多层次的综合性研究活动。体育软科学研究是我国体育科技工作的重要组成部分，它以辅助各级体育部门科学决策、科学管理，推动体育事业发展为目的，其范围主要包括体育发展的战略研究、规划研究、政策研究、管理研究、体制改革研究、法制研究和重大项目的可行性论证等。为推进体育软科学研究，促进体育决策科学化，原国家体委曾制定和发布了《软科学研究管理暂行方法》，在实际工作中发挥了重要作用。

（2）运动训练科学化

运动训练科学化是现代体育的重要标志之一。随着近半个世纪以来竞技水平的提高、国际竞争的激烈和现代科学技术的飞跃发展，越来越多的人认识到，只有广泛地应用现代科技成果指导运动训练，才有可能获得理想的训练效果，才有可能在当代激烈的国际竞技中获得优胜。"因此人们不再满足于仅仅按照师徒相传的经验进行训练，而是纷纷向新理论、新思想，向新的科学技术，向新的仪器器材，向新的方法和手段，去探求，去探取运动竞技水平更快的提高。这就是在世界范围内方兴未艾的运动训练科学化的总体发展趋势运动训练科学化包括两个层面的工作：一是采用时代可能提供的先进思想和先进的科学技术、方法和手段，按照运动训练的一般规律和专项运动的特殊规律进行的训练；二是从实际出发，针对运动员个体差异和影响其运动成绩提高的各种因素（包括身体的、心理的、技术的、战术的因素和其他客观因素），进行课题或科技攻关研究，并将科研成果及时、有效地应用到运动训练实践中去。前者解决训练的共性问题，后者解决训练的个性问题，只有将两者结合起来，才能充分发挥科技在训练中的作用，从而有效地提高训练质量和水平。

运动训练科学化的主要内容包括：科学选材；科学诊断；理想的训练目标及目标模型；科学的训练计划；有效地组织与控制训练活动；科学地组织竞赛；训练信息化；高效能的恢复与营养系统；良好的训练环境；高效率的训练管理等。

（3）全民健身科学化

全民健身科学化是把全民健身活动纳入科学轨道的过程。这是群众体育在现代条件下的一个大发展，是现代体育的一个大趋势。

实施全民健身科学化的基本点在于科学、实效。其具体要求如下。

一是制定科学求实的全民健身计划，使之目标可行，措施得当，操作性强，监测方便，符合国情、省情和民情、民意；实施计划过程中，切忌"雷声大，雨点小"或"虎头蛇尾"，后劲不足等。

二是重视科学健身知识和方法的宣传与推广普及。从调动人们自觉参加体育锻炼的积极性和主动性入手，充分利用各种宣传媒体，广泛传播科学健身知识，提高广大群众科学健身的观念和知识水平；大力提倡科学健身，引导人们进行健康、文明的体育活动，反对封建迷信活动，反对伪科学等。

三是采用科学、合理的健身方式、方法或手段，提高全民健康水平。健身或锻炼方法成百上千，应因时、因地、因人而异，合理选择，不可千篇一律。且"锻一己之身者其法宜少"，"少者不必不善，虽一手一足之屈伸，苟以为常，亦有益下情焉"。

健康问题是全民健身科学化的根本问题。但什么是健康，却有不同的理解。世界卫生组织对健康的定义是，"不但没有身体的缺陷和疾病，还要有完整的生理、心理状态和社会适应能力。"这是一种科学的身心健康观，又是将人的健康视为多因素（体育锻炼、营养卫生、生活习惯、调整心态等）相互作用的综合健康观。

四是加强全民健身的科技队伍建设和科学研究，不断提高全民健身科学化水平。全民健身科技队伍主要指全民健身科技服务系统，包括国民体质监测服务系统和科学健身指导系统等。全民健身科技服务以社会化为方向，广泛动员、积极引导社会方面，大力开展全民健身科技服务，提高全民健身科技服务的社会化程度，建立全民健身的社会化管理和运行机制，保证全民健身社会化有序进行。

全民健身科学研究主要包括全民健身战略与奥运战略相互关系研究、科学健身基本理论与方法研究、国民体质监测与服务研究、全民健身器材的研制及场地管理研究等。全民健身研究，不仅提高了全民健身服务中的科技含量，从而提高全民健身效果，而且向社会推出时尚、新颖、受欢迎的健身产品和服务项目，有利于培养全民健身科技成果市场，促进全民健身产业化的进程。

## （三）科学体育观的理论基础——体育科学体系

科学体育观与体育科学体系的关系是主导和基础的关系。一方面，在科学体育观的主导下体育科学体系得以建立和发展；另一方面，体育科学体系的建立和发展又丰富了科学体育观的内容，加强了它在体育实践中的科学主导作用。因此，为了更好地理解科学体育观，必须了解体育科学及其体系。

体育是人的社会活动之一。体育的对象是人的身心和社会。在长期的体育运动实践中，在体育科学的探索中，人们逐渐认识到体育运动的科学基础主要有三个：一是体育生物科学，二是体育人文社会科学，三是体育技术科学。

体育生物科学是生物科学与体育运动结合的产物，在我国又称之为"运动人体科学"，其任务在于揭示体育与人、体育与社会之间内在的必然联系和一般规律。在这一个学科群里包括了众多的学科，如体育哲学、体育基本理论（体育概论、体育原理）、体育史、体育教育学、体育社会学、体育经济学、体育管理学、体育美学、体育心理学、体育伦理学、体育法学、体育新闻学、体育文献学等。

体育技术科学类似于国外所说的体育方法学或体育行为学，它是介乎上述两个学科群之间的应用学科群。其研究任务是揭示合理的运动技术与战术、运动训练、身体锻炼与人的身心、与相关环境要素之间内在的必然的联系和一般规律等。体育技术科学主要包括运动专项理论与方法、运动训练理论与方法（或竞技运动理论或运动训练学）、运动竞赛理论与方法（或运动竞赛学）、健身健美理论与方法等。

以上三大学科群并不是互不相干或杂乱无章的堆砌，它们在马克思主义哲学（辩证唯物主义和历史唯物主义）的指引下，从不同的方面共同对体育运动发挥理论的指导作用，从而逐渐形成体育科学的一个较为完整的分层次的学科系列，这就是通常所说的体育科学体系。

体育科学的性质是耐人寻味的。从体育运动科学基础及其派生的学科群来看，体育科学（在教育领域多称之为"体育学"）既不是单纯的自然科学，也不是单纯的人文社会科学，更不是单纯的技术科学，而是一门具有突出的综合性、应用性特征的新兴科学。在我国普通高等学校本科和研究生专业目录中，"体育学"一直作为一级学科被列入"教育门类气20世纪90年代由国家技术监督局发布的我国《学科分类代码》中，也把体育学作为一级学科而列入人文、社会科学类。另一方面，中国体育科学学会一直是中国科学技术协会的团体会员。体育科学既可归属于自然科学类，也可归属于人文社会科学类的情况，反映了它的综合性的学科性质。这几乎是学者们所公认的。

体育科学体系具有任何系统所具有的各种特点，即整体性、结构性、层次性和开放性等。从整体性看，体育科学同构成它的各类学科之间的关系是整体和部分之间的关系，是系统和子系统之间的关系；从结构性看，体育科学内部各学科之间是按一定的比例、一定的秩序、一定的结合形式而相互联系、相互作用的；从层次性看，体育科学中的各种学科按其功能和作用是有层级之分的，如体育为一级学科，下面就分为二级学科、三级学科等，每一级都是其上一级的要素或子系统；从开放性看，体育科学的每一具体学科系统都同周围环境及其他系统处于相互联系和相互作用之中。

我国学者自 20 世纪 80 年代起即开始对体育科学体系进行研究，其成果有助于改善科研课题布局，协调科研力量，推动新学科建设。然而，关于体育科学的分类问题、学科名称、学科性质问题等，学者们仍是见仁见智，各说不一。因此，在其所列体育科学体系四五十门学科中除部分生物学科、技术学科和少数几门人文社会学科较为成熟外，其余学科大多处于襁褓之中，有的还只是学者们的设想，徒具学科名称而已。由此可见，体育科学要发展成为一门成熟的科学，还需要一段艰苦的创新历程。

加强对体育科学体系的研究，可以使我们从整体上认识体育科学的内部结构、系统及其各部分的内在联系，便于制定体育科学的行动规划和选题计划；可以明确体育科学的综合性质，认清各学科的位置和处理好它们之间的关系，在理论和实践上发挥各学科研究的功效。研究体育科学体系也可以激励体育工作者自觉地将实践经验上升到理论高度，加速新学科的建设；还有助于人们从整体上涉及体育人才的知识结构，为培养各种类型的体育人才提供设置课程的依据。所有这些，都是科学体育观的题中应有之义。

### （四）科学体育观与人文体育观的融通

科学体育观在现代体育的发展中并不是唯一的理性力量。科学（指自然科学）好似一柄双刃剑，它只有在与人文科学的结合中，在推进社会发展、人类进步的实践中才能发挥有益于人类的伟大力量。当代科学与人文的融通与整合的趋势，为我们提供了有益的启示：科学体育观与人文体育观的结合过去是必要的，现在和今后更有必要。

20 世纪的体育运动为世界和平与进步、经济与社会发展做出了前所未有的贡献，但也给人们留下了太多的困惑；两次世界大战对奥运会的破坏，冷战期间国家集团间参赛的相互抵制，某些体育官员的腐败，过分的商业化行为，屡禁不绝的兴奋剂丑闻，频频发生的球场暴力等，使体育运动出现了背离其原有高尚目标的倾向。近代体育先驱者们倡导的"灵肉一致"和"身心两健"的体育，却在数百年后出现某种程度的变质变味，究其原因，除了国际政治与国际经济方面的原因之外，也有其深刻的科学与人文因素，如在体育实施过程中过多地注重人的生物性潜能的开发，而忽视体育运动中应有的人文关怀；过多地重视物质利益，而忽视崇高的体育精神和理念等。在新的形势下，体育领域中的科学与人文分离的现象仍然存在，比如重"科技兴体"而忽视教育的作用，重"养乎吾身"（增强体质）而忽视"乐乎吾心"（娱乐休闲），重科学训练而忽视管理教育，重先进的场地设施而忽视体育的优良人文和自然环境等，这些问题应当引起足够的重视。

为防止体育运动中存在的某些异化趋向，越来越多的学者和有识之士主张并倡导科学体育观与人文体育观的相互融通或融合，以作为对现代体育运动扶正祛邪的一剂良药。事实上，这种融通，过去曾在体育的边缘学科或交叉学科的建设上有所体现，并取得了显著成绩。而今天，这种融通则在人的更加自觉的基础上成为一种新的体育理念和引人注目的趋势，北京 2008 年奥运会组委会提出并承诺实现的"科技奥运、人文奥运、绿色奥运"的目标便是一个证明，也是体育所展现的现代文明的一个新的起点和亮点。

# 参考文献

[1] 王强.90 后大学生体育观的分析与研究 [D]. 大连：辽宁师范大学，2014：2–3.

[2] 陈埼，鲁长芬.新时期体育价值观转变与体育本质、功能和目的 [J]. 体育学刊，2006，13（2）：1–4.

[3] 陈埼，杨文轩，刘海元等.我国当代体育价值观的研究 [J]. 体育科学，2006，26（8）：3–9.

[4] 黄捷荣.体育哲学 [M]. 沈阳：沈阳出版社，1988.

[5] 胡小明.小康社会体育休闲娱乐理论的研究 [J]. 体育科学，2004（10）：8–12+16.

[6] 张李强，汪晓赞.运动教育模式的国际研究热点述评 [J]. 武汉体育学院学报，2017（2）：93–100.

[7] 魏宏森.钱学森指导自然辩证法、科学方法论与系统论研究 [J]. 嘉应学院学报，2011（12）：24–31.

[8] 范强.从循环代偿谈系统方法在体育教学中的使用 [J]. 体育科研，2002（3）：57–58.

[9] 马洪冬.自然辩证法原理与体育教学模式变革关系的研究 [J]. 科技信息，2012（8）：303.

[10] 冯振伟，张瑞林，杜建军.基于具身认知理论的体育教学意蕴及其优化策略 [J]. 沈阳体育学院学报，2017，36（05）：97–102.

[11] 张振华.浅析当前中学体育教学中存在的问题及改革创新之路 [J]. 文体用品与科技，2011（09）：48–49.

[12] 周惠新.现代体育教学中的具身认知与改革 [J]. 贵州体育科技，2015（03）：31–33.

[13] 何绍元，杨健科，朱艳，丁珊，李朦，孙莹瑛，李丽娟.基于具身认知理论的体育教学转向研究 [J]. 南京体育学院学报（自然科学版），2016，15（05）：112-117.

[14] 殷融，曲方炳，叶浩生.具身概念表征的研究及理论述评 [J]. 心理科学进展，2012，20（09）：1372-1381.

[15] 苏正南.新课程理念下的体育教学设计 [J]. 体育与科学，2003（06）：67-69.

[16] 江小春.简论体育的"具身德育"功能 [J]. 中国特殊教育，2017（8）：93-96.

[17] 孟万金.具身德育：背景、内涵、创新——论新时代具身德育 [J]. 中国特殊教育，2017（11）：69-73.

[18] 张冲 . 正心立德劳动树人：破解立德树人难题——孟万金教授创立"具身德育"新体系 [J]. 中国特殊教育，2016（6）：25.

[19][ 英 ]A.S. 尼尔 . 夏山学校 [M]. 王克难，译 . 海口：南海出版社，2012.

[20][ 美 ] 阿伦 C. 奥恩斯坦 . 当代课程问题 [M]. 余强，译 . 杭州：浙江教育出版社，2004.

[21][ 德 ] 埃德蒙德·胡塞尔 . 欧洲科学危机和超验现象学 [M]. 张庆熊，译 . 上海：上海译文出版社，1988.

[22][ 美 ] 安德森 . 认知心理学及其启示 [M].7 版 . 秦裕林，等，译 . 北京：人民邮电出版社，2012.

[23][ 美 ] 安东尼奥·达玛西奥 . 笛卡儿的错误——情绪、推理和人脑 [M]. 毛彩凤，译 . 北京：教育科学出版社，2007.

[24][ 美 ] 安妮塔·伍尔福克（Anita wool folk）. 伍尔福克教育心理学 [M].11 版 . 伍新春，赖丹凤，季娇，等译 . 北京：中国人民大学出版社，2012.

[25][ 美 ]B.R. 赫根汉，马修 H. 奥尔森 . 学习理论导论 [M].7 版 . 郭本禹，等译 . 上海：上海教育出版社，2011.

[26][ 古希腊 ] 柏拉图 . 斐多 [M]. 杨绛，译 . 沈阳：辽宁人民出版社，2000.

[27][ 古希腊 ] 柏拉图 . 理想国 [M]. 郭斌和，张竹明，译 . 北京：商务印书馆，1986.

[28][ 巴西 ] 保罗·弗莱雷 . 被压迫者教育学 [M]. 顾建新，等译 . 上海；华东师范大学出版社，2001.

[29][ 英 ] 布莱恩·特 . 身体与社会 [M]. 马海良，赵国新，译 . 沈阳：春风文艺出版社，2000.

[30] 丛立新 . 课程论问题 [M]. 北京：教育科学出版社，2006.

[31][ 美 ]DavidG·Myers 社会心理学 [M].11 版 . 侯玉波，等译 . 北京：人民邮电出版社，2014.

[32][ 美 ] 劳伦斯·夏皮罗 . 具身认知 [M]. 李恒威，董达，译 . 北京：华夏出版社，2014.

[33] 李秉德 . 教学论 [M]. 北京：人民教育出版社，1991.

[34] 李希贵 . 学校转型——北京十一学校创新育人模式的探索 [M]. 北京：教育科学出版社，2015.

[35] 李召存 . 课程知识论 [M]. 上海；华东师范大学出版社，2009.

[36] 李子建，黄显华 . 课程：范式、取向和设计 [M]. 香港：中文大学出版社，2002.

[37][ 美 ] 理查德·格里格，菲利普·津巴多 . 心理学与生活 [M].16 版 . 王垒，王胜，译 . 北京：人民邮电出版社，2009.

[38] 廖文豪 . 汉字树——活在字里的中国人 [M]. 北京：北京联合出版社，2013.

[39] 刘放桐，等，编著. 新编现代西方哲学 [M]. 北京：人民出版社出版，2000.

[40][ 明 ] 刘宗周. 刘宗周全集：第 3 册 [M]. 杭州：浙江古籍出版社，2007.

[41][ 宋 ] 陆九渊. 陆九渊集 [M]. 北京：中华书局，1980.

[42][ 美 ] 罗伯特·鲁特－伯恩斯坦，米切尔·鲁特－伯恩斯坦. 天才的 13 个思维工具 [M]. 李国庆，译. 海口：海南出版社，2001.

[43][ 英 ] 罗素. 西方哲学史：下卷 [M]. 马元德，译. 北京：商务印书馆，1976.

[44][ 英 ] 洛克. 人类理解论 [M]. 关文运，译. 北京；商务印书馆，1983.

[45][ 德 ] 马丁·海德格尔. 尼采 [M]. 孙周兴，译. 北京：商务印书馆，2004.

[46][ 加 ] 马克斯. 范梅南，等. 生活体验研究——人文科学视野中的教育学 [M]. 宋广文，等译. 北京：教育科学出版社，2012.

[47][ 加 ] 马克斯. 范梅南. 教学机智——教育智慧的意蕴 [M]. 李树英，译 北京：教育科学出版社，2001.

[48][ 美 ] 迈克尔 W. 阿普尔. 官方知识——保守时代的民主教育 [M]. 曲囡囡，刘明堂，译. 上海：华东师范大学出版社，2004.

[49][ 美 ] 迈克尔 W. 阿普尔. 教科书政治学 [M]，侯定凯，译. 上海：华东师范大学出版社，2005.

[50][ 德 ] 麦赫蒂尔德·维塞尔. 玩是最好的学 [M]. 张晓蕾，译. 南京；江苏文艺出版社，2012.

[51] 江小春. 简论体育的"具身德育"功能 [J]. 中国特殊教育，2017( 8 )：93-96.

[52] 孟万金. 具身德育：背景、内涵、创新——论新时代具身德育 [J]. 中国特殊教育，2017( 11 )：69-73.

[53] 张冲. 正心立德劳动树人：破解立德树人难题——孟万金教授创立"具身德育"新体系 [J]. 中国特殊教育，2016( 6 )：25.

[54] 李森. 现代教学论纲要 [M]. 北京：人民教育出版社，2005.

[55] 李希贵. 新学校十讲 [M]. 北京：教育科学出版社，2015.